ZEICHNEN LERNEN

STRICH FÜR STRICH

DK | Penguin Random House

DK New York

Lektorat
Mike Sanders, Billy Fields, Lori Cates Hand, Brook Farling

Gestaltung und Bildredaktion
John Etchison, Rebecca Batchelor, Lindsay Dobbs

Herstellung
Jana M. Stefanciosa

DK Picture Library

Für die deutsche Ausgabe:
Programmleitung Monika Schlitzer
Projektbetreuung Doreen Wolff
Herstellungsleitung Dorothee Whittaker
Herstellungskoordination Bettina Bähnsch
Herstellung Stefanie Staat
Covergestaltung Jürgen Katzenberger

Titel der englischen Originalausgabe:
How to draw stroke by stroke. Simple, step-by-step lessons
for drawing animals, people & everyday objects!

Übersetzung Wiebke Krabbe, Damlos
Lektorat lesezeichen Verlagsdienste, Köln

ISBN 978-3-8310-4409-2

Druck und Bindung Livonia Print, Lettland

FSC MIX
Papier aus verantwortungsvollen Quellen
FSC® C018179
www.fsc.org

www.dk-verlag.de

Hinweis

Die Informationen und Ratschläge in diesem Buch sind vom Autor
und vom Verlag sorgfältig erwogen und geprüft, dennoch
kann eine Garantie nicht übernommen werden.

Eine Haftung des Autors bzw. des Verlags und seiner Beauftragten
für Personen-, Sach- und Vermögensschäden ist ausgeschlossen.

FÜR STELLA, MICHAEL, PEG UND POP

INHALT

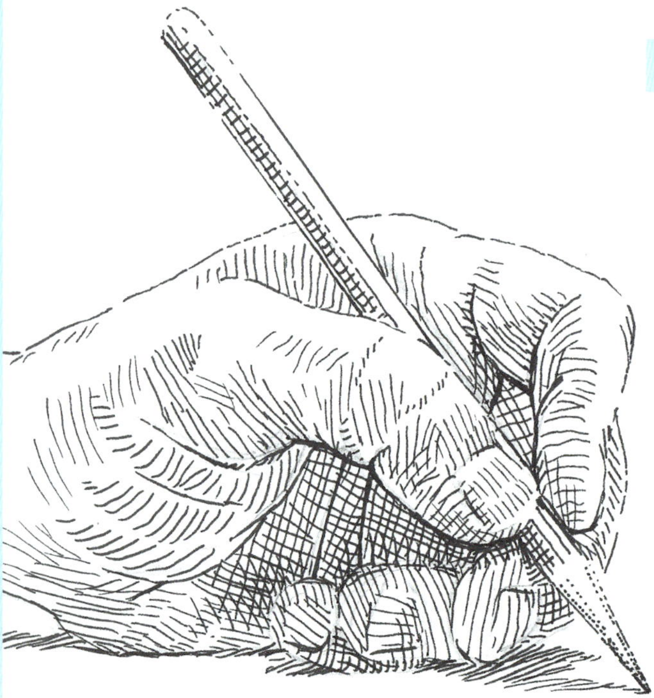

Level 3

Level 4

Level 5

VORWORT

Eine Zeichnung beginnt mit einer Idee und dem Wunsch, die eigene Sichtweise von Objekten auf Papier festzuhalten. Wer zeichnet, erzeugt mit Strichen und Tonwerten eine Illusion. Zeichnen kann ein Zeitvertreib, eine Methode zur Entspannung oder eine ernsthafte, ambitionierte Übungsarbeit sein. Da man nur wenige Werkzeuge benötigt, die überdies leicht zu transportieren sind, kann man fast überall zeichnen: in einem Café, in einem Museum, draußen in der Natur oder sogar stehend an einer Bushaltestelle.

Dieses Buch stellt die wichtigsten Werkzeuge vor und erklärt viele Grundtechniken Schritt für Schritt. Beim Durcharbeiten der Lektionen wirst du allmählich bewusster beobachten und zeichnen. Du entwickelst ein Gefühl für die Beziehungen der Bildelemente zueinander, durch die erst ein Ganzes entstehen kann. Zeichnungen bestehen aus Linien und Schattierungen, aber auch aus dem Zusammenspiel von Formen, Ton und Proportionen. Der Künstler entscheidet, was er braucht, um seine Idee zu vermitteln, und lässt Überflüssiges weg. Gute Zeichnungen sagen mit geringem Aufwand oft viel aus.

Zeichnen lernen ist Kraft- und Ausdauertraining für den Geist. Lektion für Lektion wirst du Größenverhältnisse und Formen immer besser erkennen und übertragen. Du lernst, wie die Stiftführung zum realistischen Ausdruck beitragen kann, und du erfährst, wie du ganz ohne Meterstab oder Lineal Maß nehmen kannst, um realistische Größenverhältnisse zu Papier zu bringen.

ÜBER DIESES BUCH

Im ersten Kapitel werden die wichtigsten Werkzeuge, Materialien, Techniken und Begriffe vorgestellt, die du für die Projekte in diesem Buch benötigst. Dann folgen 44 Lektionen oder Projekte, nach Schwierigkeitsgrad geordnet. Du fängst mit einfachen Motiven an und steigerst dich allmählich.

Einsteiger, die sich noch nie mit den Grundlagen der Perspektive oder des Schattierens beschäftigt haben, sollten sich zuerst in Level 1 einige elementare Fähigkeiten aneignen. Wer schon Vorkenntnisse hat, kann gern auch mit Level 2 oder sogar Level 3 beginnen. Für Level 4 und 5 sind genauere Kenntnisse der Strichführung und des Schattierens nötig, die man sich normalerweise hauptsächlich durch Übung erwirbt.

Am Ende der meisten Projekte findest du unter der Überschrift »Extraaufgabe« eine zusätzliche Herausforderung, mit der du die Techniken, die du beim Projektmotiv gelernt hast, noch einmal vertiefen kannst. Außerdem wird in jeder Lektion eine neue Technik oder ein neuer Begriff eingeführt, sodass dein Repertoire allmählich immer größer wird. Am Ende des Buchs hast du so viele Techniken und Fachausdrücke kennengelernt, dass du dich an die allermeisten Motive heranwagen kannst.

Beim Durcharbeiten der Projekte wirst du feststellen, dass beim Zeichnen Hand, Augen und Gehirn zusammenarbeiten müssen, um Formen und Tonwerte wahrzunehmen und dann zu Papier zu bringen. Wie immer beim Lernen, solltest du die ersten Lektionen langsam und gründlich durcharbeiten, um die Anweisungen genau ausführen zu können. Bevor du zum Stift greifst, lies alle Anleitungsschritte durch, um eine Vorstellung zu bekommen, wie sich die Zeichnung entwickeln soll. Achte beim Zeichnen auf deine Stifthaltung und lege eine Pause ein, wenn du bemerkst, dass du die Hand zu stark verkrampfst. Vergiss nie, dass Geduld und Beharrlichkeit der Schlüssel zum Erfolg sind, aber vor allem soll dir das Zeichnen Freude machen.

DANK

Ich danke Lori Cates Hand und John Etchison, die im Lektorat dafür gesorgt haben, dass die Texte knapp und trotzdem gut verständlich sind. Danke an Rebecca Batchelor für das klare, ausgewogene und benutzerfreundliche Layout. Besonderer Dank gebührt Phil Miller und Bill Melvin, bei denen ich Kunst studiert habe. Eure Leidenschaft für die Kunst und euren feinfühligen Umgang mit den Studierenden soll in diesem Buch weiterleben.

GRUND-
LAGEN

Ob nach der Fantasie oder einem realen Vorbild: Zeichnen ist eine Ausdrucksform. Schon vor dem ersten Strich können Entscheidungen gefällt werden, die das Endergebnis maßgeblich beeinflussen. Darum ist es notwendig, die wichtigsten Werkzeuge und deren Handhabung zu kennen. Augen, Gehirn und Hand stehen dabei an ersten Stelle, du musst aber auch etwas über Stifte, Radiergummis, Papiertypen und andere Dinge wissen. Die nötigen Werkzeuge sind relativ preisgünstig. Kauf dir die beste Qualität, die du dir leisten kannst.

Beim Zeichnen müssen Augen und Gehirn Formen und Größen erkennen. Der Zeichner ist nicht so sehr an der Funktion eines Objekts interessiert, sondern vorrangig an seinem Aufbau und Aussehen. Für den Zeichner ist ein Becher weniger ein Gefäß für Getränke, sondern ein aufrechter Zylinder mit hellen und dunklen Bereichen. Zeichner sollten objektiv sein und nur das darstellen, was sie tatsächlich sehen.

WERKZEUG

In diesem Buch geht es um das Zeichnen mit Bleistift.
Die folgenden Werkzeuge werden für die Projekte benötigt:

BLEISTIFTE

Die Mine eines Bleistifts besteht aus Grafitstaub und Bindemitteln. Der Bindemittelgehalt bestimmt den *Härtegrad* des Bleistifts. Je mehr Bindemittel die Mine enthält, desto härter ist sie und desto heller ist also ihr Strich.

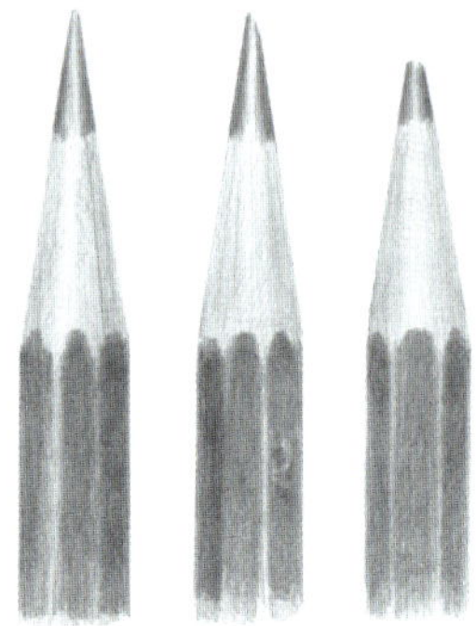

Bleistifte mit der Kennzeichnung B (black) eignen sich gut zum Schattieren und Skizzieren. Mit einem gespitzten B-Bleistift kann man, wenn man schwach aufdrückt, ähnlich helle Striche zeichnen wie mit einem Bleistift der Gruppe H (hart). Für die Projekte in diesem Buch eignen sich Bleistifte 4B und 6B am besten. Mit ihnen lassen sich weiche Hell-Dunkel-Übergänge gestalten, sie hinterlassen keine Rillen im Papier und sie lassen sich gut ausradieren. Für hellere Bereiche können auch härtere Bleistifte (2B und HB) nützlich sein, für sehr dunkle Tonwerte eignet sich die Härte 8B.

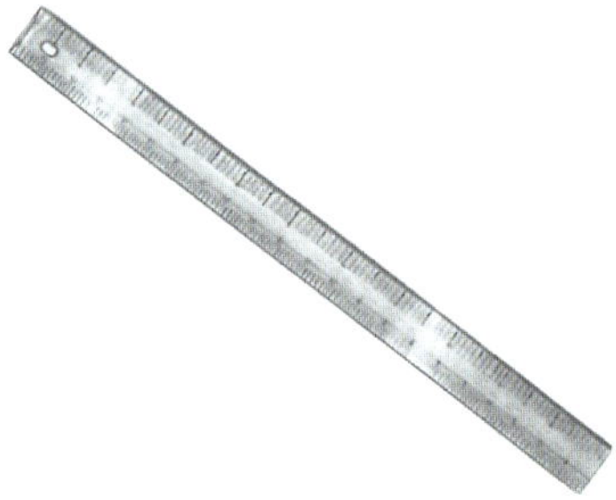

LINEALE UND REISSSCHIENE

Ein Lineal wird zum Messen und zum Zeichnen gerader Striche benötigt. Empfehlenswert ist ein 50 cm langes Lineal mit Zentimeterskala. Lineale mit einer Korkrückseite verrutschen auf dem Papier nicht so leicht. Wer mit Tusche zeichnet, braucht ein Lineal, dessen Kante das Papier nicht berührt.

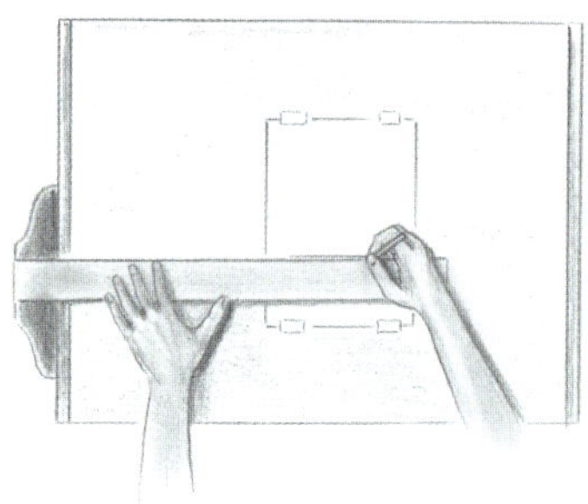

Eine Reißschiene hat ein T-Stück, das an der Kante der Zeichenplatte angelegt werden kann. Dadurch verläuft der lange Schenkel der Reißschiene immer rechtwinklig zur Plattenkante.

Knetradiergummi

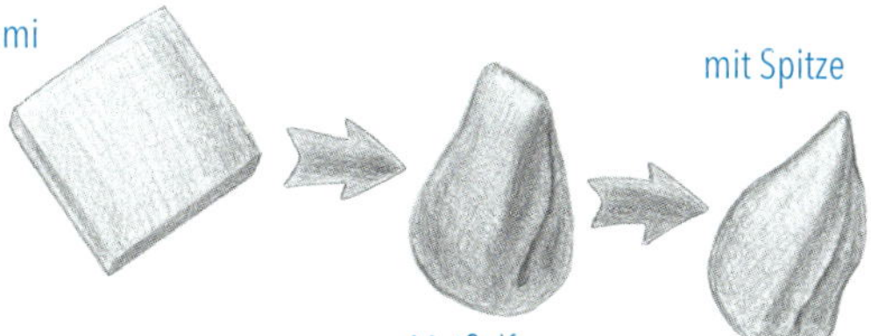

mit Spitze

Meißelform

RADIERGUMMIS

Einen Radiergummi braucht man, um Grafit gezielt vom Papier abzunehmen, aber nicht nur zum Beheben von Fehlern. Einen *Knetradiergummi* kann man auf das Papier drücken, um größere oder kleinere Bereiche aufzuhellen. Diese Radiergummis bestehen aus einem weichen Material, das sich leicht zu einer meißelförmigen oder punktförmigen Spitze formen lässt. Man drückt den Radiergummi auf das Papier oder zieht ihn darüber, sodass ein Teil des Grafits an ihm hängen bleibt. Wenn der Radiergummi schmutzig wird, zieht man ihn in die Länge und faltet ihn so, dass der verschmutzte Teil innen liegt.

weißer Vinyl-Radiergummi

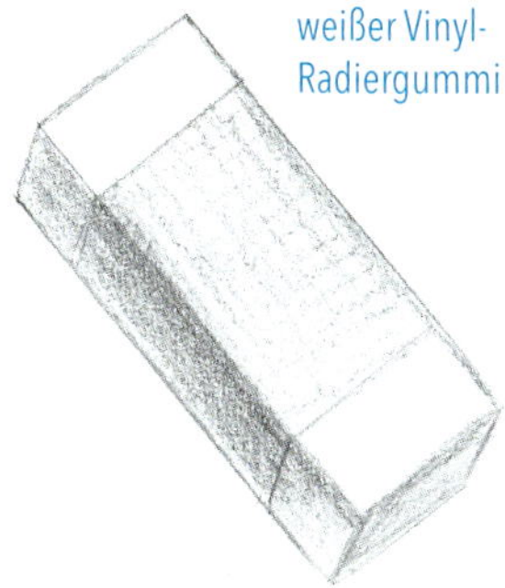

Mit einem *weißen Vinylradiergummi* streicht oder reibt man über das Papier, um helle Striche zu entfernen. Für dunkle Bereiche eignet er sich nicht, weil er sie verwischt. Mit einem Cutter kann man ihn so zuschneiden, dass er eine Kante oder Spitze bekommt. Aus Vinyl bestehen auch die kleinen Radiergummis am Ende von Druckbleistiften sowie die *elektrischen Radierer*, die schnell rotieren.

Künstlerradiergummi

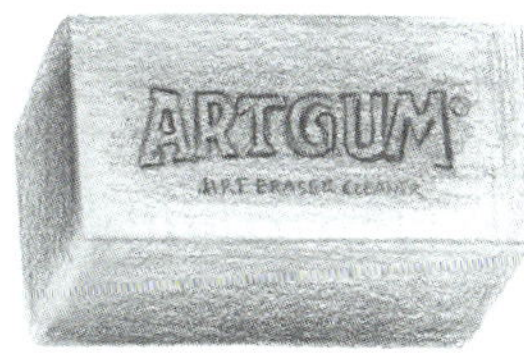

Künstlerradiergummis sind meist beigebraun. Im Fachhandel findet man sie auch unter der Bezeichnung *Art Gum*. Sie entfernen Grafit und Kohle leicht und sanft vom Papier, krümeln aber schnell und eignen sich nicht zum präzisen Arbeiten.

Beim Radieren kann die Papieroberfläche aufgeraut werden, sodass Staub und Radierpartikel leichter haften. Am besten entfernt man Radierkrümel mit einer sehr weichen Bürste.

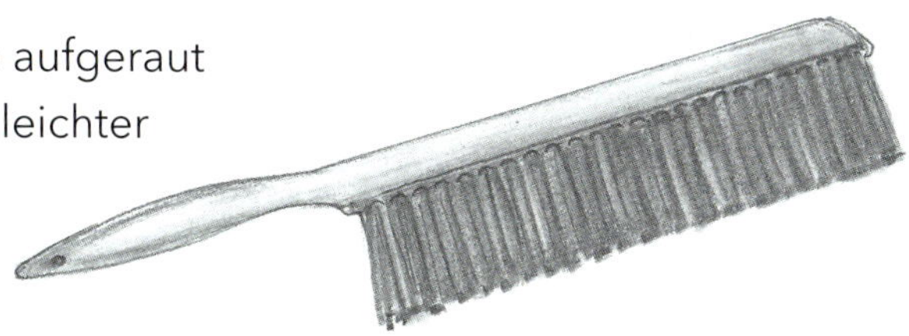

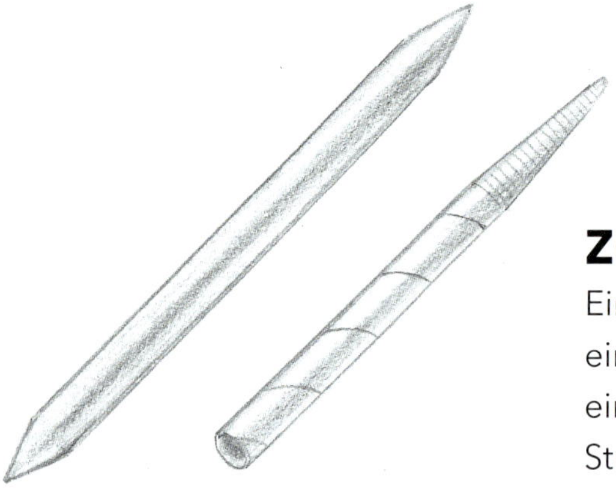

ZUM VERWISCHEN

Ein *Papierwischer* besteht aus gepresstem Papier, ein *Tortillon* aus aufgerolltem Papier. Beide haben eine Spitze und werden zum Verwischen von Strichen verwendet. Für größere Flächen eignet sich ein weiches *Ledertuch*. Auch aufgerolltes oder gefaltetes Küchenpapier oder die Seite des kleinen Fingers können verwendet werden.

MALERKREPP

Dieses Klebeband ist nützlich, um Papier auf der Zeichenplatte zu befestigen. Es lässt sich spurlos ablösen und beschädigt das Zeichenpapier nicht.

ANSPITZER

Ein Bleistift muss gut gespitzt sein. Etwa 7 mm der Mine sollten sichtbar sein, damit man sie sowohl mit der Spitze (für feine, präzise Striche) als auch mit der Breitseite (zum zügigen Ausfüllen von Flächen) aufsetzen kann. Anspitzer mit und ohne Behälter zum Auffangen der Späne gibt es in vielen Ausführungen für wenig Geld zu kaufen. Auf das Aussehen kommt es nicht an, aber wichtig ist eine scharfe Klinge. Ein elektrischer Anspitzer ist praktisch, wenn du oft große Flächen schattierst. Diese Geräte sind allerdings laut, und einige Modelle tragen mehr vom Stift ab, als nötig wäre. Manche halten auch von selbst an, wenn der Bleistift spitz ist.

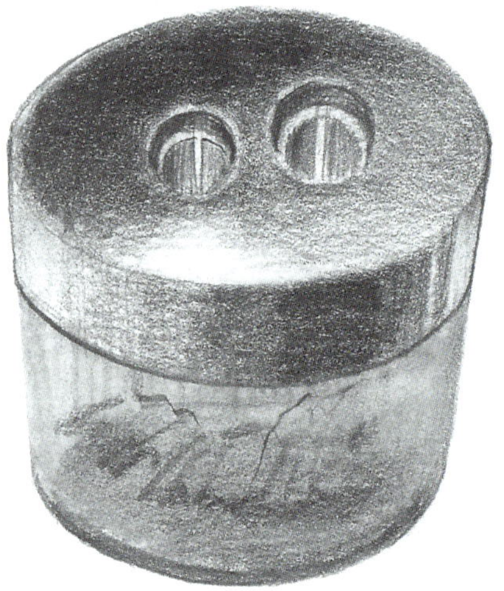

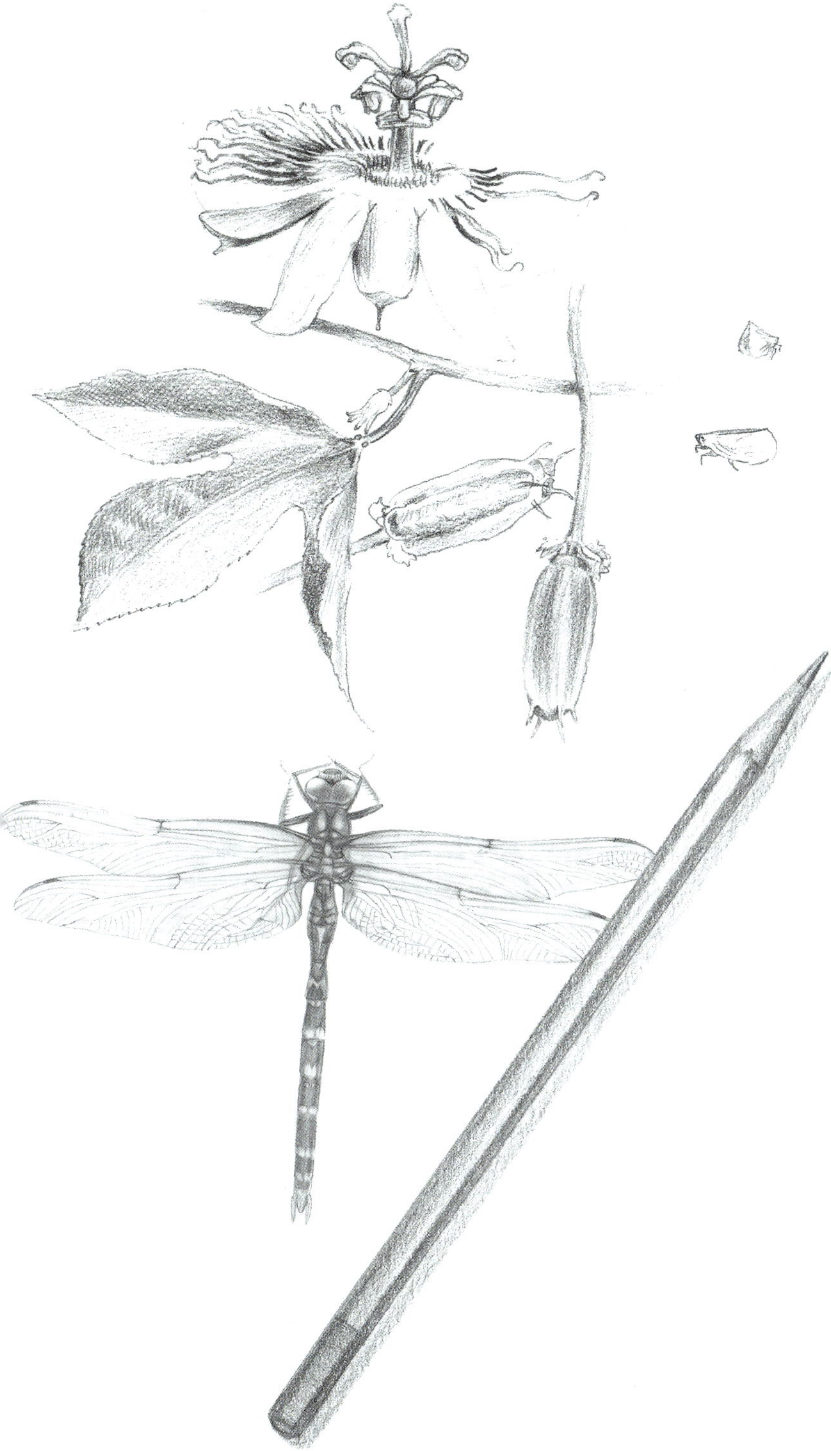

Grundausstattung

- Zeichenkarton, 24 × 32 cm, 260 g/m²
(z. B. Bristolpapier)
- Markerpapier halbtransparent, A4, 70 g/m²
- Bleistifte HB, 2B, 4B, 6B, und 8B
- Lineal aus Metall, 50 cm
- Reißschiene, 50 cm
- Knetradiergummi
- einige dünne Papierwischer oder Tortillons
- Malerkrepp
- Anspitzer (manuell oder elektrisch)

ARBEITSPLATZ

Richte dir einen Arbeitsplatz zum regelmäßigen Zeichnen ein. Er sollte ausreichend groß und praktisch ausgestattet sein. Ganz wichtig ist gutes Licht.

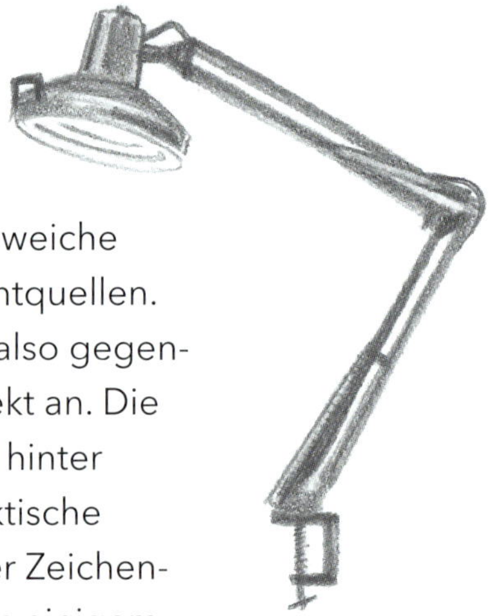

BELEUCHTUNG

Gutes Licht ist unerlässlich, um auch zarte, blasse Striche und weiche Tonwertübergänge sehen zu können. Ich verwende sechs Lichtquellen. Zwei davon sind 1,5 m links über der Arbeitsfläche installiert, also gegenüber meiner Zeichenhand, und strahlen die Arbeitsfläche direkt an. Die vier anderen sind auf die Wände rechts vom Arbeitsplatz und hinter ihm gerichtet, sodass ihr Licht weich reflektiert wird. Eine praktische Alternative ist eine verstellbare Schreibtischleuchte, die an der Zeichenplatte oder dem Tisch befestigt wird und die Arbeitsfläche aus einigem Abstand direkt anstrahlt.

ZEICHENPLATTE

Die Platte, auf der das Zeichenpapier liegt, muss fest und glatt sein. Sie sollte idealerweise so positioniert werden, dass das Papier im Winkel von 90 Grad zur Sichtachse liegt. Zeichenplatten aus glattem Holzwerkstoff mit einem Tragegriff und Klammern zum Befestigen des Papiers sind zwar hauptsächlich für die Arbeit im Freien gedacht, man kann sie aber auch gut drinnen benutzen, indem man sie auf die Oberschenkel stellt und schräg an eine Tischkante lehnt. Die kostspieligste Variante ist ein Zeichentisch mit einer in der Neige verstellbaren Platte.

WORAUF ZEICHNEN?

Die Abbildungen auf dieser Seite zeigen drei verschiedene Arbeitshaltungen: Die erste Person zeichnet stehend auf einem Skizzenblock, vielleicht in der freien Natur. Die zweite Person verwendet eine mobile Zeichenplatte, die an einen Tisch gelehnt ist, und die dritte Person sitzt an einem verstellbaren Zeichentisch.

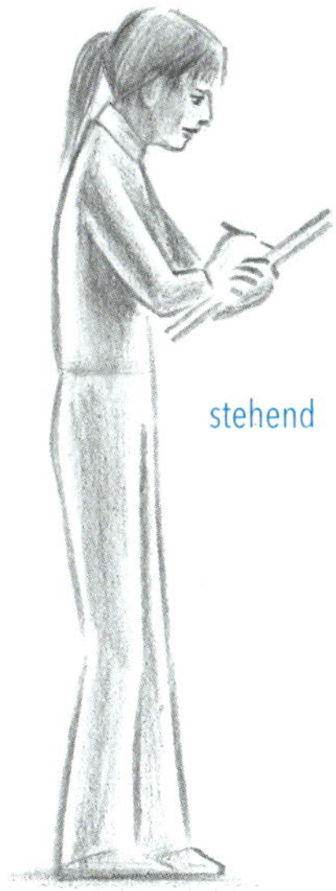

stehend

PAPIER

Zum Arbeitsplatz gehört auch das Papier. Es sollte mit Bedacht gewählt werden, weil es der »Träger« deiner Striche und Schattierungen ist. Preiswertes Kopierpapier genügt für schnelle Zeichnungen völlig, ist aber recht dünn und kann beim Schraffieren und Radieren beschädigt werden. Hochwertigeres Papier ist weniger empfindlich. Künstlerpapiere sind dicker, und ihr pH-Wert ist so eingestellt, dass sie lange nicht vergilben.

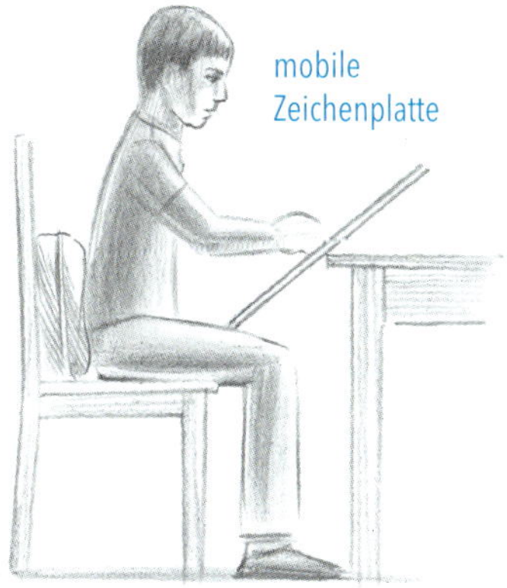

mobile Zeichenplatte

Bei den Papierstärken reicht die Bandbreite von dünnem Papier bis zu dickem Zeichenkarton, der aus bis zu fünf miteinander verpressten Schichten bestehen kann. *Tintenstrahlerpapier, Kopierpapier, Skizzenpapier* und *Bristolpapier* sind geeignet, wenn auch für verschiedene Zwecke. Jedes Papier hat seine typische Oberflächenbeschaffenheit, darum lohnt es sich, verschiedene Sorten auszuprobieren, um eins zu finden, das gut zum individuellen Zeichenstil passt. Zeichenkarton mit einem Gewicht von 260 g/m² ist robust genug, um auch intensives Radieren und beherzten Druck beim Schraffieren zu verkraften.

Zeichentisch

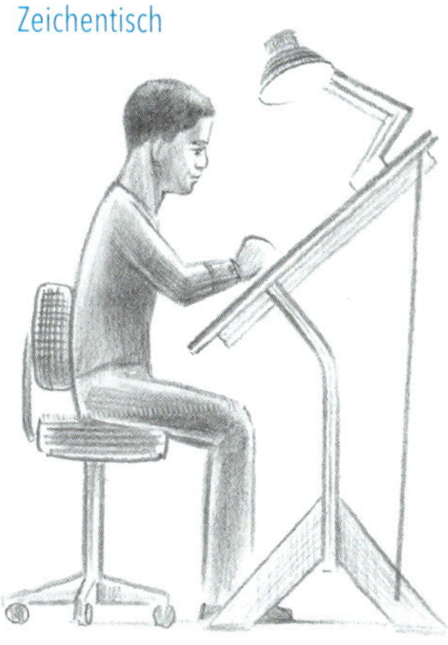

Markerpapier, halbtransparentes Layoutpapier und *Transparentpapier* sind dünn und transparenter. Legt man sie auf eine Zeichnung, kann man deren Striche noch erkennen. Darum werden sie vorzugsweise zum Durchpausen verwendet. Diese Papiere sind oft glatt, sodass Striche darauf leichter verwischen als auf normalem Zeichenpapier.

TECHNIKEN

Die Stifthaltung hat Einfluss auf das Aussehen von Strichen und Schattierungen. Eine gute Stifthaltung ist aber auch wichtig, um die Ermüdung der Hand zu vermeiden, die langfristig zu Beschwerden auch im Handgelenk führen kann. Halte den Stift für helle bis mitteldunkle Striche mit gerade so viel beziehungsweise wenig Kraft, dass er nicht zwischen den Fingern verrutscht. Arbeite immer mit gut gespitzten Stiften, denn wenn ein Stift stumpf wird, neigt man intuitiv dazu, ihn zu fest zu halten.

STIFTHALTUNGEN

Beim Zeichnen solltest du den Stift 4 bis 5 cm oberhalb der Spitze halten und in einem Winkel von etwa 30 Grad auf das Papier setzen. In dieser Grundhaltung gelingen sowohl gerade Striche als auch gleichmäßige Schattierungen leicht. Wegen des Abstands der Arbeitshand zur Zeichnung besteht weniger Gefahr, die Arbeit zu verwischen. Diese Stifthaltung eignet sich am besten für Zeichnungen in einem Format von A4 oder weniger, also für die gängigsten Formate.

Hält man den Stift *weiter hinten,* fallen die Striche heller und lockerer aus, und sein Bewegungsradius ist größer. Dafür den Stift 8 bis 10 cm oberhalb der Spitze halten. Das Stiftende liegt in der Handfläche oder in ihrer Nähe.

Grundhaltung

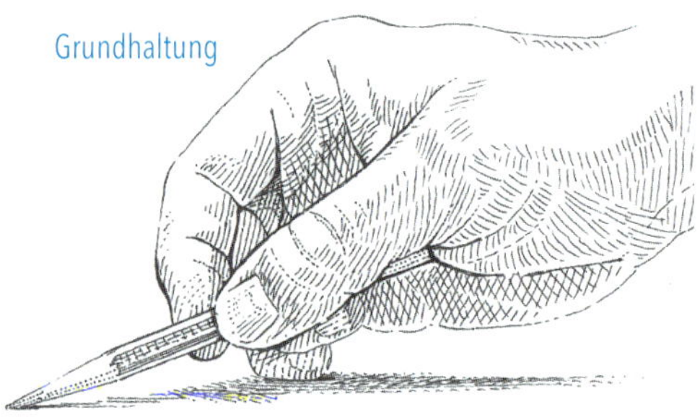

weiter hinten

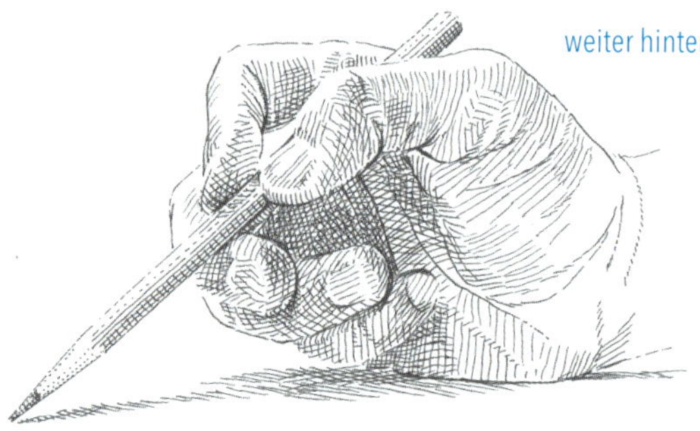

Kontrolliert führen lässt sich der Stift durch Drehbewegungen aus dem Handgelenk. Manchmal muss der Drehpunkt aber weiter nach hinten verlagert werden, dann geht die Bewegung vom Ellenbogen oder sogar der Schulter aus. Kürzere Striche mit stärkerem Druck lassen sich gut ausführen, indem man den Stift *von oben* erfasst. Für sehr lockere, expressive Striche kann die Arbeitshand auch so gedreht werden, dass die Handfläche nach oben zeigt, der Stift wird also *von unten* gehalten. Bogenförmige Striche werden in diesem Fall durch Drehbewegungen in den Fingergelenken erzeugt.

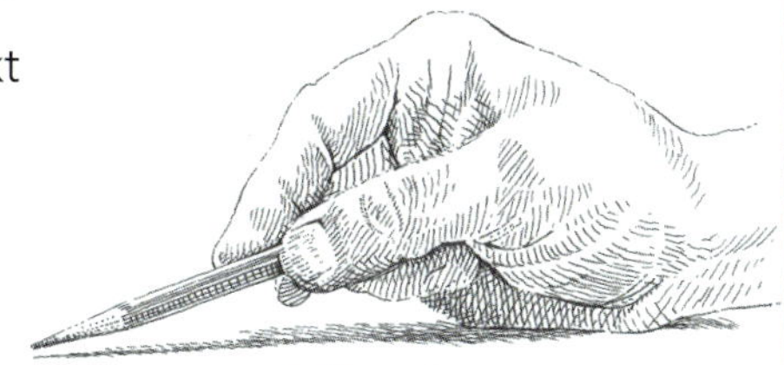
Griff von oben

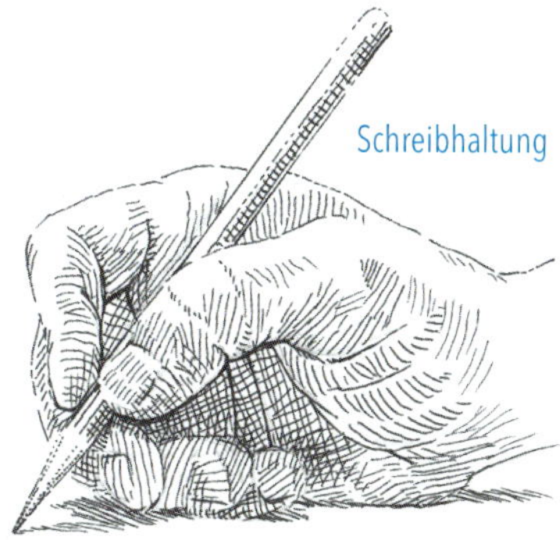
Schreibhaltung

Die *Schreibhaltung* ermöglicht eine besonders kontrollierte Stiftführung, die zum Zeichnen winziger Details (beispielsweise Wimpern) notwendig ist.

VERSCHIEDENE STRICHE

Setzt man die Bleistiftspitze flach auf dem Papier auf, lassen sich weiche Striche unterschiedlicher Breite zeichnen. Und hebt man sie mit einer fließenden Bewegung vom Papier ab, endet der Strich nicht abrupt, sondern in einer auslaufenden Spitze.

Faktoren, die das Aussehen von Strichen beeinflussen, sind neben dem Druck auch die Zeichengeschwindigkeit, die Stifthaltung, der Härtegrad des Bleistifts und die Papieroberfläche. Außerdem spielt es eine Rolle, wie gut der Bleistift angespitzt ist. Sogar der emotionale Zustand des Zeichners kann sich in einem Strich ausdrücken.

mit Lineal

aus freier Hand

Ein *Lineal* ist hilfreich für exakte Linien, präzise Winkel oder saubere Konturen. In einer Zeichnung, in der *aus freier Hand* gezeichnete Striche vorherrschen, können solche präzisen Linien zwar ins Auge fallen, sie sind aber manchmal notwendig, beispielsweise um die Perspektive korrekt zu konstruieren.

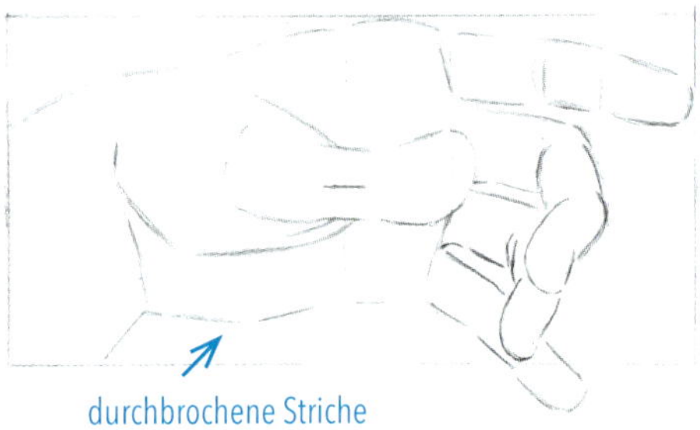

durchbrochene Striche

Mit *durchbrochenen Strichen* werden oft am Anfang der Arbeit Formen zunächst ohne Details grob festgehalten. Dabei wird mit relativ geraden, kurzen Strichen gearbeitet, die an Richtungswechseln unterbrochen sind. Durchbrochene Striche lassen sich beim späteren Ausarbeiten leichter ergänzen als durchgezogene Striche.

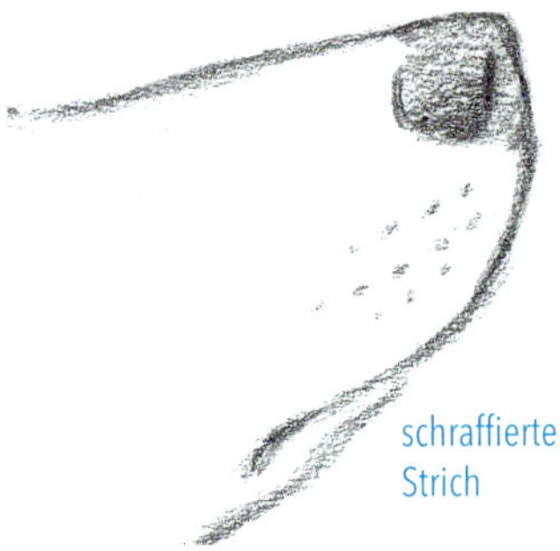

schraffierter Strich

Wenn man sich mit einem weichen Strich an eine Kontur herantasten möchte, ist ein *schraffierter Strich*, der aus vielen kurzen, einander überlappenden Strichen besteht, die beste Wahl.

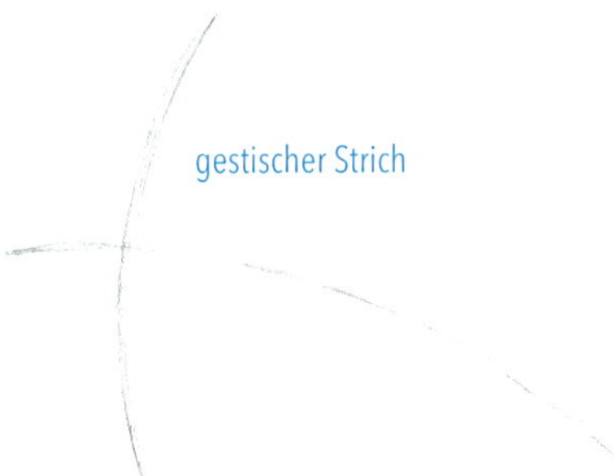

gestischer Strich

Gestische Striche kommen meist zum Einsatz, wenn die Haltung eines lebenden Motivs rasch eingefangen werden soll. Solche Striche variieren in der Breite und wirken energisch und flüssig.

Im Gegensatz zu den vorherigen Beispielen ist ein *durchgehender Strich* nicht oder nur selten unterbrochen. Auch die Strichstärke ist relativ konstant, darum verwendet man am besten einen Stift, der nicht so oft angespitzt werden muss (HB).

Eine *Konturlinie* beschreibt nur den Umriss eines Objekts und ist meist nicht unterbrochen.

durchgehender Strich

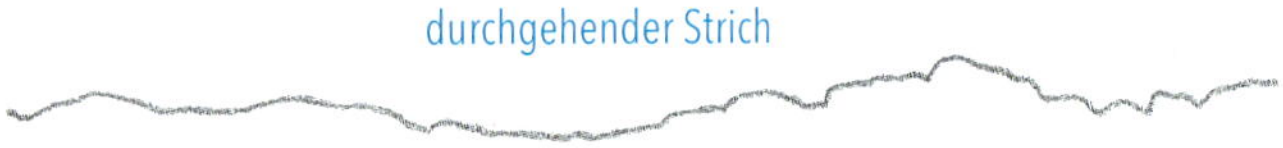

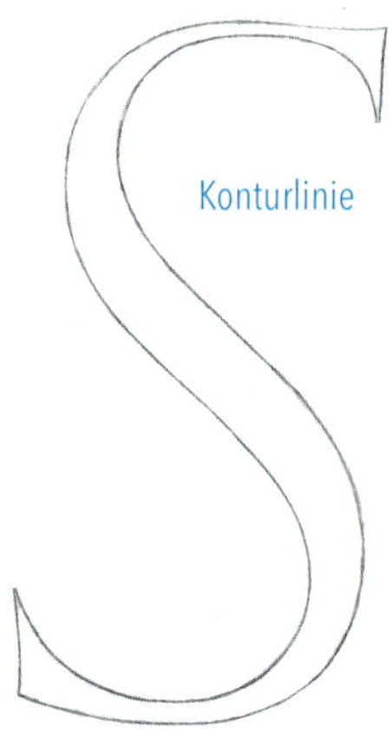

Konturlinie

Konstruktionslinien werden zu Beginn der Arbeit gezeichnet, um Positionen, Winkel oder Maße festzulegen. Dazu gehören Mittellinien, Mittelpunkte, Radien, Bezugslinien, Fluchtlinien und andere Hilfslinien.

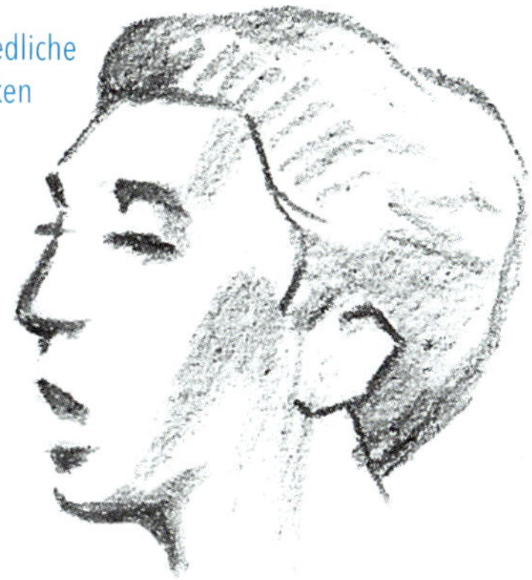

Unterschiedliche Strichstärken entstehen, wenn man Winkel und Druck des Stifts beim Zeichnen variiert. Sie wirken lebendig und können die dreidimensionale Wirkung verstärken.

SCHATTIEREN

Für *flächige Schattierungen* setzt man die Bleistiftspitze flach und schräg auf und bewegt sie hin und her. So sind die einzelnen Striche kaum zu erkennen. Die Technik eignet sich auch, um vorhandene Striche weicher zu zeichnen oder Tonwertübergänge zu erzeugen.

Für eine *Schraffur* wird die Spitze steil aufgesetzt. Sehr viele einzelne Striche werden in Gruppen oder Reihen angeordnet, sodass das Auge sie als flächige Graustufen wahrnimmt.

Eine *Kreuzschraffur* besteht aus parallelen Schraffuren in zwei oder mehr Richtungen. Die Technik eignet sich für recht dunkle Schattierungen, aber auch zum Darstellen von Oberflächen mit einer Textur, die sich aus Dreiecken, Rauten oder Rechtecken zusammensetzt.

Für *dunkle Tonwerte* wird der Stift mit der Breitseite aufgesetzt, um die Fläche mit Strichen in einheitlicher Richtung auszufüllen. Danach das Papier drehen und denselben Vorgang in einer anderen Richtung wiederholen. Für sehr dunkle Tonwerte kann der Vorgang nochmals mit stärkerem Druck wiederholt werden. Anschließend die Übergänge der Schichten mit der Bleistiftspitze schraffieren und dabei Flächen, an denen das Papier noch durchschimmert, ausfüllen.

Für *helle Tonwerte* den Bleistift flach aufsetzen und weit hinten halten, um den Druck zu verringern. Alternativ kann ein härterer Bleistift (2B, B oder H) mit der Spitze aufgesetzt werden. Allerdings können härtere Stifte Rillen im Papier hinterlassen, die erst sichtbar werden, wenn sie später noch mit weichen Stiften dunkler eingetönt werden.

Ein *Verlauf* ist ein fließender Hell-Dunkel-Übergang. Um ihn zu zeichnen, beginnt man mit dem hellsten Tonwert und erhöht allmählich den Druck. Die dunkelsten Tonwerte werden aber noch nicht eingezeichnet. Zuerst werden unregelmäßige Bereiche überarbeitet. Erst dann die dunkelsten Bereiche überarbeiten und erneut den Druck allmählich erhöhen.

Für einen sehr *weichen Verlauf* die Fläche mit einem flach aufgesetzten Bleistift 4B schattieren. Dann einen Bleistift 2B im Winkel von etwa 30 Grad aufsetzen und die Fläche überarbeiten, sodass die einzelnen Striche nicht mehr erkennbar sind. Danach können die Striche weiter mit einem Papierwischer oder Tortillon verwischt werden, sodass Grafit in die Strukturtäler des Papiers gelangt und keine klaren Striche mehr zu sehen sind.

Wenn man versehentlich mit der Arbeitshand über einen schattierten Bereich streicht, kann Grafit an der Haut hängen bleiben und auf einen sauberen Bildbereich übertragen werden. Um das zu vermeiden, ist es sinnvoll, ein Stück einfaches Kopierpapier auf die Zeichnung zu legen, auf dem die Hand dann abgestützt werden kann. Möglich ist auch, einen langen Stift zu verwenden und ganz hinten zu halten, damit die Hand weiter weg bleibt. Oft genügt es jedoch, das Papier einfach so zu drehen, dass die Hand einen freien Platz findet. Mit der Zeit wirst du lernen zu zeichnen, ohne die Hand abzustützen. Und kleinere Verwischungen lassen sich später mit einem Knetradiergummi entfernen.

VERSCHIEDENE SCHATTIERUNGSTECHNIKEN

Die Abbildungen zeigen einige bewährte Techniken.

1. Reihen überlappender, paralleler Striche
2. Reihen überlappender, paralleler Striche, helle Lücken ausgefüllt
3. Lange parallele Striche
4. Schräge Reihen paralleler Striche
5. Überlappende senkrechte Schraffuren
6. Lange, überlappende senkrechte Striche
7. Dunkler Tonwert durch vierfache Kreuzschraffur
8. Helle Kreuzschraffur mit der Bleistiftspitze
9. Kreuzschraffur mit schräg aufgelegter Spitze
10. Überlappende Striche mit flach aufgelegter Spitze

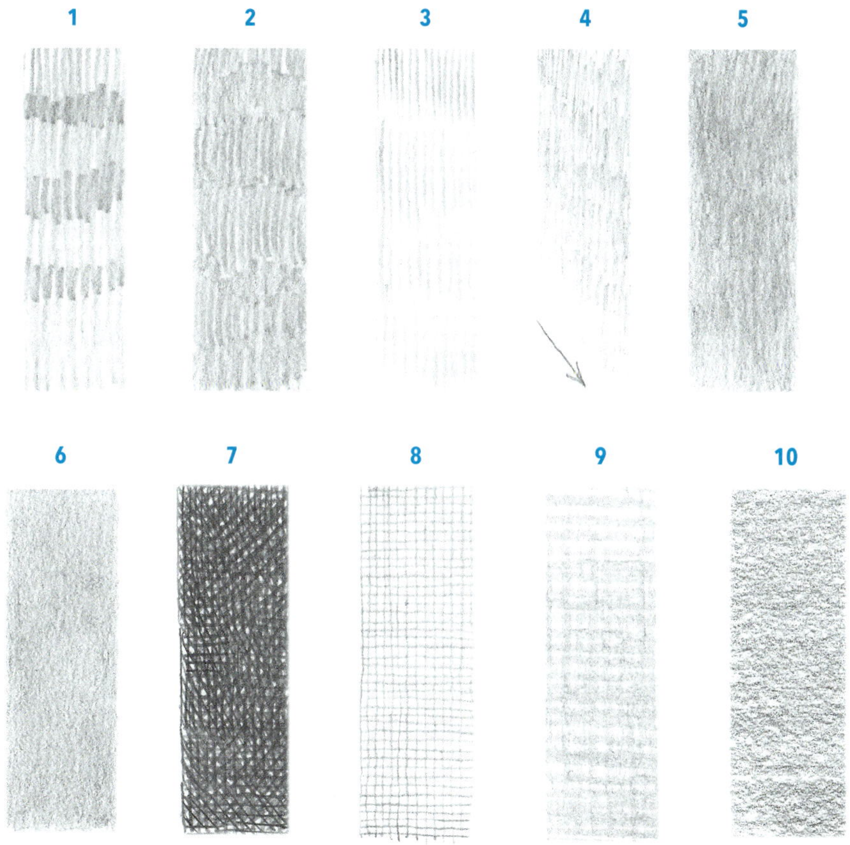

KONSTRUKTION

Die Konstruktion steht am Anfang einer Zeichnung, wenn Größen und Positionen der Hauptformen zu Papier gebracht werden. Dabei können beispielsweise die folgenden Hilfslinien gezeichnet werden:

- Waagerechte/senkrechte Linien (z. B. Horizontlinie, Tischkante, Gebäudekonturen)
- Achsen (z. B. Kopf, Körper)
- Fluchtlinien (z. B. für Straße, Gebäude)
- Grundformen (z. B. Quader, Zylinder, Kegel, Kugel)
- Abmessungen
- Ausrichtung/Anordnung

Konstruktionslinien sollten möglichst zart gezeichnet werden, damit man sie später gut ausradieren oder mit Schattierungen überdecken kann. Dazu den Bleistift etwa 7 cm oberhalb der Spitze halten, die Mine flach auf das Papier aufsetzen und mit geringem Druck arbeiten.

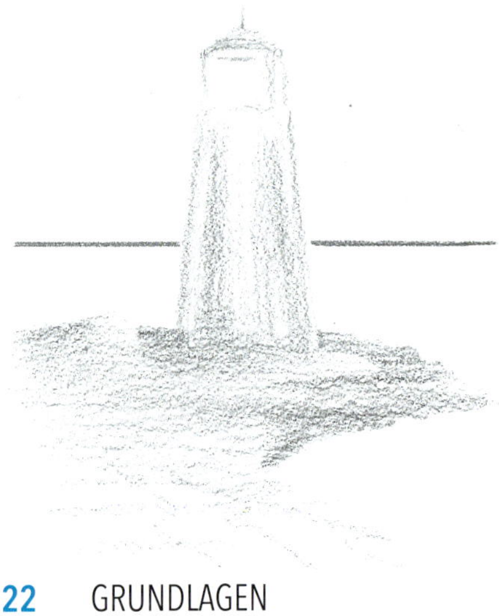

WAAGERECHTE UND SENKRECHTE LINIEN

Diese Linien dienen dazu, mehrere Teile einer Zeichnung korrekt zueinander anzuordnen. Die Linien können Bestandteile der Bildelemente sein, es können aber auch gedachte Linien sein.

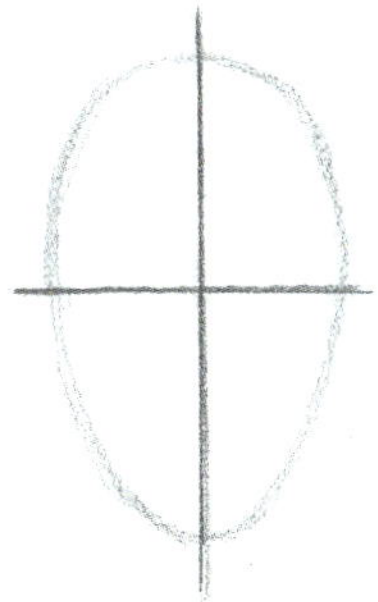

ACHSEN

Achsen teilen eine zweidimensionale Form in Hälften oder Viertel. Bei dreidimensionalen Formen verlaufen sie in der Mitte. Sie helfen, Blickwinkel, Mitte und Länge eines Elements festzulegen.

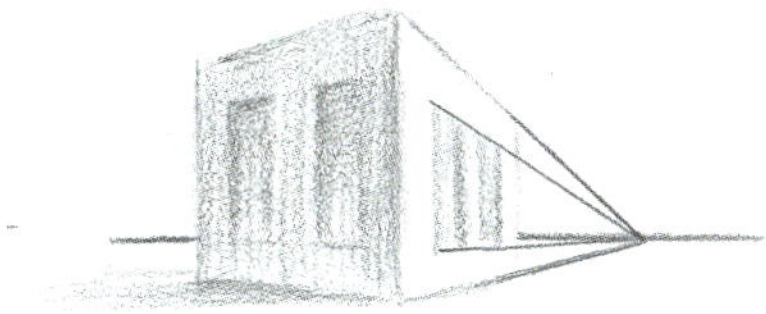

FLUCHTLINIEN

Fluchtlinien definieren den Winkel von Kanten und Konturen, die auf einen Fluchtpunkt gerichtet sind. Sie werden für die Einpunkt- und Zweipunkt-Perspektive benötigt.

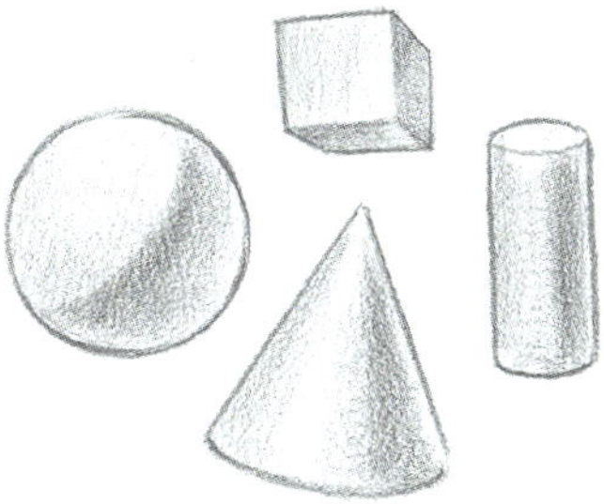

GRUNDFORMEN

Zweidimensionale Grundformen sind etwa Rechteck/Quadrat, Kreis oder Dreieck. Dreidimensionale Grundformen sind etwa Quader/Würfel, Kugel, Kegel oder Zylinder. Sie werden grob vorgezeichnet, um Größe und Ausrichtung eines Objekts oder eines Teils davon vorzugeben.

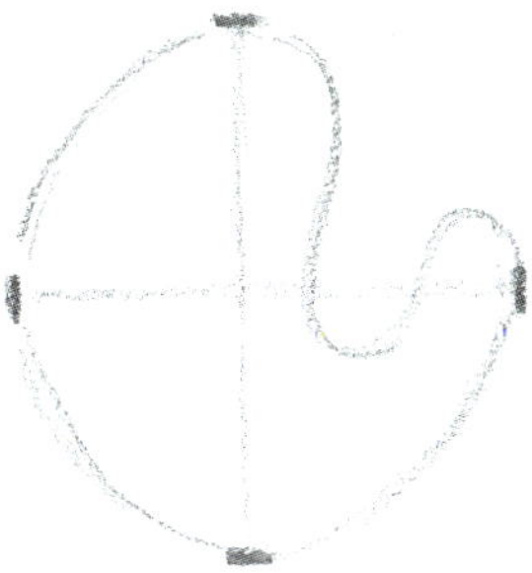

ABMESSUNGEN

Mit kurzen Strichen können maximale Höhe, Breite und Länge von Bildelementen gekennzeichnet werden.

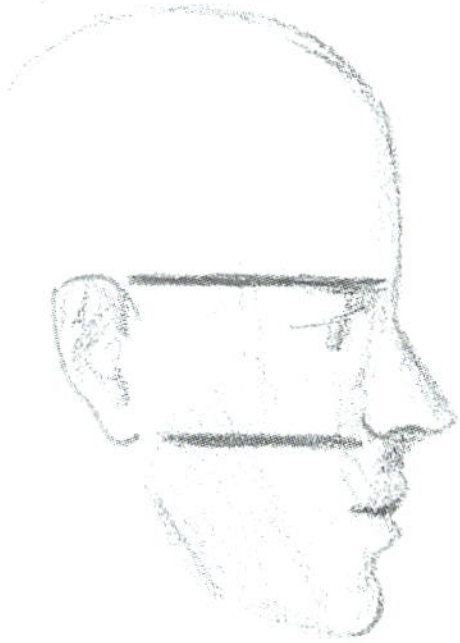

AUSRICHTUNG

Solche Linien markieren Bildelemente, die sich auf einer Höhe befinden, oder die gerade oder schräg untereinanderliegen.

KÜNSTLERISCH SEHEN

Licht und Form spielen eine wichtige Rolle, wenn auf dem Papier der Eindruck eines dreidimensionalen Objekts entstehen soll. Zweifellos lässt sich mit einfachen Strichen und Schattierungen schon viel bewirken, aber wirklich realistisch werden Zeichnungen erst durch Techniken, die sich im Laufe von Jahrhunderten in der Kunst bewährt haben. Die Vielzahl der Details, die man beim Betrachten einer Szene oder eines Modells beobachten kann, lässt sich deutlich reduzieren, wenn man sich mit Tonwerten, künstlerischer Perspektive und der Auswirkung von Licht auf Körper auskennt.

Die folgenden drei Aspekte sind für überzeugende Zeichnungen von besonderer Bedeutung.

GRAUSTUFENSKALA

Diese Skala stellt die Bandbreite der Tonwerte oder Graustufen in Zehnerschritten dar. Es ist wichtig, die relative Dunkelheit der Bildelemente zu erkennen, um sie realistisch zu schattieren. Tonwerte sind wichtig, um einen Blickfang zu schaffen, eine räumliche Wirkung zu erzielen, die Illusion von Licht zu erzeugen und der Zeichnung insgesamt mehr Ausdruck zu verleihen.

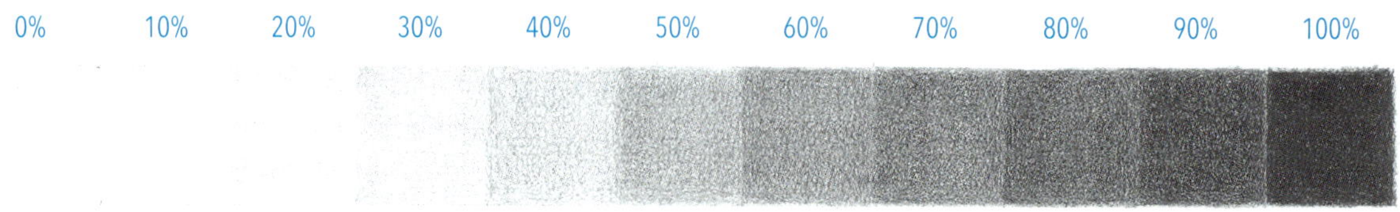

EIN- UND ZWEIPUNKT-PERSPEKTIVE

Diese beiden Theorien der künstlerischen Perspektive werden benötigt, um Formen perspektivisch korrekt darzustellen. Am leichtesten lassen sie sich anhand von quaderförmigen Objekten erklären. In der Einpunkt-Perspektive ist das Objekt dem Betrachter frontal zugewandt, und es gibt (nur) einen Fluchtpunkt auf der Horizontlinie. In der Zweipunkt-Perspektive ist dem Betrachter eine Ecke (bzw. Kante) des Objekts zugewandt, und es gibt zwei Fluchtpunkte.

EINPUNKT-PERSPEKTIVE

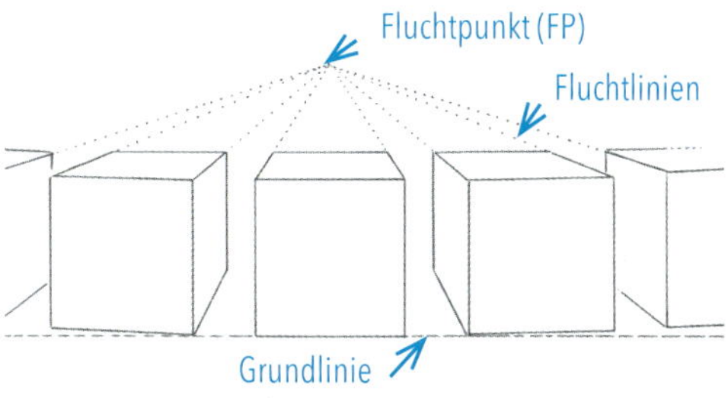

ZWEIPUNKT-PERSPEKTIVE

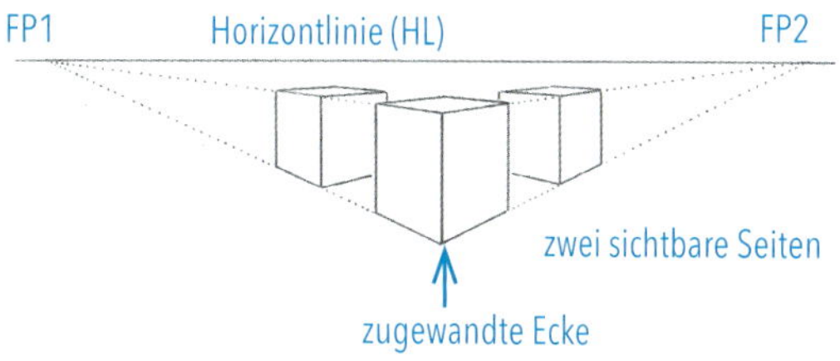

DIE ANATOMIE DES LICHTS

Jede Oberfläche, die man sehen oder zeichnen kann, wird durch das Licht beeinflusst – einerseits durch das direkte Licht, das auf sie fällt, und anderseits durch die Lichtreflexion von anderen Oberflächen. Zeichne zuerst die Umrisse der verschiedenen Lichtbereiche vor. Wenn dir das sicher gelingt, kannst du auch gemusterten Stoff, Glasflaschen mit Etiketten oder Tierfell so zeichnen, dass sie realistisch aussehen.

Kneife beim Betrachten des Objekts die Augen zusammen, sodass du es verschwommen siehst. Achte dann nur darauf, wo helle Bereiche in dunkle übergehen, und ob es fließende Übergänge oder scharfe Grenzen sind. Übe, alle Objekte auf diese Weise zu betrachten, um Nuancen wahrzunehmen, die man ansonsten leicht übersieht.

LICHTSEITE – SCHATTENSEITE

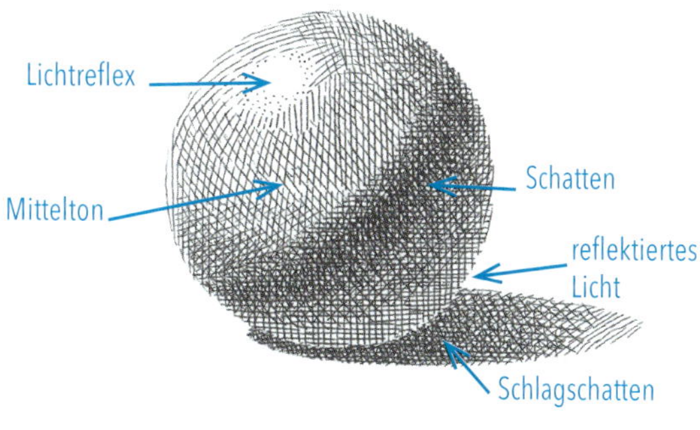

FACHBEGRIFFE

2D Zweidimensional; der Eindruck von Höhe und Breite.

3D Dreidimensional, der Eindruck von Höhe, Breite und räumlicher Tiefe.

Abdeckpapier Ein Stück einfaches Papier (z. B. Druckerpapier), das unter die Arbeitshand gelegt wird, damit kein Hautfett auf die Zeichnung gelangt und damit keine Striche verwischt werden.

abnehmen Grafit oder Zeichenkohle mit einem Knetradiergummi vom Papier entfernen, um einen Tonwert aufzuhellen.

Abstraktion Die bewusste Verfremdung von Objekten in einer Komposition, etwa durch Verzicht auf naturalistische Proportionen oder Details, um ihre wesentlichen Formen zu betonen. Als abstrakt werden auch Bilder bezeichnet, die nur aus Grundformen und Tonwerten bestehen und gar kein naturalistisches Motiv erkennen lassen.

Achse Gedachte Mittellinie zwei- oder dreidimensionaler Formen.

Achsensymmetrie Eine Form der Symmetrie, bei der ein Motiv aus zwei spiegelbildlichen Hälften besteht.

analysieren Etwas in seine Einzelteile zerlegen, um es besser zu verstehen (z. B. ein Motiv).

Anatomie des Lichts Ein Modell der Lichtverhältnisse, bestehend aus angestrahlter Seite, Lichtreflex, Mitteltönen, im Schatten liegender Seite (oder Seiten), reflektiertem Licht und Schlagschatten.

Asymmetrie In Bezug auf die Komposition: Platzierung eines Bildelements auf eine Seite, ohne auf der anderen ein Element vorzusehen, das ein optisches Gleichgewicht schafft.

atmosphärische Perspektive Die räumliche Tiefenwirkung, die dadurch entsteht, dass Objekte in der Ferne blassere Farben und weniger Details zeigen als Objekte in der Nähe.

Augenhöhe Entspricht der Horizontlinie und bestimmt das Aussehen von Objekten und ihre Winkel in einer Zeichnung. Die Augenhöhe kann in einer Zeichnung frei gewählt werden, um einen bestimmten Blickwinkel zu suggerieren.

ausarbeiten Eine Zeichnung verfeinern und letzte Details einfügen.

ausgearbeitete Zeichnung Eine sorgfältig konstruierte Zeichnung mit stimmigen Maßen und Proportionen sowie überzeugend dargestellten Lichtern und Schatten.

Ausrichtung Die Anordnung der Elemente in einer Zeichnung (vertikal, horizontal oder diagonal). Sie kann für die korrekte Platzierung hilfreich sein.

Bezugslinie Hilfslinie, die nur für die Platzierung von einigen Bildelementen benötigt wird und danach ausradiert wird.

Bleistift Traditionelles Zeichenwerkzeug aus einer Mine aus Grafit und Bindemitteln in einer Hülse aus Holz.

Bleistiftmaß Der Bleistift kann als Messwerkzeug benutzt werden. Man legt ihn an ein Objekt in der Nähe oder peilt über ihn hinweg ein Objekt in der Ferne an. Dieses Maß kann dann mit anderen Objektmaßen verglichen und entsprechend in die Zeichnung übertragen werden.

Bristolpapier Hochwertiges unbeschichtetes, maschinell verarbeiteter Zeichenkarton, der in verschiedenen Stärken und Oberflächen (von sehr glatt bis leicht rau) erhältlich ist.

Druckerpapier (auch Kopierpapier) Papier aus Holzpulpe, das für Drucker oder Kopierer im Büro gedacht ist. Eignet sich zum Zeichnen, ist aber weniger haltbar als Künstlerpapier.

dunkelste Schatten und hellste Lichter Die Tonwertextreme einer Komposition, die meist in der Endphase ausgearbeitet werden.

durchbrochener Strich Locker gezeichneter und dadurch stellenweise unterbrochener Strich zum groben Festlegen einer Form oder Kontur.

Einheitlichkeit und Abwechslung Eine Komposition ist gelungen, wenn zwischen den Elementen Einheitlichkeit besteht. Ein gewisses Maß an Abwechslung ist dennoch notwendig, damit sie nicht langweilig wirkt.

Einpunkt-Perspektive Zeichnerische Technik zum räumlichen Darstellen von meist kantigen Objekten, die dem Betrachter frontal zugewandt sind. Die Fluchtlinien laufen in einem Fluchtpunkt auf der Horizontlinie zusammen.

Element Ein Teil einer Zeichnung.

Ellipse Kreis, aus einem schrägen Blickwinkel gesehen.

Figur Ein Mensch oder ein anderes Lebewesen in einer Zeichnung.

Fluchtlinien Die Linien, die in der zeichnerischen Perspektive im Fluchtpunkt auf der Horizontlinie zusammenlaufen.

Form Bezieht sich häufig auf die dreidimensionale Form von Objekten.

Freihandzeichnen Zeichnen ohne Lineal, Schablonen oder sonstige Hilfsmittel. Die Striche können unregelmäßig oder wellig sein. Solche Zeichnungen wirken oft locker, dynamisch und lebendig.

gestisch zeichnen Zeichnen mit energischen, spontanen Strichen, die das Wesentliche einer Szene oder eines Objekts einfangen.

Graustufenskala Eine Skala, in der die verschiedenen Graustufen von Weiß bis Schwarz stufenweise dargestellt sind.

Griff Die Stifthaltung, die je nach gewünschtem Effekt verändert werden kann.

Grundformen Dreieck, Viereck und Kreis (2D) sowie Kegel, Quader und Kugel (3D) sind die wichtigsten Grundformen, in die sich komplexere Formen (auch der menschliche Körper) zerlegen lassen.

Halbprofil Bei Porträts die Ansicht schräg von vorn, sodass Front und Seite des Gesichts teilweise sichtbar sind.

Härtegrad Der Härtegrad von Bleistiften wird durch eine Zahl von 2 bis 8 und einen Buchstaben angegeben. H steht für hart (hellerer Strich), B für Black (dunklerer Strich). 8H ist extrem hart, 8B sehr weich. Die Härtegrade H, B und HB liegen im mittleren Bereich.

Hauptform Der Umriss einer Form oder eines Objekts.

Hintergrund Der Bereich, der das Hauptmotiv (oder die Hauptfigur) einer Komposition umgibt und so wahrgenommen wird, als befände er sich hinter ihm.

horizontal Waagerecht, im Winkel von 90 Grad zu den Seitenkanten des Papiers.

Horizontlinie Eine gedachte Linie, auf der sich die Fluchtpunkte befinden. Entspricht der Augenhöhe des Betrachters.

Kegel Eine spitz zulaufende dreidimensionale Form mit kreisförmiger Basis.

Knetradiergummi Ein Radiergummi aus knetbarem Material, das sich zu einer dünnen Spitze formen lässt (z. B. für sehr kleine Lichtreflexe). Wird zum Entfernen von Strichen auf das Papier gedrückt oder über die Striche gezogen. Bei Bedarf kann er in die Länge gezogen werden, um verschmutzte Teile nach innen zu falten.

Komposition Die Anordnung der verschiedenen Bildelemente innerhalb der Bildfläche.

Konstruktion Früher Arbeitsschritt, in dem die Formen, ihre Anordnung und Ausrichtung auf dem Papier grob festgehalten werden.

Konstruktionslinien Hilfslinien und Punkte, die zur korrekten Platzierung der Bildelemente benötigt werden, z. B. Symmetrieachsen, Mittellinie, Mittelpunkt, Umrisslinien oder Fluchtlinien.

Kontrast Meist der Unterschied zwischen Tonwerten, aber auch zwischen Texturen, Formen, Größen usw. In Zeichnungen sorgen Kontraste für Spannung und Abwechslung.

Kontur Umrisslinie.

Konvergenz Der Eindruck, dass sich der Abstand zwischen parallelen Linien in der Ferne verringert.

Kreuzschraffur Parallele Striche in zwei Richtungen, die als Tonwert wahrgenommen werden.

Kugel Dreidimensionale Form mit kreisförmigem Querschnitt.

Künstlerradiergummi (auch Art Gum) Bräunlicher, bröseliger Radiergummi, der auch zum Verwischen von Strichen verwendet werden kann, z. B. in schattierten Bereichen.

LED Leuchtmittel mit dem aktuell geringsten Energieverbrauch, erhältlich in verschiedenen Lichtfarben und für alle gängigen Fassungen.

Ledertuch Tuch aus weichem Leder zum Verwischen von Grafit oder Zeichenkohle.

Linearperspektive Konstruktionsmethode, um eine räumliche Tiefenwirkung zu erzielen. Parallele Linien laufen auf der Horizontlinie in der Ferne in einem Fluchtpunkt (oder mehreren) zusammen.

lokaler Tonwert Der natürliche Tonwert eines Objekts, der sich aus seiner Fähigkeit ergibt, Licht in einem bestimmten Maß zu absorbieren und/oder zu reflektieren.

Malerkrepp Klebeband mit geringer Haftkraft. Wird zum Fixieren des Papiers auf dem Zeichenbrett verwendet und lässt sich leicht entfernen, ohne das Papier zu beschädigen.

Markierungsstrich Ein kurzer Strich, der vorab festlegt, wo sich das Ende einer Linie oder Form befinden soll.

Maße vergleichen Die Größe eines Objekts ermitteln und in Beziehung zu den Größen anderer Objekte setzen.

Mittellinie (Form) Eine Hilfslinie, die in der Mitte einer Form verläuft und dabei auch deren verschiedene Ausbuchtungen berücksichtigt. Im Gesicht dient sie als Hilfslinie zum Platzieren der Gesichtszüge.

Mittellinien (Konstruktion) Senkrechte und horizontale Mittellinien sind hilfreich, um ein Bild zu analysieren oder zu kopieren.

Modellieren Herausarbeiten einer Form durch Schattierungen. Nahe Bereiche sind normalerweise heller, entfernte Bereiche sind dunkler.

negativer Raum Der Raum, der eine Figur oder ein Objekt umgibt.

Papierwischer Ein Stift mit spitzem Ende aus Papierfasern, der zum Verwischen von Grafit verwendet wird.

Profil Ansicht einer Figur oder des Gesichts von der Seite.

Proportionen Größenverhältnisse.

Quadrat Sonderform des Rechtecks, bei dem alle vier Seiten gleich lang sind.

Raster Ein Gitter aus senkrechten und waagerechten Hilfslinien in gleichen Abständen. Dient dazu, eine Bildfläche in kleinere Teile zu gliedern und Bildelemente leichter platzieren zu können, vor allem beim Kopieren.

Realismus Zeichenstil, in dem Motive mit naturgetreuen Proportionen und Details dargestellt werden.

Rechteck Ein Viereck, bei dem alle vier Ecken einen Winkel von 90 Grad haben.

rechtwinklig Im Winkel von 90 Grad zu einem anderen Element.

Reißbrett (Zeichenbrett) Eine stabile Holzplatte mit einer Metallkante, an der ein Zeichenwinkel angelegt werden kann.

Schattierungen Tonwerte, die durch verschiedene Arten der Strichführung gestaltet werden können, z. B. Schraffur, Kreuzschraffur.

Schicht Dunkle Schatten werden in mehreren Arbeitsgängen erzeugt. Dabei wird jede Schicht in einer anderen Richtung aufgetragen, um einen gleichmäßigen Tonwert zu erhalten.

Schraffur Parallele Striche in mehr oder weniger großen Abständen zum Schattieren einer Fläche.

Skizze Eine lockere, eher grobe und wenig ausgearbeitete Zeichnung, häufig als Entwurf.

Strich Eine einzelne Spur, die mit einem Zeichenwerkzeug auf dem Papier erzeugt wird. Kann anderen Strichen ähneln oder von diesen abweichen.

Symmetrie Ausgewogenheit eines Bildes entsteht dadurch, dass die beiden Hälften spiegelbildlich oder optisch im Gleichgewicht sind. Zeichnungen mit diesen Merkmalen sind *symmetrisch*.

Tiefenwirkung Der Eindruck von Räumlichkeit, der durch überlappende Formen, abnehmende Größen, konvergierende Linien, diagonale Linien und atmosphärische Perspektive erzeugt werden kann.

Tonwert Die relative Helligkeit oder Dunkelheit von Farben bzw. Grautönen.

Tonwertformen Die Formen der hellen und dunklen Bereiche eines Motivs, die man am besten mit diffusem Blick (mit leicht zusammengekniffenen Augen) erkennt.

Tonwertmuster Die Art, wie sich die Tonwerte auf einer Fläche verändern und dadurch die Form erkennbar machen (z. B. hell – dunkel – hell).

Tonwertzeichnung Eine Zeichnung, in der Formen nicht durch begrenzende Linien, sondern ausschließlich durch Tonwerte dargestellt werden.

Tortill(i)on Stift aus fest aufgerolltem Papier zum Verwischen oder zum Durchreiben von Kopien.

Transferpapier Ein durchscheinendes Papier, auf das ein Motiv durchgepaust wurde. Die Rückseite wird mit Grafit überzogen. Dann wird das Transferpapier auf ein leeres Blatt gelegt, um die durchgepausten Linien mit einem festen, glatten Werkzeug (z. B. einem Tortillon oder einem Plektron) zu übertragen.

Transparentes (oder halbtransparentes) Markerpapier Dünnes, relativ durchscheinendes Papier zum Durchpausen. Es ist so durchsichtig, dass man das Motiv darunter erkennt, aber opak genug, dass man die darauf gezeichneten Striche gut sieht.

Transparentpapier Dünnes, relativ durchsichtiges Papier zum Durchpausen.

Verlauf Fließender Hell-Dunkel-Übergang (auch fließender Übergang zwischen Farben).

Vertikal Senkrecht, im Winkel von 90 Grad zu Ober- und Unterkante des Papiers.

visuelle Integrität Glaubwürdigkeit einer Zeichnung, z. B. durch konsequente Beachtung der Lichtrichtung oder konsistente Oberflächen.

visueller Weg Der Weg, den der Blick des Betrachters durch die Bildfläche nimmt, meist vom Hauptblickfang zu anderen, neben- oder untergeordneten Elementen. Dieser Weg lässt sich durch die Komposition der Zeichnung beeinflussen.

visuelles Gleichgewicht Es entsteht, wenn alle Elemente der Zeichnung einander ergänzen und keines übermäßig dominant wirkt.

Vordergrund Der Bereich eines Bilds, der dem Betrachter am nächsten zu sein scheint (im Vergleich zur Mitteldistanz und zum Hintergrund).

Zeichnung nach der Beobachtung / der Natur Eine Zeichnung, die anhand einer realen Szene oder eines lebenden Modells angefertigt wird.

Zweipunkt-Perspektive Zeichnerische Technik zum räumlichen Darstellen von eckigen Objekten, die dem Betrachter schräg zugewandt sind. Die Fluchtlinien laufen in zwei Fluchtpunkten auf der Horizontlinie zusammen.

PROJEKTE

Den Hauptteil des Buchs bilden 44 Projekte, an denen verschiedene Techniken und Arbeitsweisen eingeübt werden. Gleichzeitig entstehen interessante Zeichnungen. Die Projekte sind nach Schwierigkeitsgrad aufsteigend geordnet:

●○○○○ **Level 1** Bei diesen Projekten geht es um Grundformen, die richtige Stifthaltung, das Zeichnen gerader und gekrümmter Linien und den Aufbau einer Zeichnung, sodass alle Elemente gut zusammenpassen.

●●○○○ **Level 2** Hier werden etwas komplexere Grundformen eingeführt, beispielsweise der menschliche Kopf. Außerdem geht es um recht einfache Texturen.

●●●○○ **Level 3** Diese Zeichnungen füllen ein ganzes Blatt. Das Verständnis des menschlichen Gesichts wird vertieft, und die naturgetreue Anatomie des Kopfes wird eingeführt.

●●●●○ **Level 4** An Motiven von Stillleben über Tiere bis zu Menschen wird unter anderem die Darstellung realistischer Texturen geübt.

●●●●● **Level 5** An anspruchsvolleren Motiven werden die bereits erworbenen Kenntnisse vertieft. Wer diese Projekte meistert, kann sich an beliebige Motive eigener Wahl wagen.

FENSTER

LEVEL ●○○○○ ANZAHL DER SCHRITTE: 5

Linien, die parallel zu den Papierkanten verlaufen, vermitteln einen Eindruck von Stabilität. Behalte beim Zeichnen der senkrechten und waagerechten Fensterrahmen das gesamte Blatt Papier im Blick, um dich an den Papierkanten zu orientieren.

1 Mit einem gespitzten Bleistift 4B zuerst den oberen Fensterrahmen zeichnen, dabei mit dem Blick zwischen Papierkante und Stift hin und her wechseln.

Die linke Seite des Rahmens zeichnen und dabei ebenso die Papierkante als visuelle Orientierung nutzen.

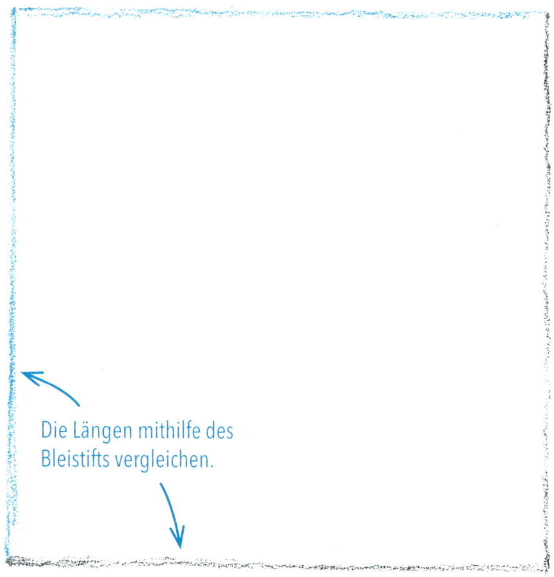

2 Die beiden anderen Rahmenlinien ebenso zeichnen. Um zu prüfen, ob alle gleich lang sind, den Bleistift mit der Spitze an eine Linie legen und den Daumen am Ende der Linie an den Bleistift legen. Den Bleistift so festhalten und an die anderen Linien anlegen, um deren Länge zu kontrollieren und bei Bedarf anzupassen.

BEGRIFF

Maße vergleichen: Die Bleistiftspitze an einem Ende der Linie anlegen und den Daumen am anderen Ende der Linie an den Bleistift legen. Das abgegriffene Maß kann nun mit anderen verglichen werden.

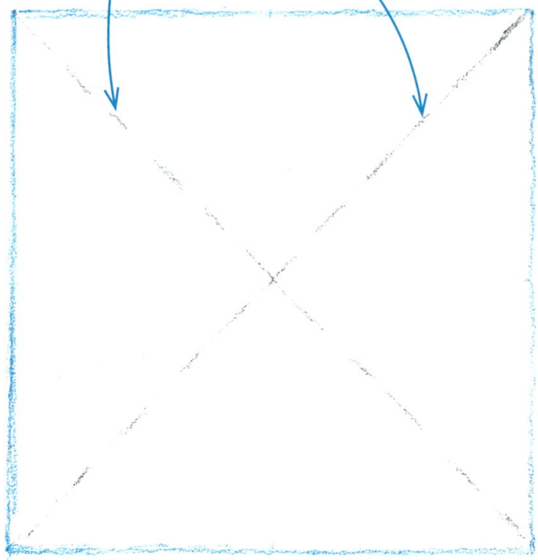

3 Die Ecken eines Quadrats bilden 90-Grad-Winkel. Um diese Winkel zu prüfen, die Ecken mit gestrichelten Diagonalen verbinden. Nur wenn diese Diagonalen gleich lang sind, sind die Ecken rechtwinklig.

TECHNIK

Beim Zeichnen können Höhe und Breite des Papiers, seine Kanten und sein Mittelpunkt bei der Orientierung helfen.

4 Die Diagonalen kreuzen sich im Mittelpunkt des Quadrats. Eine senkrechte und eine waagerechte Linie durch diesen Punkt zeichnen.

Dünne, gestrichelte oder durchbrochene Striche fallen weniger ins Auge, lenken weniger ab und lassen sich leichter verändern oder ausradieren. Verwende sie, wenn du dir nicht ganz sicher bist, wo ein Strich sitzen muss, oder wenn du ihn später auf jeden Fall ausradieren willst.

Die Diagonalen ausradieren. Rahmen und innere Linien so nachzeichnen, dass sie den gleichen Tonwert haben.

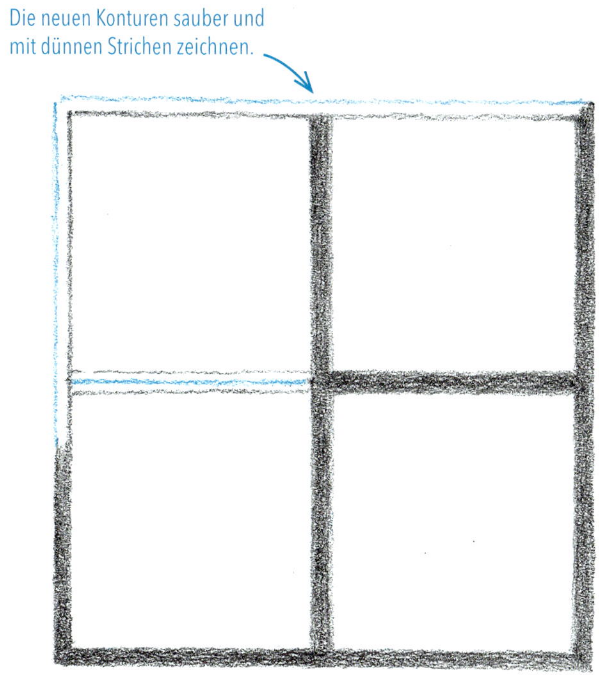

5 Mit einem spitzen Bleistift mit dünnen Strichen ein Quadrat um den ursprünglichen Rahmen zeichnen. Dann dünne Hilfslinien beiderseits der inneren Striche einfügen. Den Zwischenraum mit kurzen, überlappenden Strichen gleichmäßig schraffieren. Einen Knetradiergummi entlang der Rahmenkonturen ziehen, um Schraffurstriche, die über sie hinausgehen, zu beseitigen.

EXTRAAUFGABE

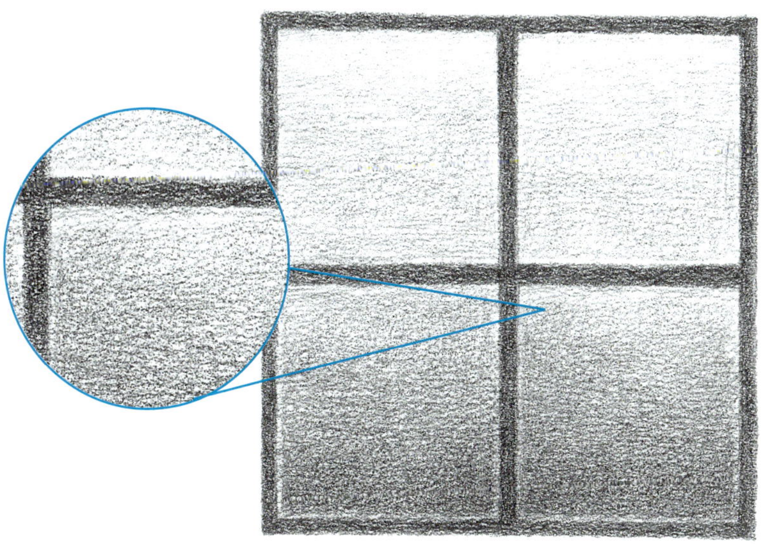

Durch einen Verlauf kannst du die Atmosphäre hinter dem Fenster andeuten. Die quadratischen Glasflächen zuerst gleichmäßig und relativ hell mit einander überlappenden Strichen schraffieren. Dann nur die unteren Scheiben dunkler schraffieren, und zwar so, dass der Tonwert nach oben hin allmählich heller wird. Die Schraffur nicht verwischen, sonst kann der Tonwertverlauf ungleichmäßig werden. Besser ist es, dunklere Bereich in die Schraffur zu integrieren oder sie mit einem Knetradiergummi vorsichtig aufzuhellen.

WANDUHR

LEVEL ●○○○○ ANZAHL DER SCHRITTE: 5

Bei diesem Motiv übst du, Kreise zu zeichnen. Die Kunst besteht darin, runde Formen so zu zeichnen, dass sie ausgewogen aussehen. Natürlich könnte man einen Zirkel verwenden, aber aus freier Hand gezeichnete Kreise wirken weicher und passen darum viel besser zur restlichen Zeichnung. Außerdem macht es Spaß, Kreise zu zeichnen, wenn man den Bogen erst einmal heraus hat.

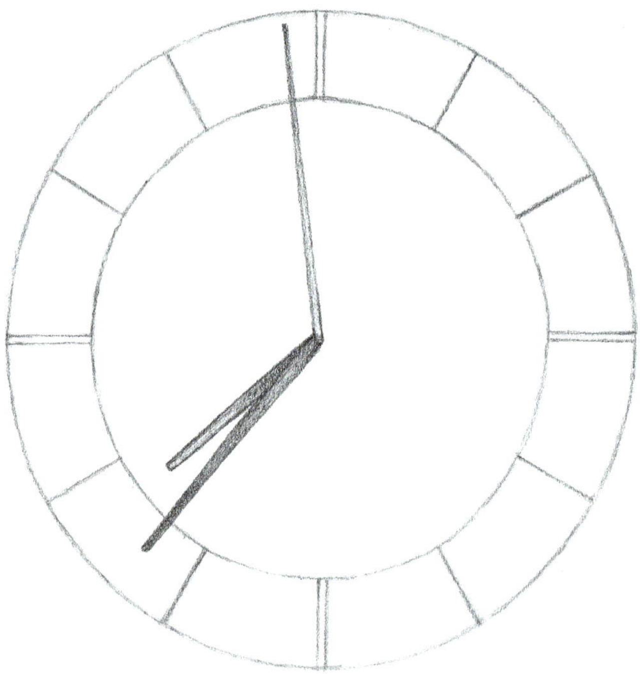

1 Zuerst mit dem Bleistift 4B einen (Mittel-)Punkt zeichnen. Dann den Bleistift etwa 5 cm oberhalb der Spitze mit Daumen und Zeigefinger erfassen und in diesem Abstand acht kurze Markierungslinien um den Mittelpunkt herum anzeichnen.

TECHNIK

Den Stift immer rechtwinklig zu den gezeichneten Strichen aufsetzen und einige Zentimeter oberhalb der Spitze festhalten, damit sich das Handgelenk beim Zeichnen bewegen kann.

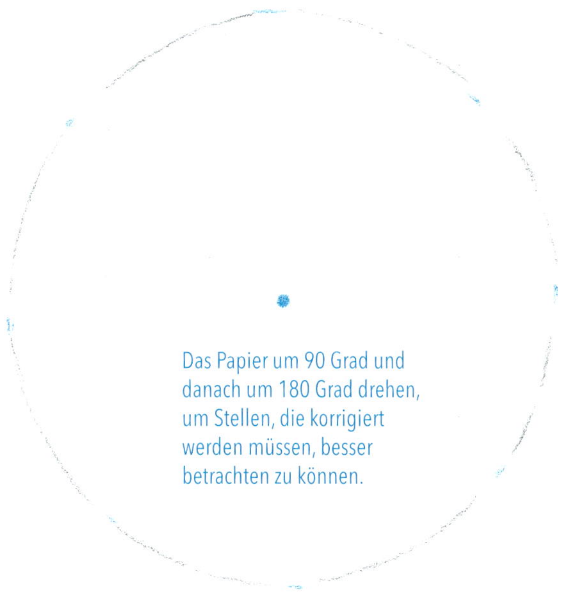

Das Papier um 90 Grad und danach um 180 Grad drehen, um Stellen, die korrigiert werden müssen, besser betrachten zu können.

2 Die Punkte flüssig mit Kurven verbinden.

3 Den Kreis sauber nachzeichnen. Dann mit derselben Methode einen zweiten Kreis zeichnen, der etwa 1,5 cm innerhalb des ersten Kreises liegt.

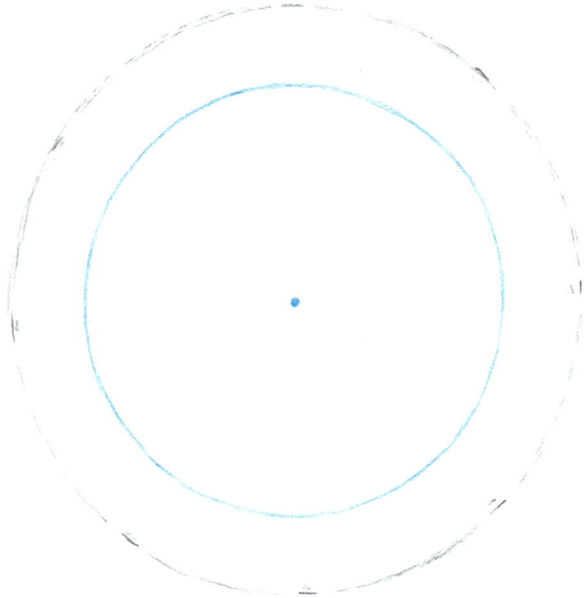

BEGRIFF

Beim Zeichnen **aus freier Hand** wird ausschließlich mit Hand und Stift gearbeitet, also ohne Lineal, Zirkel oder Schablone. Freihandzeichnungen sind weniger präzise als technische Zeichnungen, wirken aber natürlicher und lebendiger.

4 Die Positionen der 12, der 6, der 9 und der 3 mit kurzen Strichen nach Augenmaß anzeichnen. Dünne, gestrichelte Linien verbinden diese Markierungen und laufen durch den Mittelpunkt. Die Positionen der restlichen Ziffern entsprechend einzeichnen.

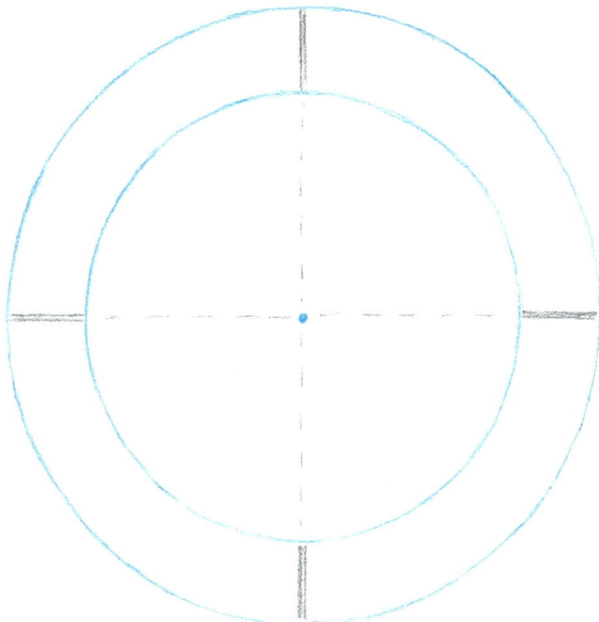

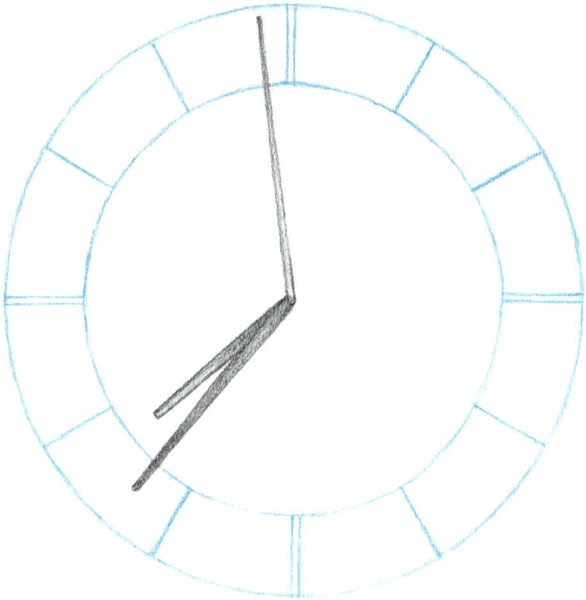

5 Zuletzt den Stunden-, Minuten- und Sekundenzeiger einzeichnen. Die Uhrzeit kannst du selbst bestimmen. Achte darauf, dass sich die Zeiger in Länge und Breite unterscheiden.

EXTRAAUFGABE

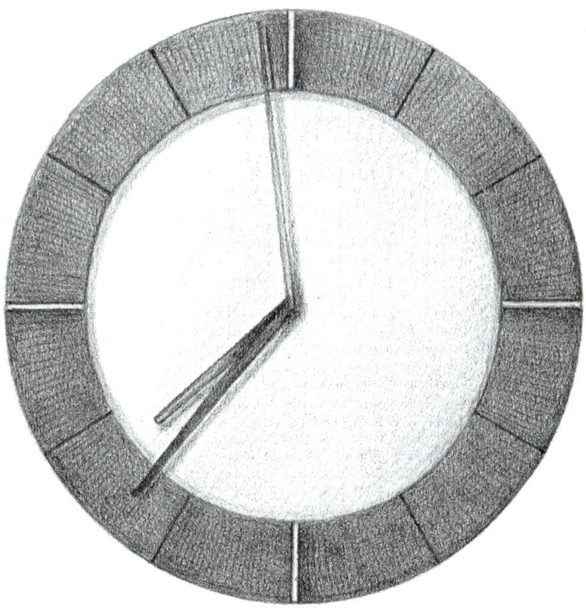

Arbeite den äußeren Ring des Ziffernblatts mit Schraffuren aus, die wie Strahlen oder Radspeichen nach außen verlaufen. Dann folgt ein zweiter Arbeitsgang mit Schraffuren, die recht winklig zu den ersten verlaufen. Dabei soll ein gleichmäßiger Tonwert entstehen.

KELTISCHER KNOTEN

LEVEL ●○○○○ ANZAHL DER SCHRITTE: 5

Die Konstruktion des gleichseitigen Dreiecks ist eine interessante Aufgabe. Du lernst dabei, wie du durch die Konstruktionslinien die Größe und Platzierung der Teile einer komplexeren Zeichnung festlegen kannst.

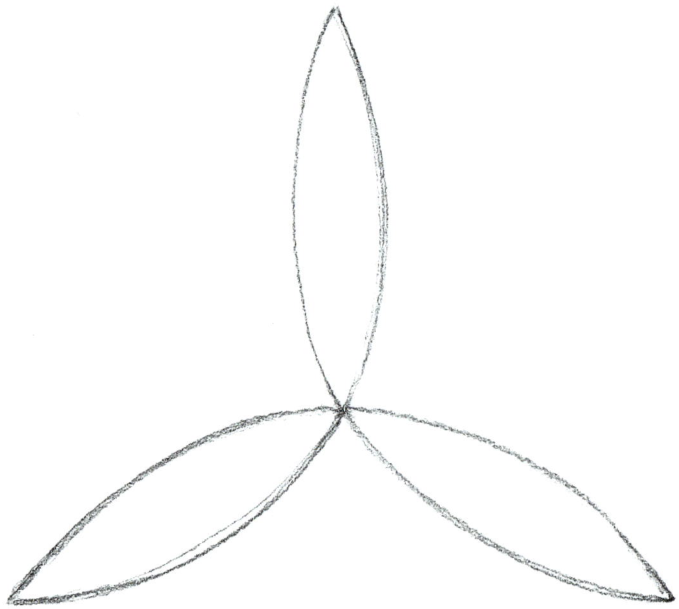

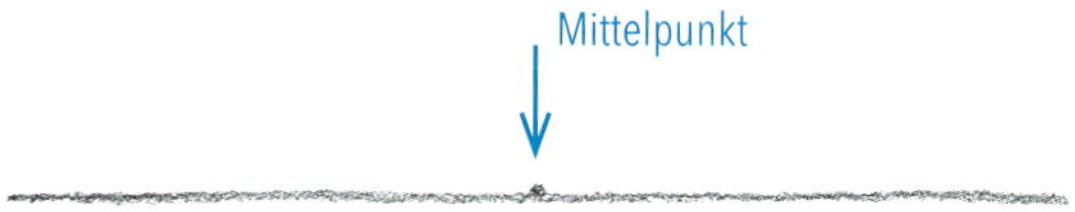

1 Mit einem waagerechten Strich beginnen. Um die Mitte zu finden, den Bleistift über dem Strich schweben lassen und die Längen rechts und links von der Bleistiftposition vergleichen. Wenn sie etwa gleich sind, den Mittelpunkt anzeichnen.

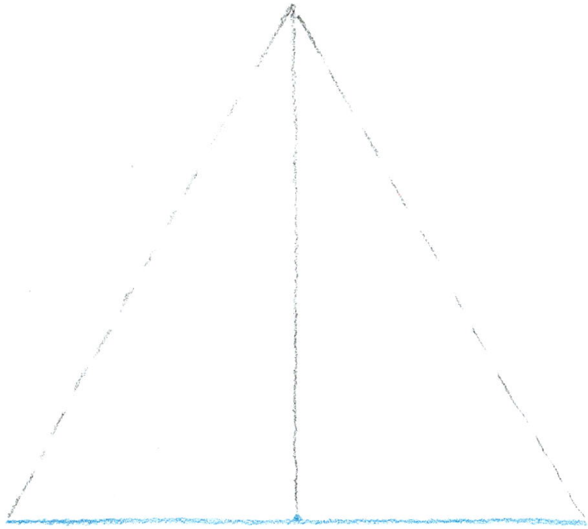

2 Vom Mittelpunkt nach oben eine senkrechte Achse zeichnen. Von ihrem oberen Ende zwei schräge Striche zu den Enden der Grundlinie ziehen. Beide sollen genauso lang wie die Grundlinie sein. Die Maße vergleichen und bei Bedarf die Länge oder Lage korrigieren. Die Mittelpunkte der beiden schrägen Seiten ebenso anzeichnen wie in Schritt 1 erklärt.

3 Die beiden anderen Achsen einzeichnen. Alle Achsen kreuzen sich im Mittelpunkt des Dreiecks.

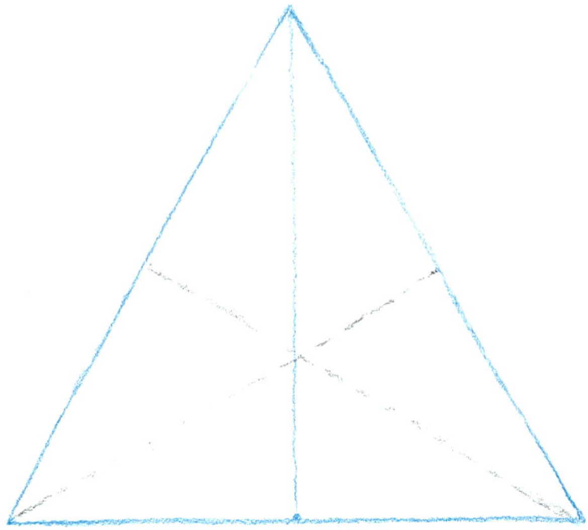

BEGRIFF

Eine **Kontur** ist eine Umrisslinie. **Höhenlinien** (auch cross contours) finden sich innerhalb einer Kontur. Sie sind gekrümmt, wo die Fläche gewölbt ist, und gerade, wo die Fläche eben ist.

4 Einen Knetradiergummi auf alle bisher gezeichneten Striche drücken, um sie aufzuhellen.

Einen Bogen zeichnen. Er beginnt an einem Ende der Grundlinie, verläuft durch den Mittelpunkt des Dreiecks und endet am anderen Ende der Grundlinie.

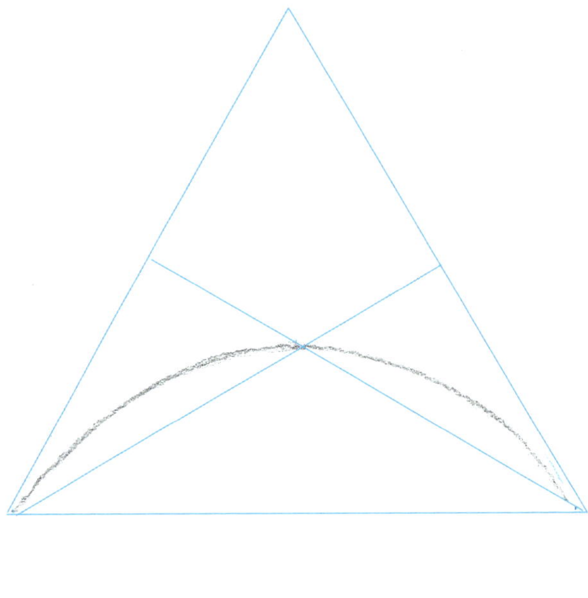

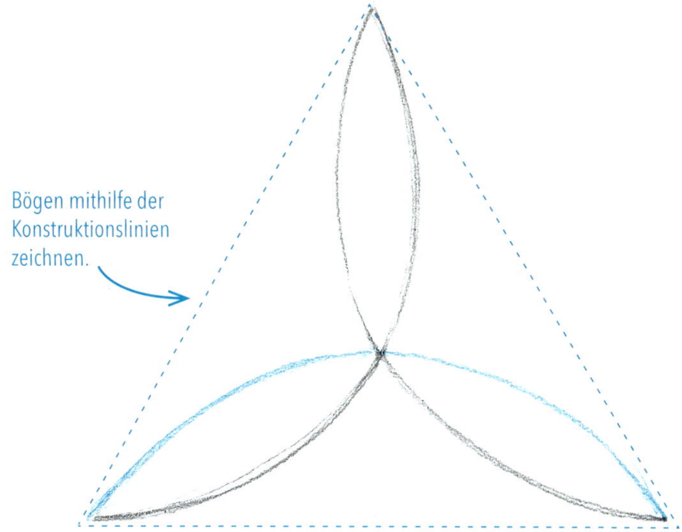

5 Die beiden restlichen Bögen wie in Schritt 4 erklärt einzeichnen. Die Konstruktionslinien ausradieren und die Radierkrümel mit einer Bürste entfernen. Falls versehentlich Teile der Bögen ausradiert wurden, können sie einfach mit einem spitzen Bleistift neu gezeichnet werden.

EXTRAAUFGABE

Die äußeren Konturen des Knotens zeichnen. Dann den Bereich in der Mitte ausradieren und die Linien so wieder verlängern, dass es aussieht, als ob sie ineinander verschlungen seien. Die jeweils unten liegenden Stränge an den Kreuzungspunkten leicht schattieren.

GESICHT

LEVEL ●○○○○ ANZAHL DER SCHRITTE: 5

Das menschliche Gesicht gehört zu den anspruchsvollsten Motiven, einerseits weil wir so genau wissen, wie es aussehen soll, und andererseits wegen seiner Symmetrie und der vielen Details. In dieser Übung geht es um die korrekte Platzierung der Gesichtsmerkmale. Die Grundregeln lassen sich auf jedes Gesicht in der Frontalansicht übertragen.

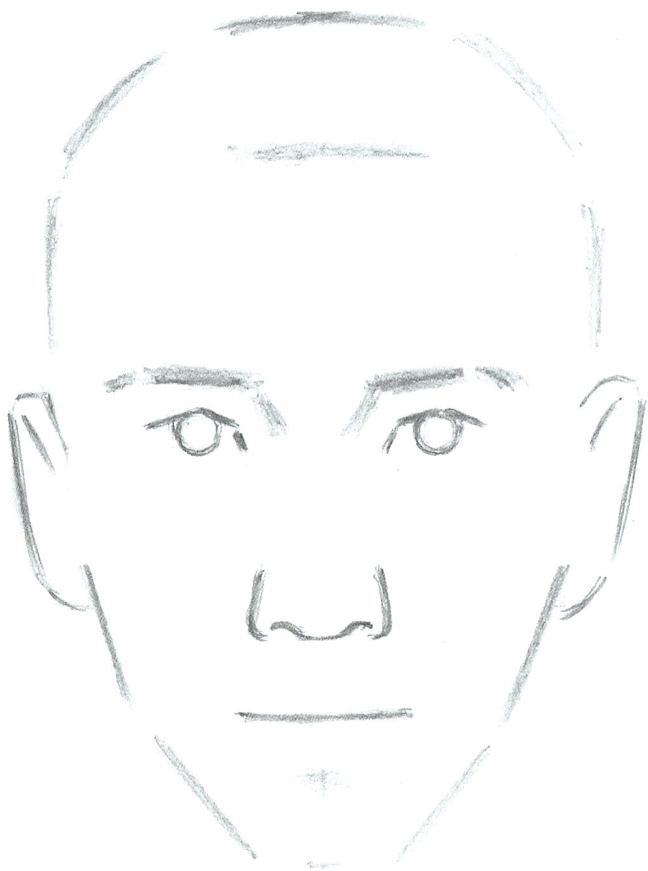

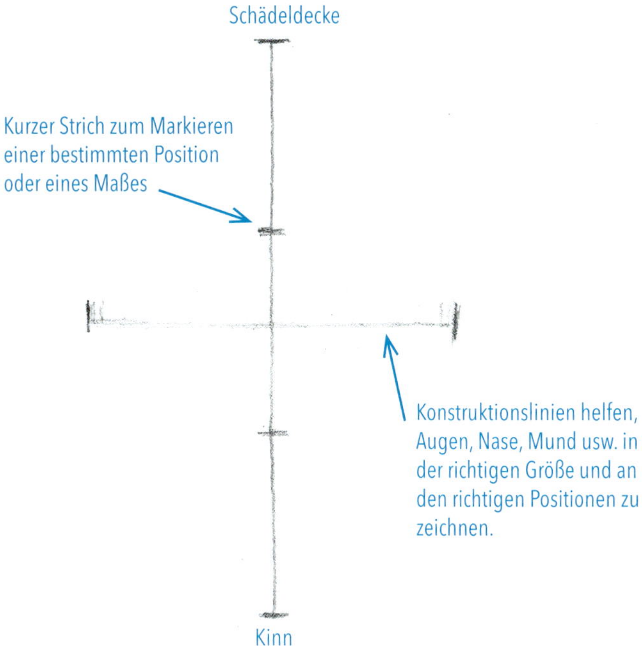

1 Einen kurzen Markierungsstrich für die Schädeldecke und etwa 10 cm tiefer einen zweiten Markierungsstrich für das Kinn zeichnen. Die beiden Striche mit einer senkrechten Hilfslinie verbinden und diese in Drittel teilen, also zwei weitere Markierungsstriche anbringen. Eine waagerechte Hilfslinie zeichnen, die die Senkrechte in zwei Hälften teilt. Die Länge der Waagerechten entspricht zwei Dritteln der Senkrechten. Das Gesicht ist also drei Abschnitte hoch und zwei Abschnitte breit.

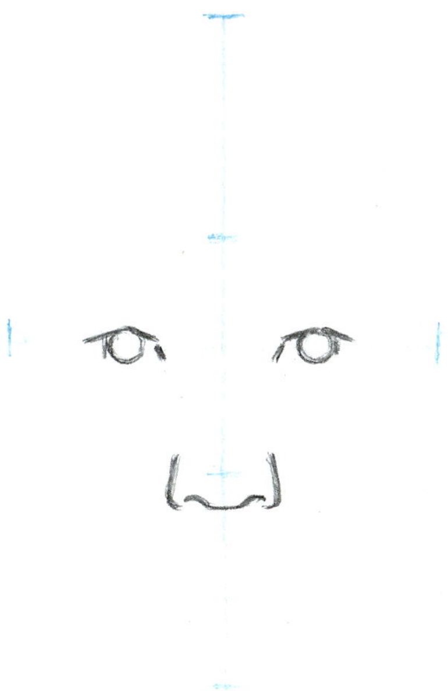

2 Die waagerechte Linie in Viertel teilen, dafür wieder kleine Markierungsstriche anbringen. Die Iris der Augen direkt auf diesen Markierungen einzeichnen. Jedes Oberlid mit drei schrägen Strichen andeuten.

Die Nasenlöcher sind von vorn gesehen zwei kleine Bögen, die durch einen eher geraden Strich verbunden sind. Sie liegen knapp unterhalb der unteren Drittelmarkierung auf der Senkrechten. Die Nasenflügel sind fast gerade und enden in Bögen knapp unter den Nasenlöchern.

3 Die Kontur des Unterkiefers mit vier schrägen Strichen mit jeweils kleinen Abständen skizzieren. Die oberen Striche beginnen auf Höhe der Nasenflügel, die beiden unteren sind zum Kinn hin geneigt. Den Mund auf Höhe der Lücken mit einem geraden Strich einfügen. Seine Enden liegen unter den inneren Rändern der Iris.

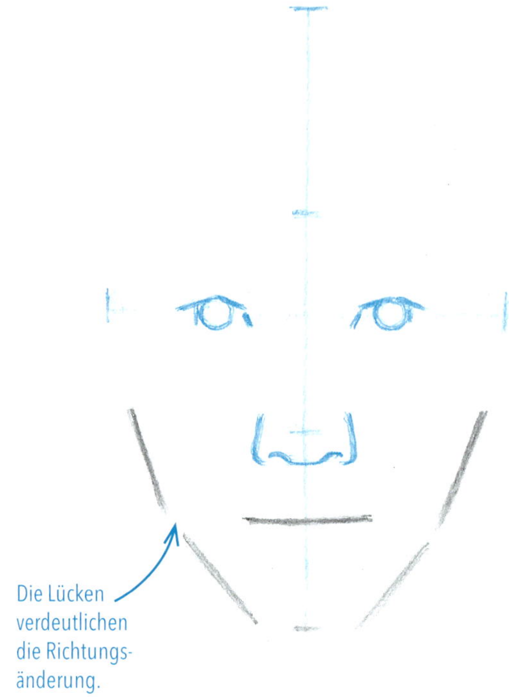

BEGRIFF

Es ist hilfreich, auf die **Ausrichtung** von Motivelementen zu achten, also von Elementen, die sich senkrecht unter- oder übereinander oder waagerecht auf gleicher Höhe befinden.

4 Zwischen den beiden oberen Drittelmarkierungen auf der Senkrechten den Haaransatz mit einem breiten Strich andeuten. Für die Augenbrauen und die Nasenwurzel auf jeder Seite drei Striche zeichnen. Die Vertiefung unter dem Mund leicht schattieren.

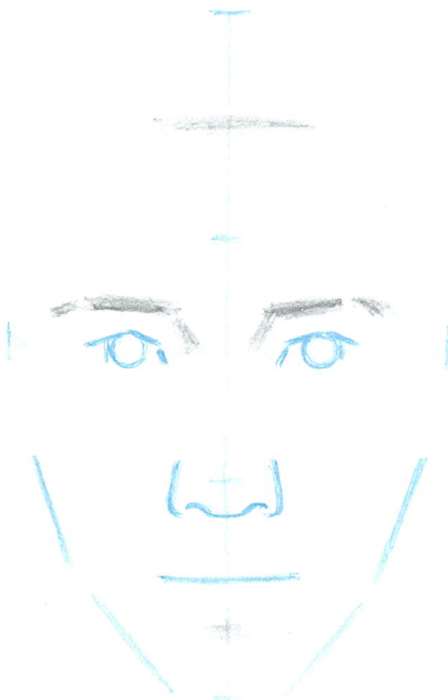

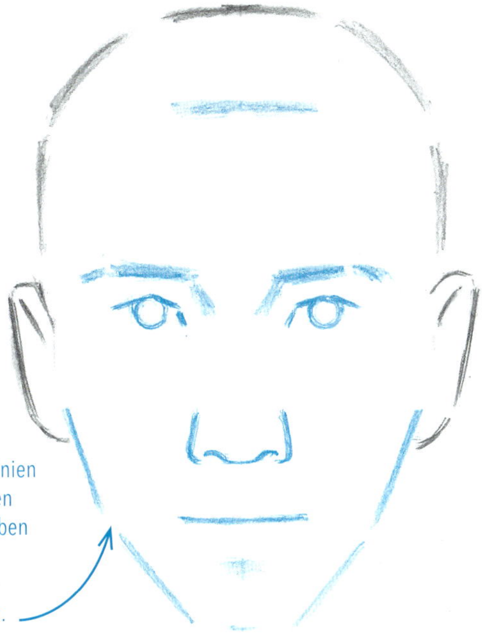

5 Die Seiten und den Oberkopf zeichnen, dabei auf die Symmetrie achten. Die Ohren beginnen etwa auf Augenhöhe und enden auf Höhe der Nasenlöcher.

EXTRAAUFGABE

Die Konturen von Kiefer und Oberkopf mit leichten, gekrümmten Strichen ausarbeiten. Iris und Pupillen in dunklen Tonwerten schattieren und die Unterlider durch einfache Striche andeuten.

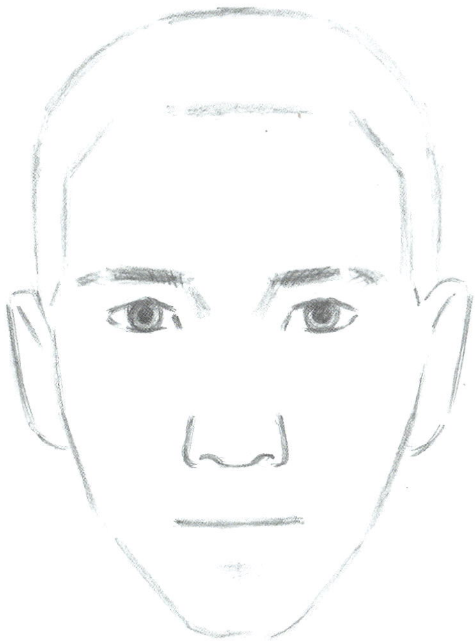

TISCH

LEVEL ●○○○○ ANZAHL DER SCHRITTE: 5

Viereckige Tische sind uns zwar vertraut, aber wir übersehen meist, dass ihre Konturen in der Perspektive schräg erscheinen. In der zeichnerischen Perspektive wird dies berücksichtigt. Wenn eine Kante des Objekts dem Betrachter zugewandt ist, werden die anderen parallelen Seiten so konstruiert, dass sie auf einen Fluchtpunkt gerichtet sind.

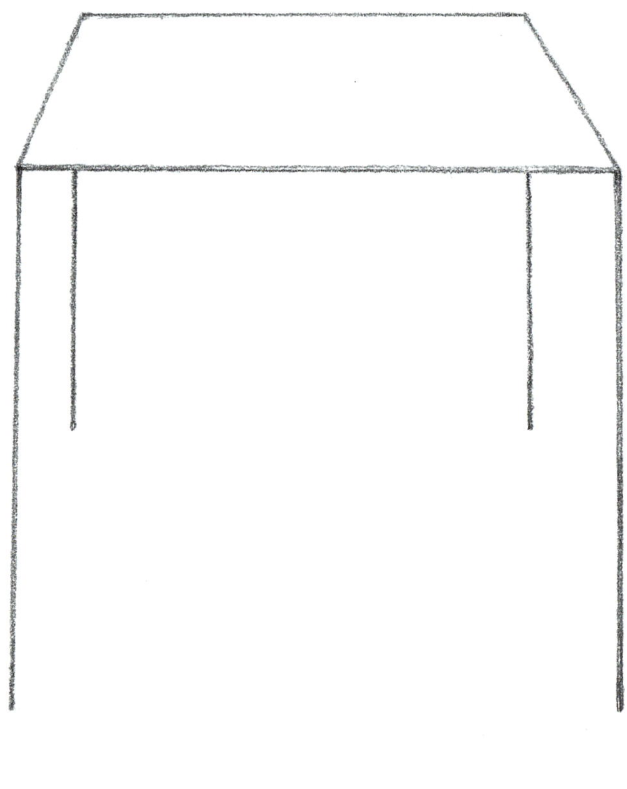

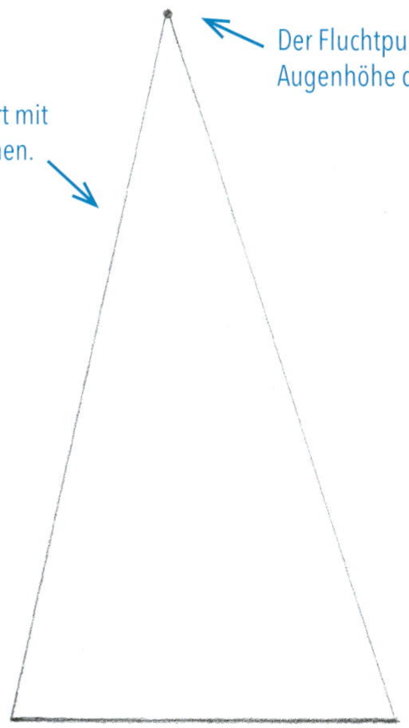

Der Fluchtpunkt befindet sich auf Augenhöhe des Betrachters.

Punkt und Hilfslinien zart mit einem Bleistift 4B zeichnen.

1 Knapp unterhalb der Oberkante des Papiers mittig einen Punkt zeichnen. Dies ist der Fluchtpunkt für die Konstruktion der Einpunkt-Perspektive. Etwa 16 cm unter dem Punkt mit einem Lineal einen 9 cm langen waagerechten Strich zeichnen (also parallel zur Unterkante des Papiers). Die Enden der Waagerechten mit dem Fluchtpunkt verbinden.

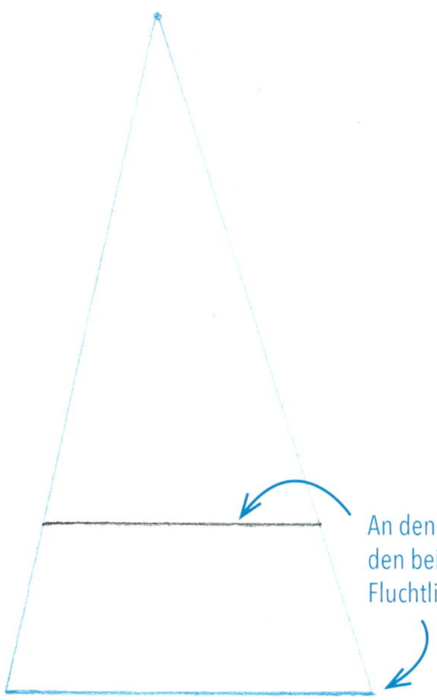

An den Ecken dieses Trapezes aus den beiden Parallelen und den Fluchtlinien enden die Tischbeine.

2 4 cm oberhalb der Waagerechten eine zweite Waagerechte zeichnen. Diese beiden Linien verlaufen exakt parallel.

3 Die Vorderkante des Tischs und seine vorderen Beine zeichnen. Die vorderen Beine sind senkrechte Striche von 8 cm Länge. Sie verlaufen parallel zu den Seitenkanten des Papiers. Die Vorderkante des Tischs verbindet die Beine und verläuft parallel zur Unterkante des Papiers.

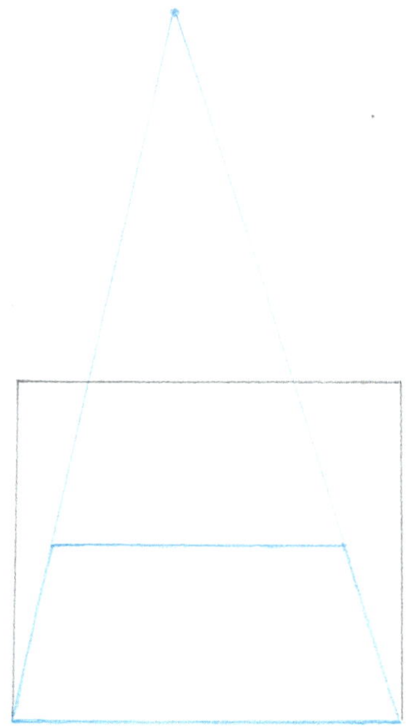

BEGRIFF

Eine **Kontur** ist eine Umrisslinie. **Höhenlinien** (auch cross contours) finden sich innerhalb einer Kontur. Sie sind gekrümmt, wo die Fläche gewölbt ist, und gerade, wo die Fläche eben ist.

4 Nun die beiden Enden der Tisch-Vorderkante mit dem Fluchtpunkt verbinden. Für die hinteren Beine wieder senkrecht Striche zeichnen. Sie beginnen dort, wo die obere waagerechte Hilfslinie die inneren Fluchtlinien kreuzt, und enden an den äußeren Fluchtlinien. Die Hinterkante des Tischs ist die Verbindung zwischen den oberen Enden der hinteren Beine.

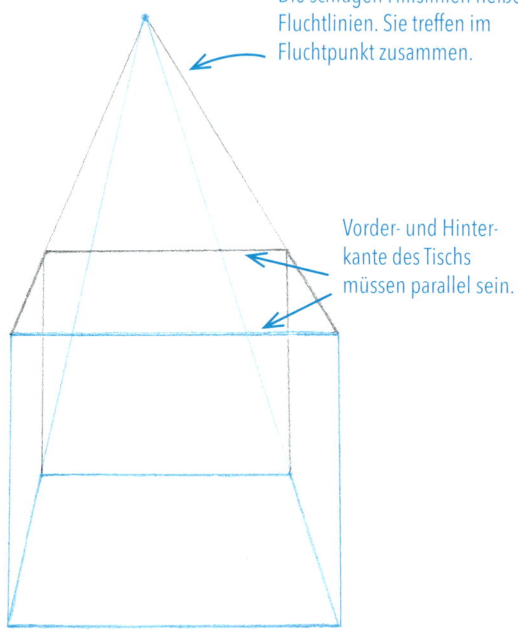

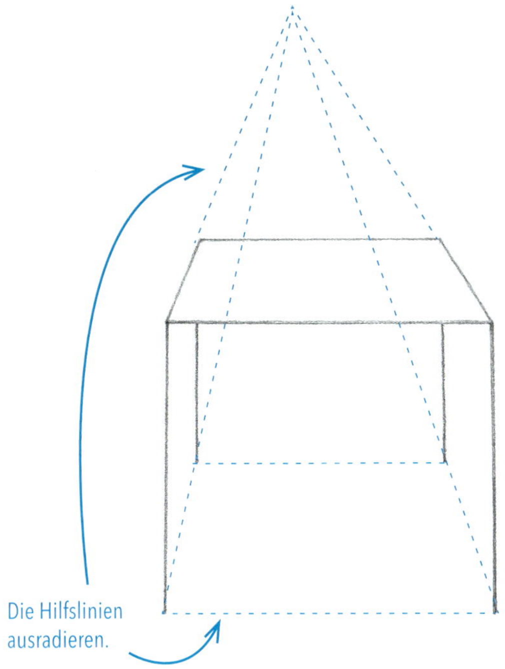

5 Die Hilfslinien ausradieren und den Tisch nachzeichnen, damit er sauber und stabil aussieht.

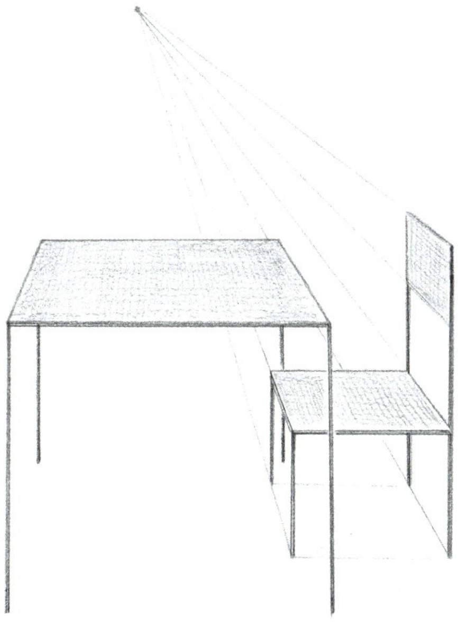

EXTRAAUFGABE

Zum Tisch einen Stuhl zeichnen, und dafür denselben Fluchtpunkt verwenden. Stell dir den Stuhl wie einen kleineren Tisch mit einem aufrechten Zusatzteil vor. Der Sitz ist schmaler als die Tischplatte, also ist der Abstand zwischen seiner Vorder- und Hinterkante geringer. Damit Tisch und Stuhl massiver wirken, kannst du Tischplatte, Sitz und Lehne schraffieren. Die Striche sind parallel zu den Kanten der Möbelstücke.

HEUBALLEN

LEVEL ●○○○○ ANZAHL DER SCHRITTE: 5

Zeichnerisch interessant ist der Heuballen wegen seiner zylindrischen Form und der Halmstruktur. An der Stirnseite sieht man, dass er spiralförmig aufgewickelt ist, während an der Längsseite Schraffuren, die seiner gerundeten Form folgen, für eine dreidimensionale Wirkung sorgen.

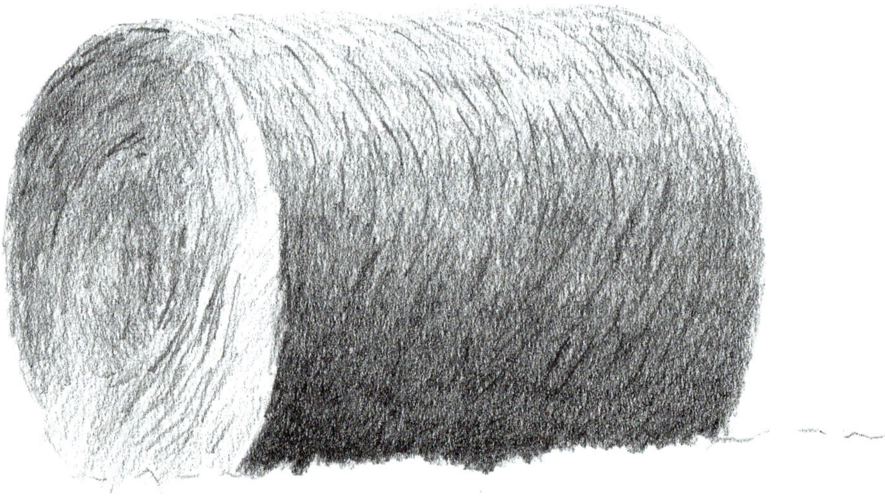

1 Die Konstruktion eines Zylinders beginnt mit der Achse. Im Fall dieses Heuballens steigt sie von links nach rechts leicht an und ist etwa 14 cm lang. Ein Markierungsstrich in 5 cm Abstand zum linken Ende trennt die Stirnseite von der Längsseite.

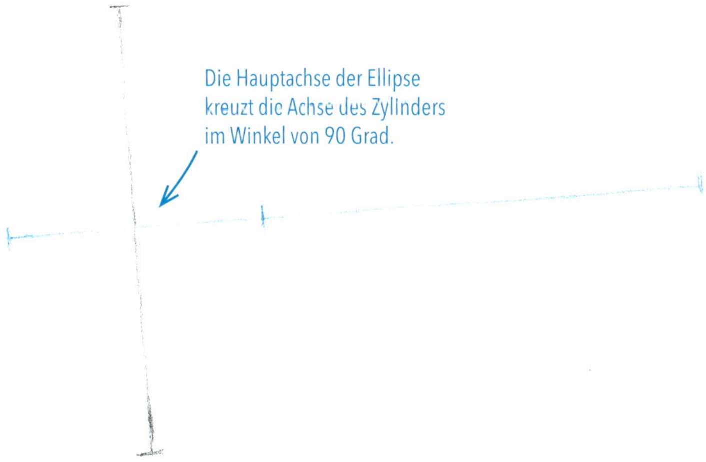

2 Wenn man einen Kreis aus einem schrägen Blickwinkel sieht, wird er zur Ellipse. Die Hauptachse der Ellipse durch die Mitte des linken Abschnitts zeichnen: Sie ist 8 cm lang und kreuzt die Achse des Zylinders im Winkel von 90 Grad.

3 An den Konstruktionslinien ist zu erkennen, dass die Ellipse leicht nach links geneigt ist. Die Kontur der Ellipse mit durchbrochenen Strichen zeichnen. Sie berührt die Enden der Konstruktionslinien sowie die kleine Markierung. Die Längskanten des Zylinders verlaufen parallel zu seiner Achse, und die Ellipse am hinteren Ende hat dieselbe Krümmung wie die Ellipse an der Stirnseite.

BEGRIFF

Gerichtete Schattierungen orientieren sich an der Oberfläche eines Objekts und verstärken die dreidimensionale Wirkung.

4 Die Achsen ausradieren. Die Ellipse mit schrägen Strichen schraffieren, im oberen Bereich ist sie dunkler als im unteren.

Entlang der Unterkante der Längsseite eine unregelmäßige, durchbrochene Linie zeichnen. Sie bringt die Unebenheiten des Bodens zum Ausdruck und zeigt an, dass der Heuballen etwas im Untergrund eingesunken ist.

Die Längsseite mit lockeren Strichen in Reihen schraffieren und dabei der gerundeten Form folgen. Die Längsseite unten dunkler schattieren als oben.

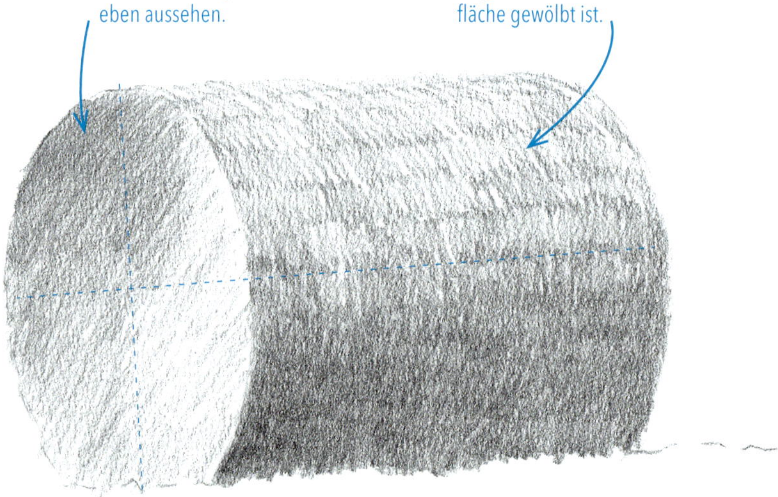

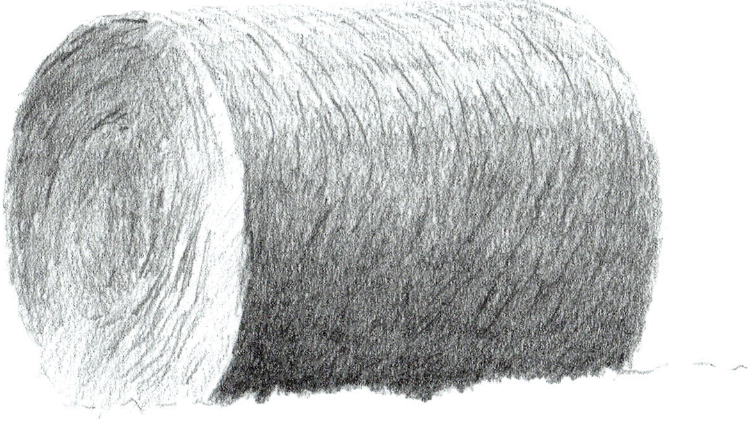

5 Die Schattierung an der unteren Längsseite nochmals abdunkeln.

Auch die Stirnseite erneut schattieren. Die Striche nun spiralförmig anordnen und relativ große Abstände lassen, um die lockere Struktur und Wicklung des Heus anzudeuten.

EXTRAAUFGABE

Jetzt wird der Schlagschatten auf dem Gras gezeichnet. Den Bleistift näher an der Spitze halten und die Richtung der Schraffuren häufig wechseln. Mit stärkerem Druck und kontrollierten Strichen den dunkelsten Schatten ausarbeiten. Er liegt dort, wo der Heuballen den Boden berührt, und setzt sich auch zwischen einigen Grashalmen fort.

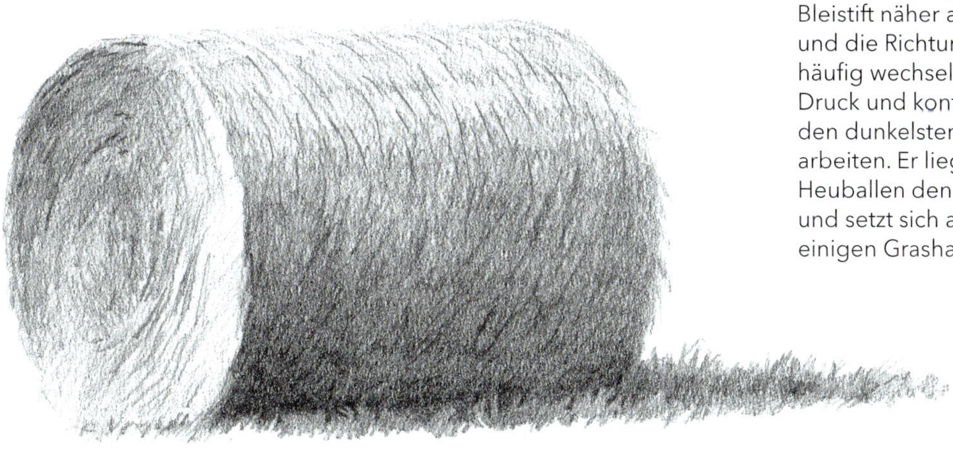

BERGFRIED

LEVEL ●○○○○ ANZAHL DER SCHRITTE: 5

Dieser Turm hat zylindrische Mauern und ein kegelförmiges Dach. Der Dachrand und die Mauerwerksfugen sind nach unten gekrümmt. Dadurch gewinnt der Betrachter den Eindruck, zu dem Turm heraufzuschauen.

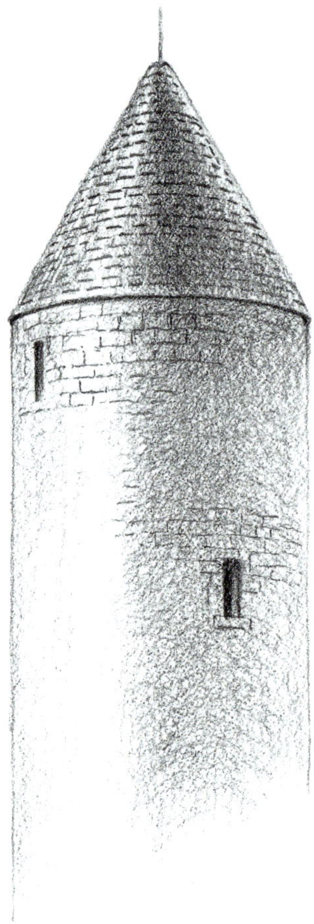

Beim Zeichnen der senkrechten und waagerechten Striche die Ränder des Papiers als Orientierungshilfe nutzen.

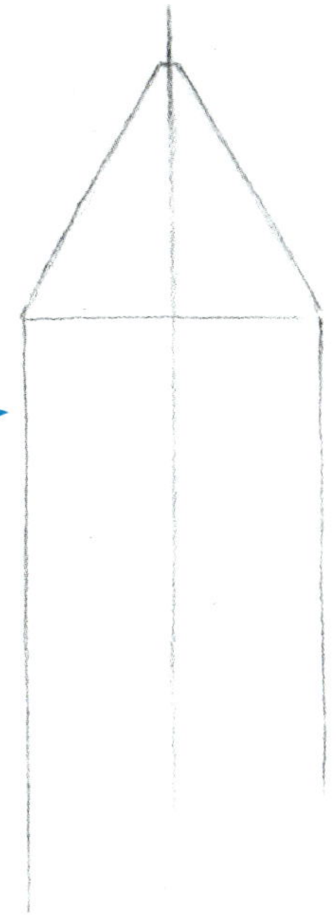

1 Mit einem Bleistift 4B blasse Konstruktionslinien vorzeichnen. Mit einer senkrechten Achse beginnen. Eine kürzere waagerechte Achse kreuzt sie im oberen Viertel.

Für das Dach ein Dreieck zeichnen. Es wird von der senkrechten Achse in zwei gleiche Hälften geteilt.

Die linke Mauerseite des Turms ist etwas länger als die rechte. Die Striche begradigen, ohne sie stärker nachzuzeichnen.

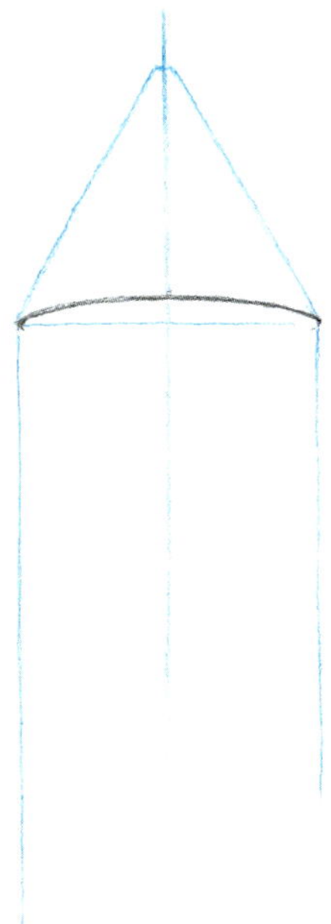

2 Die gekrümmte Dachkontur einzeichnen. Die Krümmung ist spiegelsymmetrisch zur Achse. Die Enden der Dachkontur beschreiben dort, wo sie an die Wände des Turms stoßen, sehr kleine Bögen. Diese Bögen nicht weglassen: Sie sind wichtig für die dreidimensionale Wirkung des Turms.

3 Mit der Bleistiftspitze mit kleinen, dunklen Strichen die Schatten unter den Dachziegeln andeuten. Diese Reihen sind ebenso gekrümmt wie die Dachkontur.

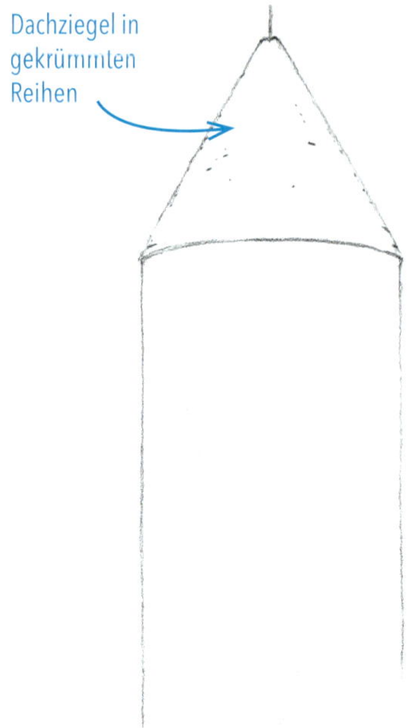

BEGRIFF

Ein **Kegel** ist ein dreidimensionaler Körper mit einer kreisförmigen Grundfläche, der in einer Spitze ausläuft.

4 Den ganzen Turm mit kurzen Strichen schattieren, deren Richtung der Krümmung der Dachkante folgt. Nur links von der Mittelachse einen Streifen aussparen, um zu zeigen, wohin das Sonnenlicht fällt.

Die rechte Seite des Turms dunkler schraffieren, als ob sie im Schatten läge. Dadurch wird die dreidimensionale Wirkung verstärkt. Der äußere rechte Rand wird wieder etwas heller schraffiert, um zu zeigen, dass sich der Turm hier vom Betrachter weg krümmt.

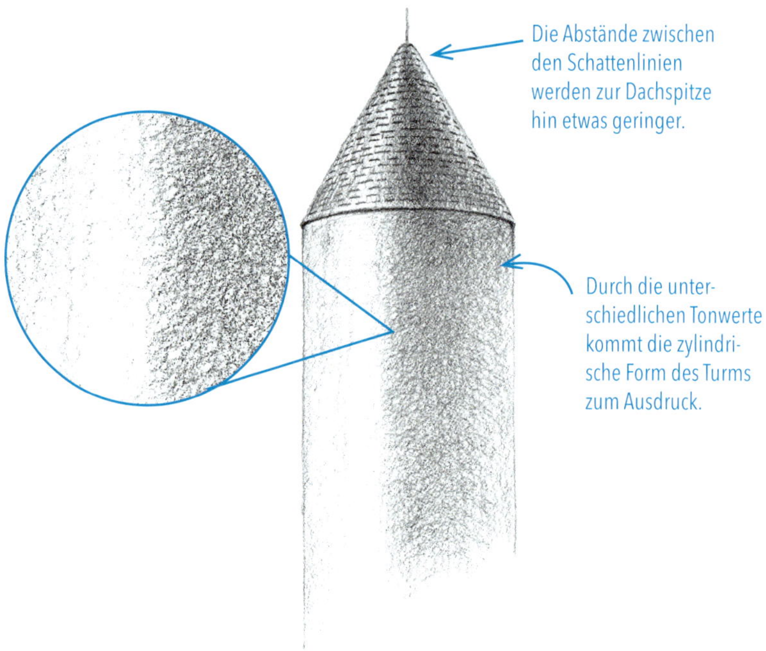

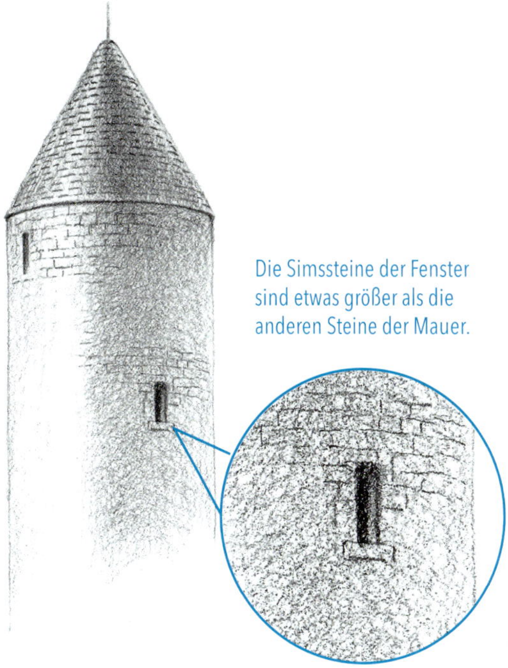

5 Das obere linke Fenster ist stärker vom Betrachter abgewandt als das untere, darum wird es schmaler gezeichnet. Ober- und Unterkante der Fenster sind leicht gekrümmt, ebenso wie die Reihen der Mauersteine.

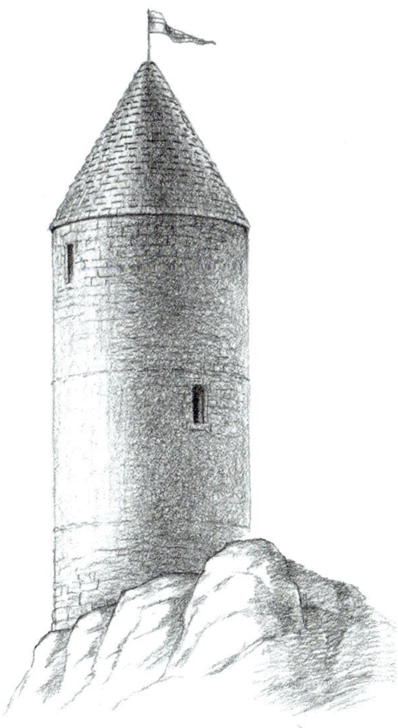

EXTRAAUFGABE

Der Turm bekommt noch einen Wimpel. Zuerst die Kontur zeichnen, dann die Spitze, die weiter entfernt ist, dunkler schattieren.

Die Kontur des Felsens ähnelt der Oberkante eines Würfels, den man von unten sieht. Sein höchster Punkt an der rechten Seite des Turms ist dem Betrachter zugewandt. Von dort fallen beide Seiten des Felsens leicht nach unten ab. Die Schatten verlaufen in ähnlichen Winkeln, sind aber auf der rechten Seite dunkler, weil das Licht von links einfällt.

APFEL

LEVEL ●○○○○ ANZAHL DER SCHRITTE: 5

Wer einen Apfel sieht, denkt meist zuerst an den Geschmack. Aber schau dir einmal seine Form an. Die meisten Äpfel sind mehr oder weniger rund, und doch hat jeder ganz individuelle Wölbungen. Manche großen Rundungen bestehen in Wirklichkeit auch aus mehreren kleinen. Bei dieser Übung geht es darum, ganz genau auf die Oberflächenform zu achten.

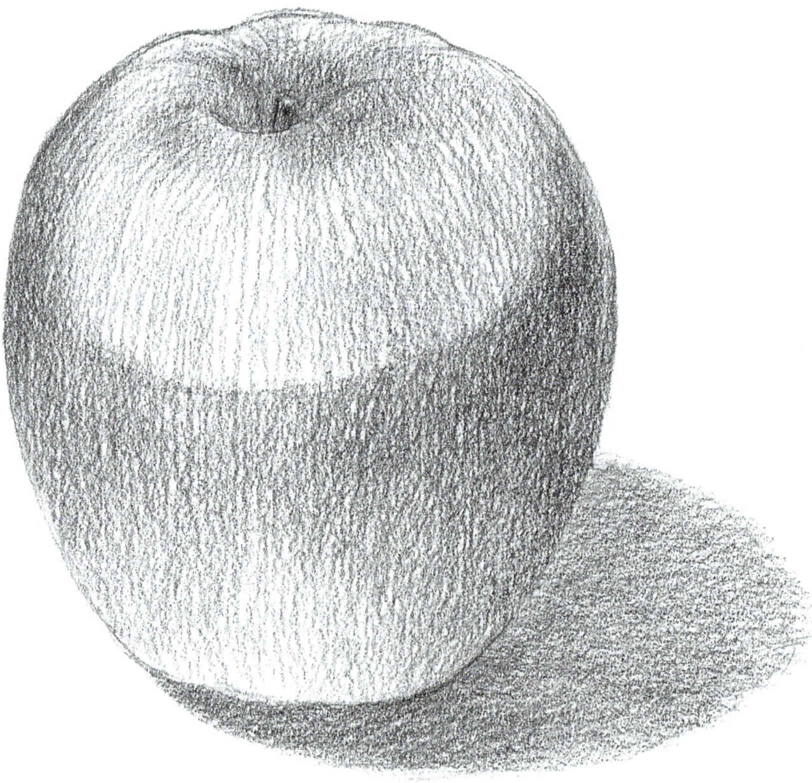

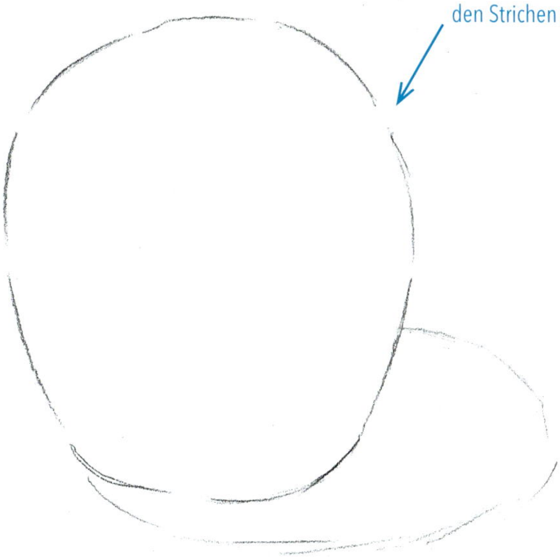

1 Zuerst die Kontur des Apfels und seines Schlagschattens mit durchbrochenen Strichen zeichnen. Die Lücken liegen dort, wo sich die Richtung deutlich ändert. Einen Bleistift 4B verwenden und mit geringem Druck arbeiten.

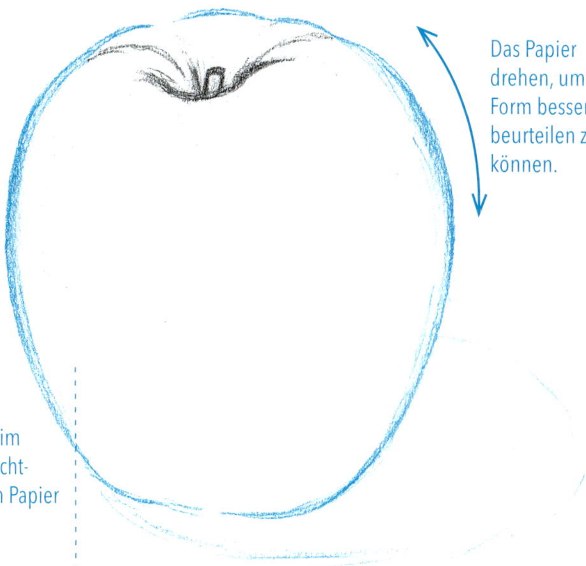

2 Nun die Kontur mit weiteren Strichen verfeinern – aber nicht so vielen, dass sie unruhig oder unsauber aussieht. Die Vertiefung andeuten, in der sich der Stiel befindet. Danach mit einem Knetradiergummi über die Striche fahren, um sie weicher zu gestalten.

3 Nun eine Höhenlinie dort einzeichnen, wo sich der Übergang zwischen dem beleuchteten, angestrahlten Bereich und dem Schatten befindet. Weil sich die gedachte Lichtquelle etwas links und über dem Apfel befindet, liegt das rechte Ende des Bogens etwas höher als das linke.

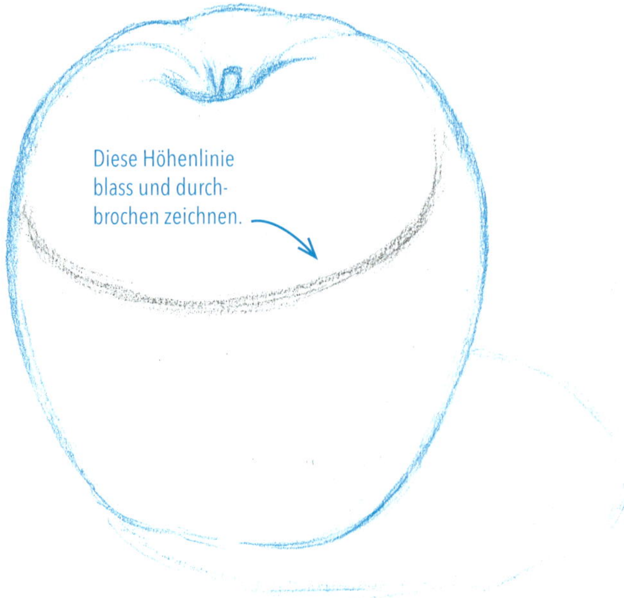

BEGRIFF

Eine **Kontur** ist eine Umrisslinie. **Höhenlinien** (auch cross contours) finden sich innerhalb einer Kontur. Sie sind gekrümmt, wo die Fläche gewölbt ist, und gerade, wo die Fläche eben ist.

4 Nun die Flächen schattieren. Dabei folgen die Schraffurstriche auf dem Apfel seiner gerundeten Form, während der Schlagschatten mit geraden, waagerechten Strichen schraffiert wird.

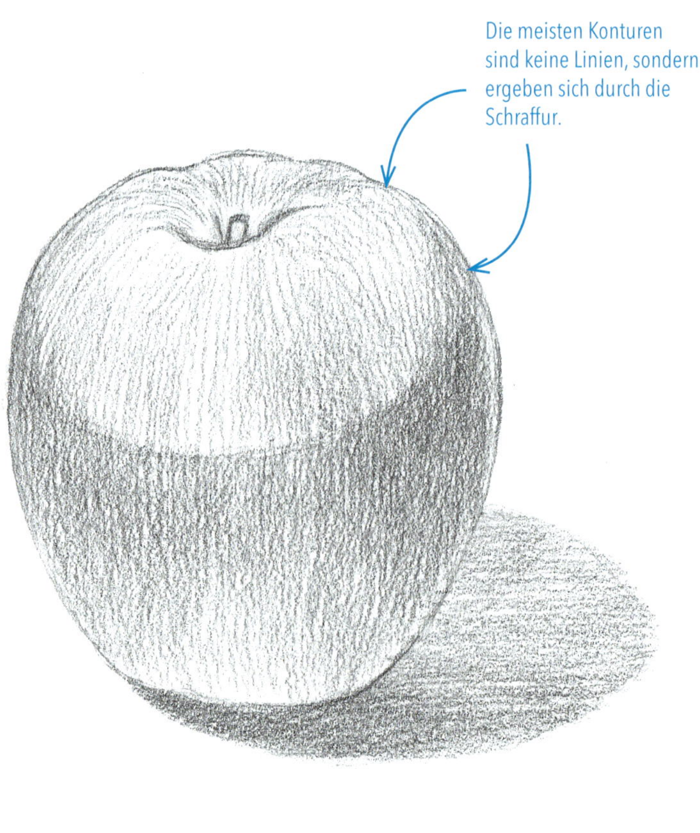

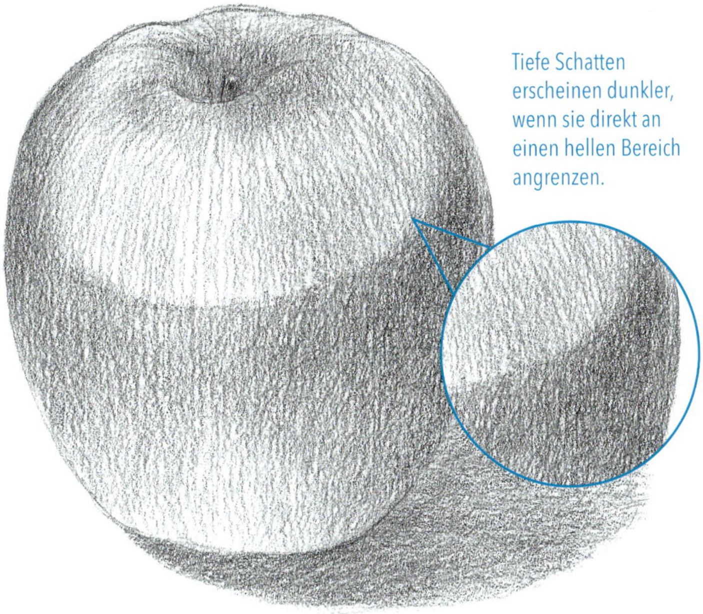

5 Die Tonwerte und Übergänge weiter ausarbeiten, um die Illusion von Licht und Schatten und die räumliche Wirkung zu verstärken. Wenn man die Augen etwas zusammenkneift, sodass der Blick unscharf wird, erscheinen der Schattenbereich auf dem unteren, hinteren Apfel und der Schlagschatten relativ gleich getönt. Tatsächlich haben sie aber hellere und dunklere Bereiche, damit sie interessanter aussehen.

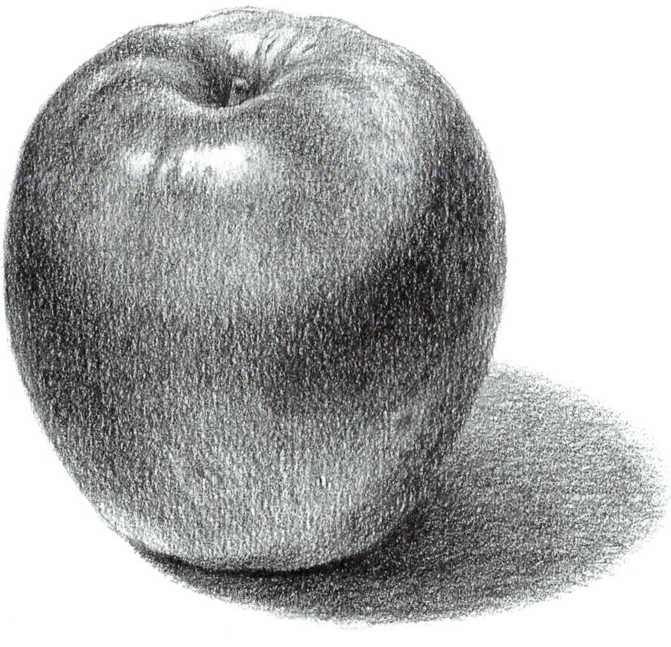

EXTRAAUFGABE

Die dunklen Bereiche mit einem Bleistift 6B nochmals abdunkeln und die Kontur so überarbeiten, dass keine Außenlinie mehr zu erkennen ist. Um Lichtreflexe zu gestalten, einen Knetradiergummi mehrmals auf das Papier drücken. Falls nötig, den Radiergummi kneten, damit er wieder eine saubere Außenseite hat. Am besten die Lichtreflexe etwas größer radieren, als sie endgültig sein sollen, und ihre Ränder vorsichtig mit einem Bleistift 4B schraffieren. Dadurch fallen die Lichter noch stärker ins Auge.

VASE

LEVEL ●○○○○ ANZAHL DER SCHRITTE: 5

Viele Objekte sind einfacher zu zeichnen, wenn man sie in Abschnitte zerlegt. Diese Vase ist symmetrisch, sie kann also in eine rechte und eine linke Hälfte zerlegt werden. Teilt man die Hälften ihrerseits in drei Abschnitte, sind die Details der Kontur und die Größenverhältnisse gut zu erkennen.

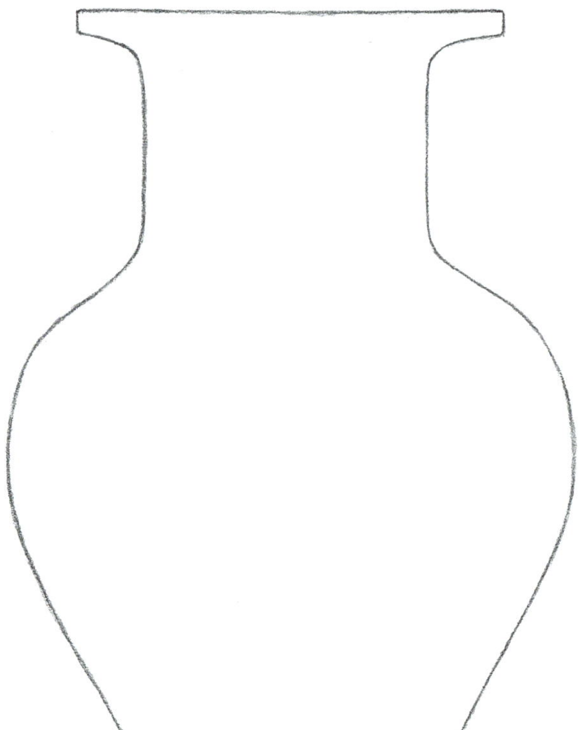

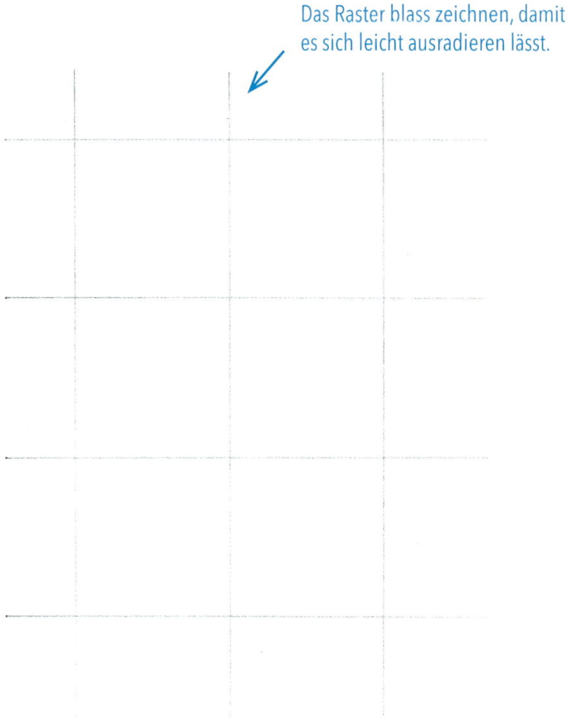

1 Mit einem Bleistift 4B und einem Lineal ein Raster aus zwei Feldern in der Breite und drei Feldern in der Höhe zeichnen. Jedes Feld hat eine Kantenlänge von 5 cm. Die Rasterlinien reichen an allen Seiten 2 cm über die Begrenzungen hinaus.

2 Die Kontur mit durchbrochenen Strichen zeichnen, dabei dort Lücken lassen, wo sich die Richtung ändert. Wichtige Schnittpunkte mit den Rasterlinien markieren.

Konturen anfangs nur blass zeichnen.

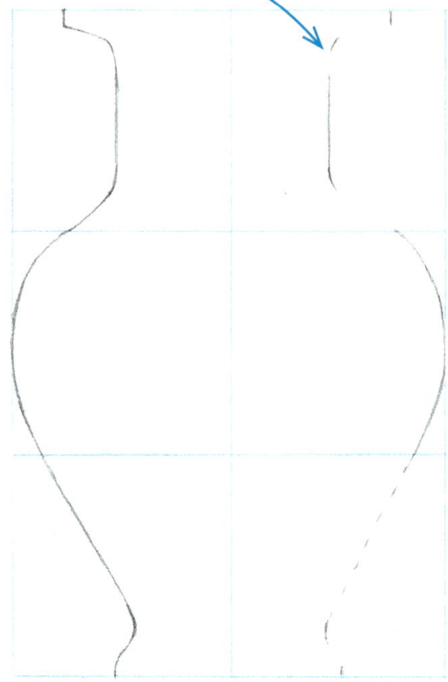

3 Die linke Kontur mit einem flüssigen, durchgehenden, aber nicht zu kräftigen Strich nachzeichnen. Dann die rechte Kontur ebenso entwickeln wie die linke.

BEGRIFF

Ein **Raster** ist ein Gitter aus waagerechten und senkrechten Hilfslinien. Es hilft, ein Motiv in kleinere Abschnitte zu zerlegen und einzeln Feld für Feld aufzubauen.

Die Zeichnung auf den Kopf drehen, um die Symmetrie mit neuem Blick zu beurteilen.

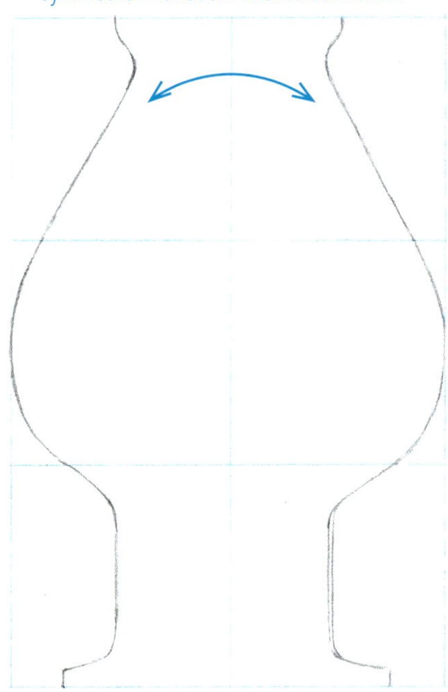

4 Die Kontur noch einmal kritisch begutachten und eventuell korrigieren. Hier wurde der Hals verändert, weil er auf der rechten Seite etwas zu schmal geraten war.

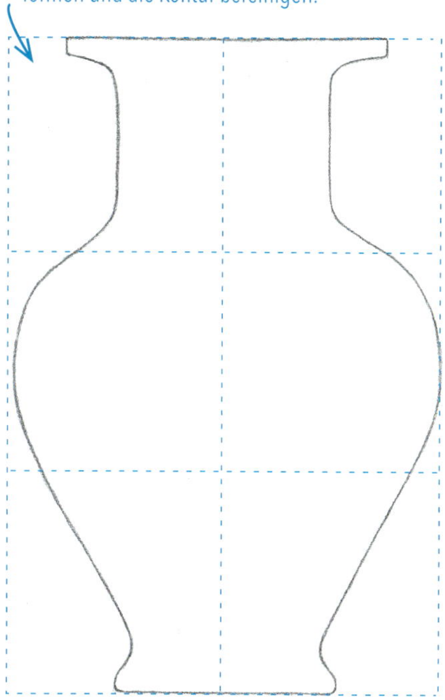

5 Das Raster ausradieren und die Kontur noch einmal glatt und gleichmäßig nachzeichnen.

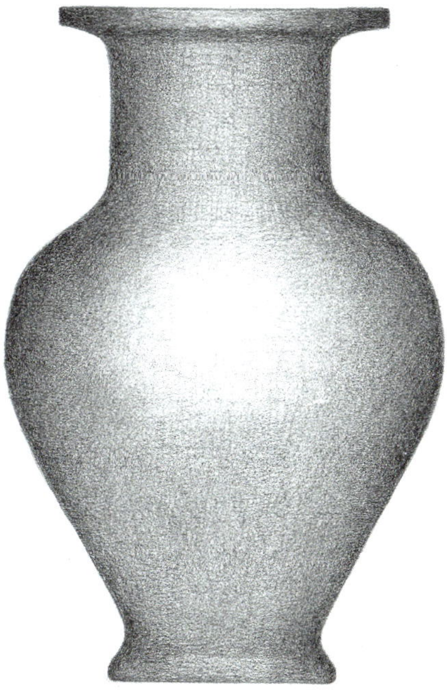

EXTRAAUFGABE

Die Vase schattieren, um ihre plastische, bauchige Form herauszuarbeiten. Diese Art des Schattierens wird auch *Modellieren* genannt. Bereiche, die weiter vom Betrachter entfernt sind, dunkler schattieren. Bereiche, die dem Betrachter näher sind, bleiben heller.

Zuerst die ganze Vase mit blassen, waagerechten Strichen schraffieren. Dann ausgewählte Bereiche mit kürzeren Strichen in einem anderen Winkel abdunkeln.

BAND

LEVEL ●○○○○ ANZAHL DER SCHRITTE: 5

Ein gezeichnetes Objekt besteht aus Konturen und aus Flächen. Wie vielgestaltig solche Flächen sein können, zeigt dieses gewellte Band. Beim Zeichnen werden diese Flächen durch überlappende Formen und weiche Tonwertübergänge dargestellt.

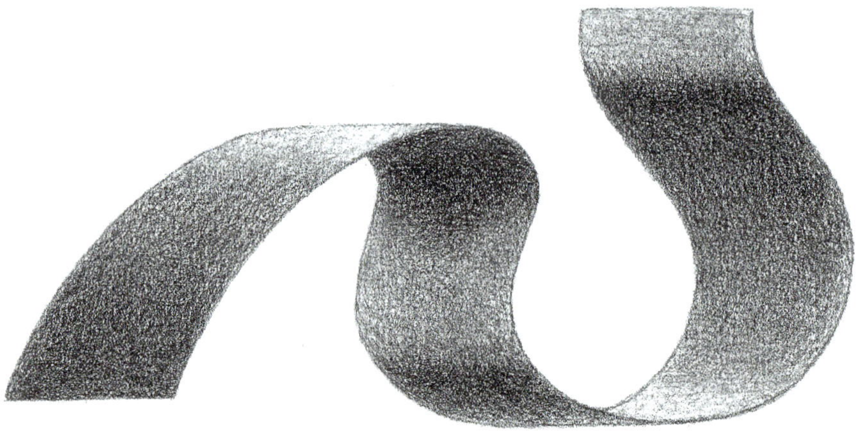

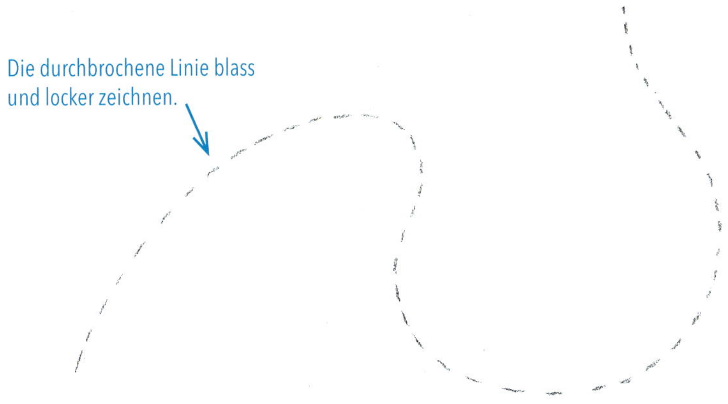

1 Mit einer gestrichelten, schwungvoll gewellten Linie beginnen.

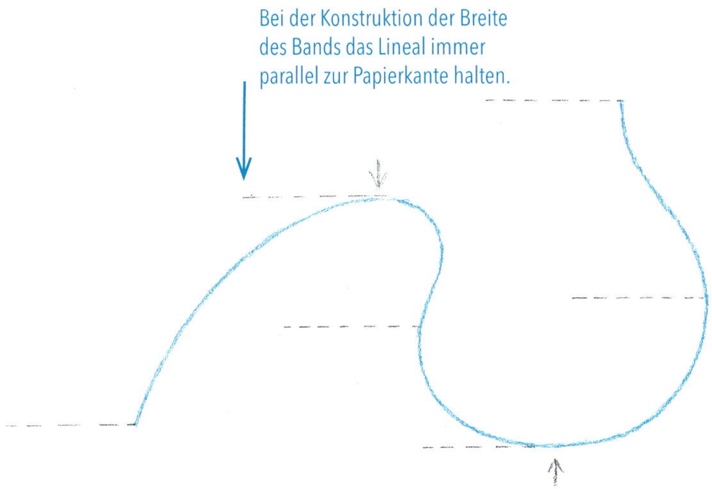

2 Die Wellenlinie glatt und gleichmäßig nachzeichnen. Mit einem Lineal an den Enden und bei allen Richtungswechseln 2,5 cm lange gestrichelte Linien nach links anzeichnen. Die wichtigsten Richtungswechsel befinden sich an der oberen und unteren Krümmung der Welle.

3 Nun die zweite Kontur des Bands als blasse gestrichelte Linie einzeichnen. Sie verläuft parallel zur ersten Kontur in einem gleichbleibenden Abstand von 2,5 cm. Manche Krümmungen sind besser zu erkennen als andere. Senkrechte Hilfslinien können helfen, die Form der Welle zu kopieren. Um die beiden Wellen zu vergleichen, konzentriere dich zuerst auf eine und danach auf die andere.

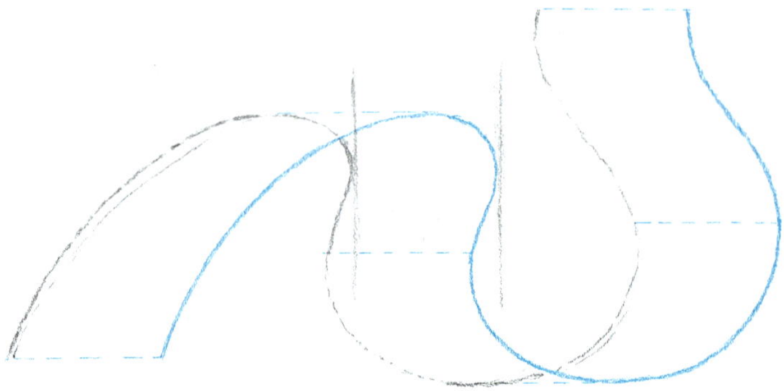

BEGRIFF

Konstruktionslinien, etwa senkrechte Lotlinien, waagerechte Linien oder kurze Markierungsstriche helfen, Teile einer Zeichnung richtig zu platzieren. Sie werden blass ausgeführt und später ausradiert.

4 Die Konstruktionslinien und alle verdeckten Konturlinien ausradieren. Dann die sichtbaren Konturen des Bands noch einmal nachzeichnen.

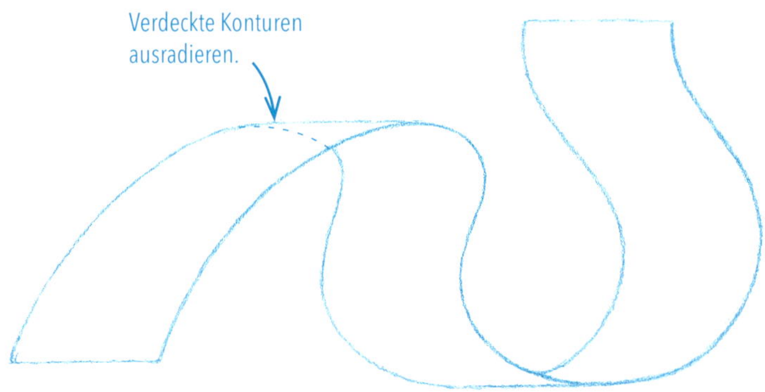

Für dunklere Schraffuren
die Strichrichtung ändern.

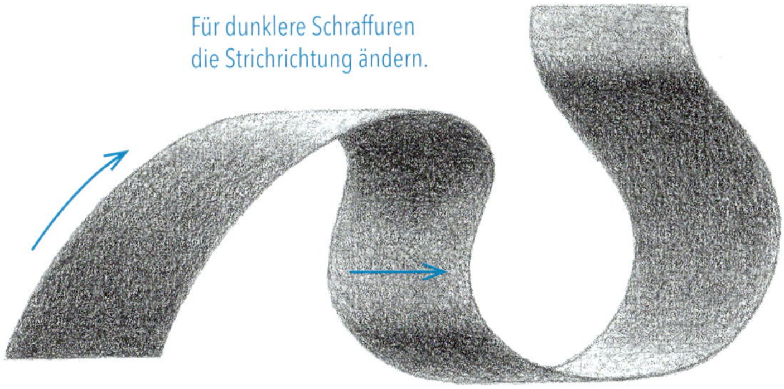

5 Das ganze Band mit waagerechten Strichen blass schraffieren. Die unten liegenden Teile abdunkeln und die Richtungswechsel durch fließende Hell-Dunkel-Übergänge verdeutlichen.

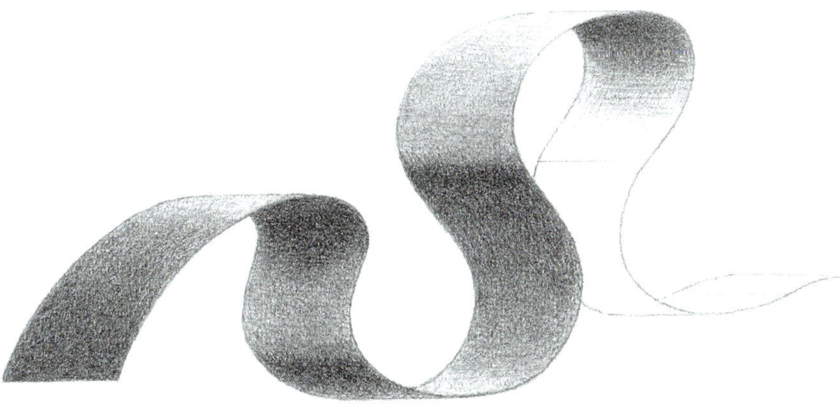

EXTRAAUFGABE

Verlängere das Band mithilfe der eben geübten Methode nach rechts, und lass es dabei sich teilweise überlappen.

Wer eine zusätzliche Herausforderung sucht, kann das Band nach rechts, dann nach oben und nach links verlängern, bis wieder der Anfang erreicht ist. So entsteht eine geschlossene, in Wellen gelegte Schlaufe.

LINEARES MUSTER

LEVEL ●●○○○ ANZAHL DER SCHRITTE: 5

Muster, die sich bordürenartig wiederholen, können dekorativ und praktisch sein. Wir kennen sie von vielen Alltagsgegenständen, etwa Textilien oder Fliesen. Selbst Muster, die komplex aussehen, bestehen oft aus einfachen Formelementen. Durch Wiederholung und Richtungswechsel entstehen visuelle Beziehungen zwischen den gezeichneten Formen und den negativen Bereichen, die sich im Hintergrund ergeben.

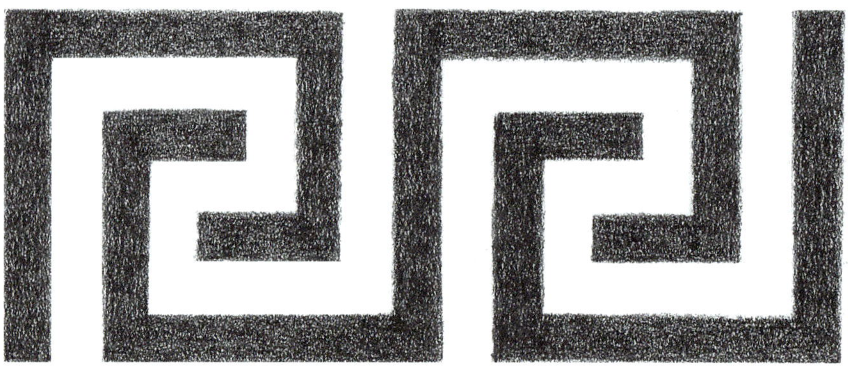

Sorgfältig messen. Die Linien müssen gerade und parallel sein.

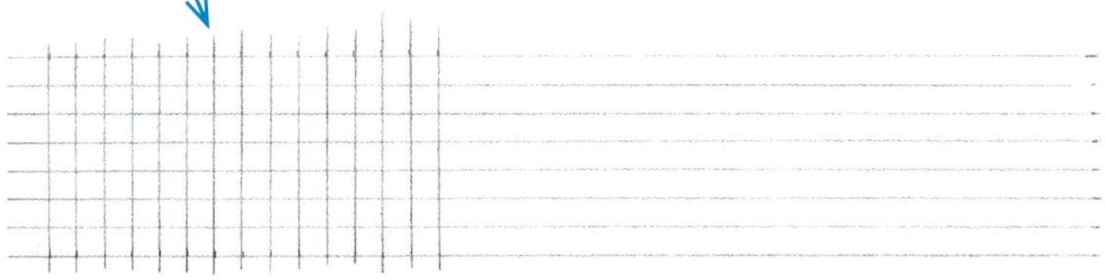

Dünn mit einem Lineal zeichnen.

1 Mit einem Raster beginnen.
Am linken Rand des Papiers acht Markierungsstriche in Abständen von 1 cm anzeichnen (ergibt sieben Zwischenräume). Am rechten Rand des Papiers wiederholen. Mit einem Lineal kontrollieren, ob sich die Striche auf gleicher Höhe befinden. Danach die Markierungen mit parallelen Strichen verbinden.

Ebenso 15 senkrechte Linien in Abständen von 1 cm zeichnen. Diese kreuzen die waagerechten Linien im linken Bereich des Papiers.

Das Raster mit einem Knetradiergummi aufhellen.

2 Mit einem Knetradiergummi über die Linien streichen, um sie noch weiter aufzuhellen.

Die Enden der Striche, die über das Raster hinausragen, ausradieren. Die Radierkrümel mit einer Bürste entfernen.

3 Mit einem Bleistift 4B links im Raster eine Spalte schraffieren: 7 Felder hoch, 1 Feld breit. Im ersten Arbeitsgang die Fläche nur hell und gleichmäßig schraffieren. Im zweiten Arbeitsgang die Fläche abdunkeln, aber nicht so stark aufdrücken, dass der Grafit zu glänzen beginnt. Die Kontur zuletzt ausarbeiten.

Die Ränder zuletzt schattieren, damit sie nicht zu dunkel werden.

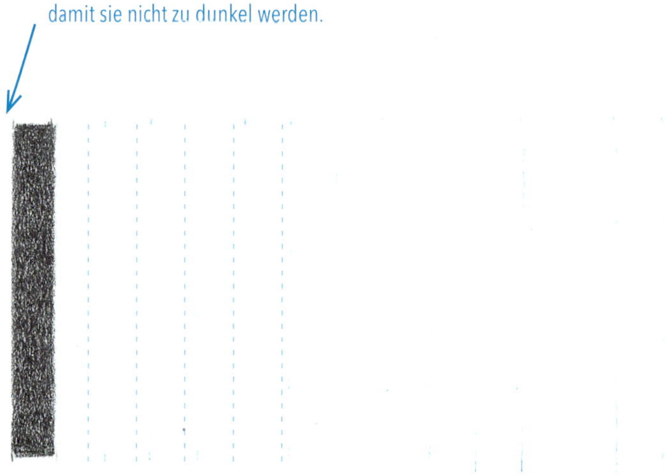

BEGRIFF

In Bildern besteht immer eine Beziehung zwischen dem Hauptobjekt **(Motiv)** und seiner Umgebung **(Hintergrund).** Manchmal tauschen sie die Rollen, so wie die hellen und dunklen Teile eines Musters.

4 Nun weitere Felder, die ausgefüllt werden sollen, mit einem Punkt oder Scribble markieren. In der oberen Reihe werden 6 Felder markiert und wie in Schritt 3 erklärt ausgefüllt.

Genau prüfen, ob die markierten Rasterfelder der Anordnung im fertigen Muster entsprechen.

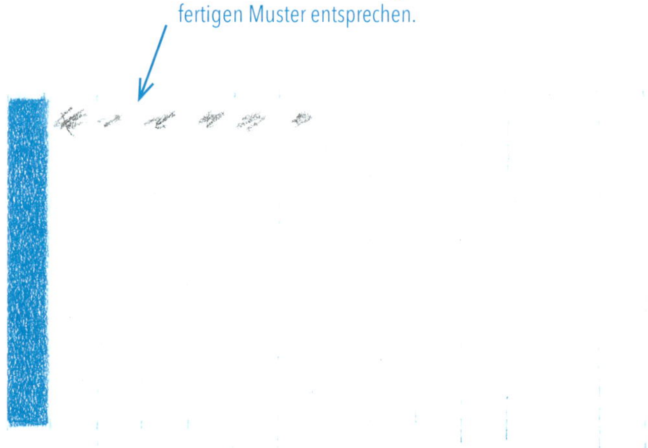

Zuerst mit waagerechten Strichen schraffieren, dann mit senkrechten. So werden die Rasterlinien unauffällig ins Muster integriert.

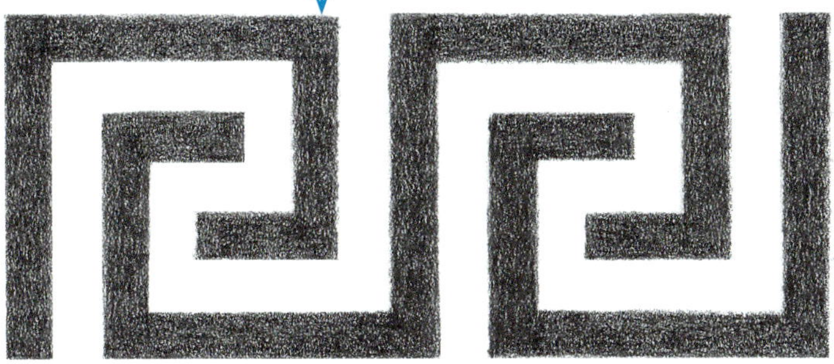

5 Um das Muster zu vervollständigen, jeweils die gewünschte Anzahl von Feldern markieren und anschließend ausfüllen. Orientiere dich dabei an der Vorlage.

EXTRAAUFGABE

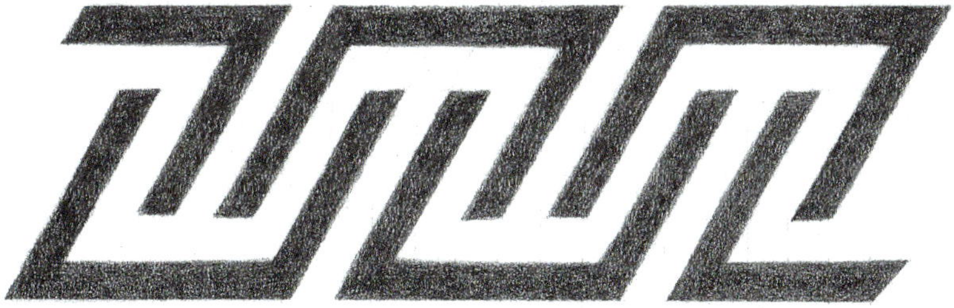

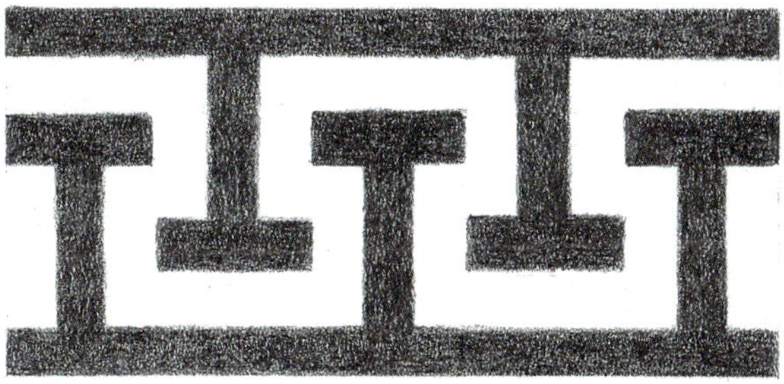

Zeichne ein neues Raster, eventuell ein geneigtes, und erfinde ein eigenes Muster. Fülle so viele Felder aus, dass sich der Mustersatz zwei- bis dreimal wiederholt.

Beim Ausfüllen der Felder entsteht ein Muster, aber auch die nicht ausgefüllten Felder bilden ein eigenständiges Muster.

GOLDFISCH

LEVEL ●●○○○ ANZAHL DER SCHRITTE: 5

Der Schleierschwanz wirkt durch seine vielen Rundungen so elegant. Normalerweise vermitteln Kurven etwas Weiches oder Lockeres, doch Schneckenhäusern, Knochen und Gräten geben sie Stabilität. Beim Zeichnen von Kurven wird der Stift steil aufs Papier gesetzt. Die Bewegung erfolgt aus dem Handgelenk oder bei größeren Kurven sogar aus dem Ellenbogen.

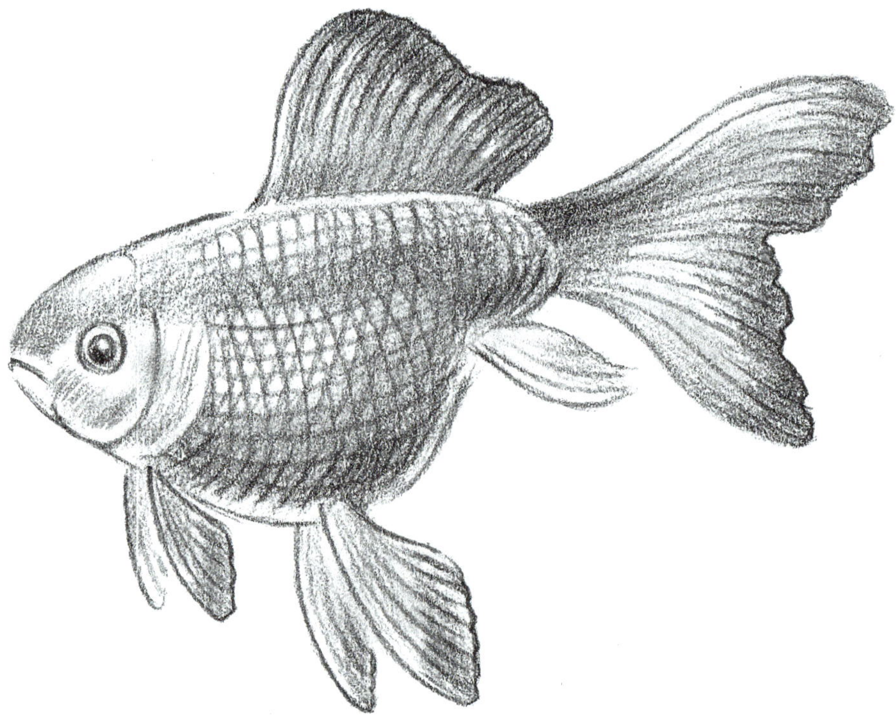

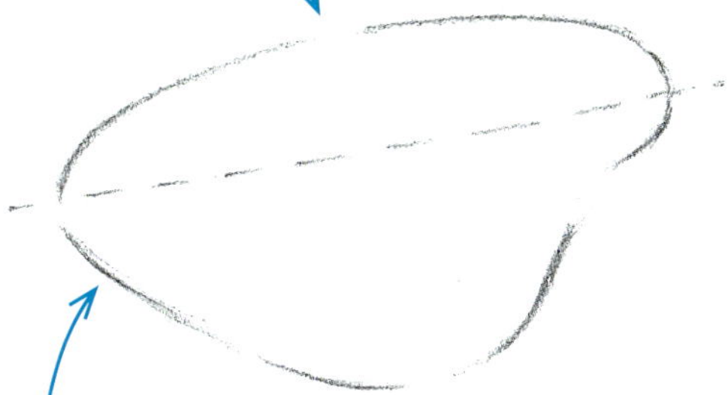

1 Eine gestrichelte Konstruktionshilfslinie von etwa 8 cm zeichnen. Sie ist leicht schräg ausgerichtet. Der mittlere Körper des Fischs entspricht etwa einem Dreieck mit abgerundeten Ecken. Die Oberseite ist eine flache, weite Kurve. Kopf und Schwanz bestehen aus engeren Kurven, die mehr Schnelligkeit vermitteln.

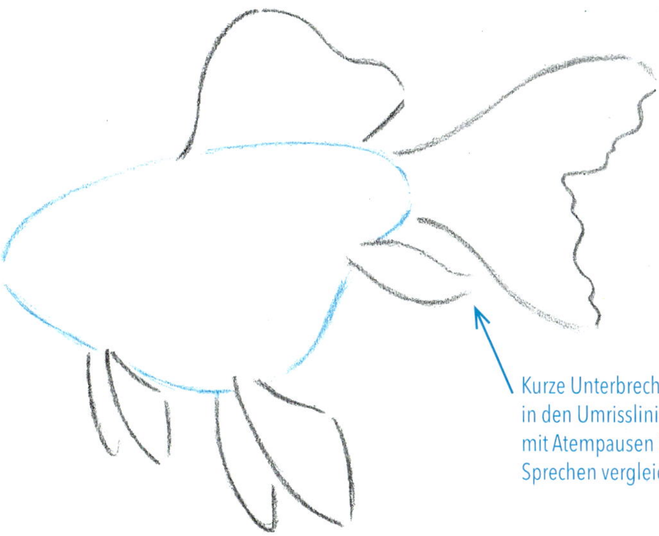

2 Nun die Umrisse der Rückenflosse, der Brust- und Bauchflossen, der Afterflosse und des Schwanzes anfügen. Kleine Lücken lassen, wo die Striche ihre Richtung stark ändern.

3 Das Gesicht mit weichen Strichen einzeichnen. Das Maul endet auf Höhe der unteren Augenkontur. Den Stift am Ende der Striche jeweils mit einer fließenden Bewegung vom Papier abheben, sodass der Strich nicht abrupt endet, sondern dünn ausläuft. Der kleine Bogen am unteren Kopf ist aufwärts zum Maul gerichtet.

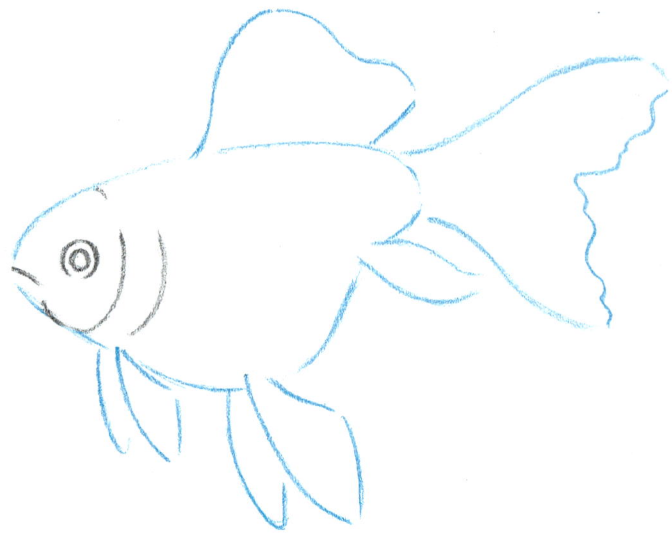

BEGRIFF

Gekrümmte Konturen wirken weich oder elegant und können auch Bewegung (z. B. von kleinen Wellen) darstellen. Den Stift steil auf das Papier setzen und mit lockerem Handgelenk zeichnen.

4 Die lange, leicht geschwungene Linie auf dem seitlichen Körper etwa an der Position des Seitenlinienorgans zeichnen. Die Unterseite des Bauchs mit kurzen, gekrümmten Strichen schraffieren, aber nicht bis an die Konturlinie heran. Dadurch wird die Rundung gut erkennbar. Die Flossenansätze schraffieren, dann die dünnen parallelen oder fächerförmigen Gräten der Flossen einzeichnen.

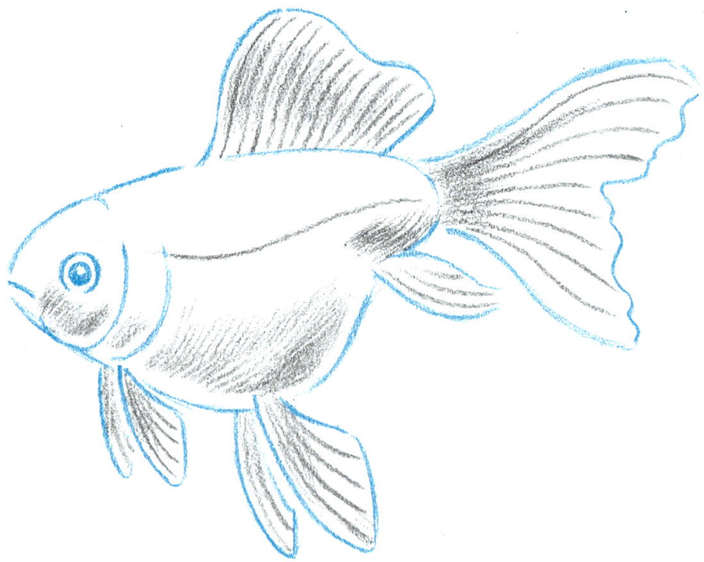

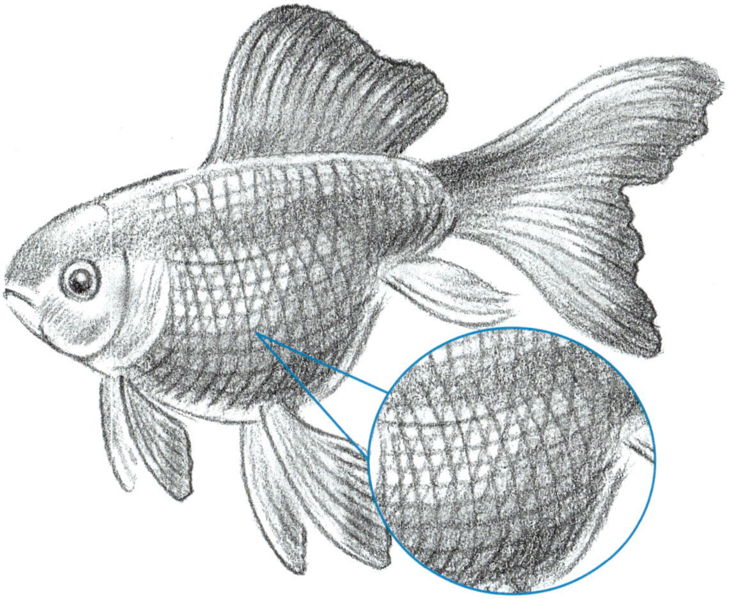

Durch das schräge Raster entsteht ein Muster aus kleinen Dreiecken, die Schuppen ähneln.

5 Den Fisch leicht schattieren. Dabei bleiben die Bereiche um Auge und Maul, der obere Rücken und der Rand des Bauchs heller. Die Spitzen der Flossen und den hinteren Bauch abdunkeln.

Die Schuppen mit einem schrägen Rastermuster andeuten. Die waagerechten Striche des Rasters sind von den Kiemen bis zum Schwanz so gekrümmt, dass sie die Wölbung des Körpers beschreiben. Danach die schrägen Striche einzeichnen: vom Bauch nach oben links und nach oben rechts.

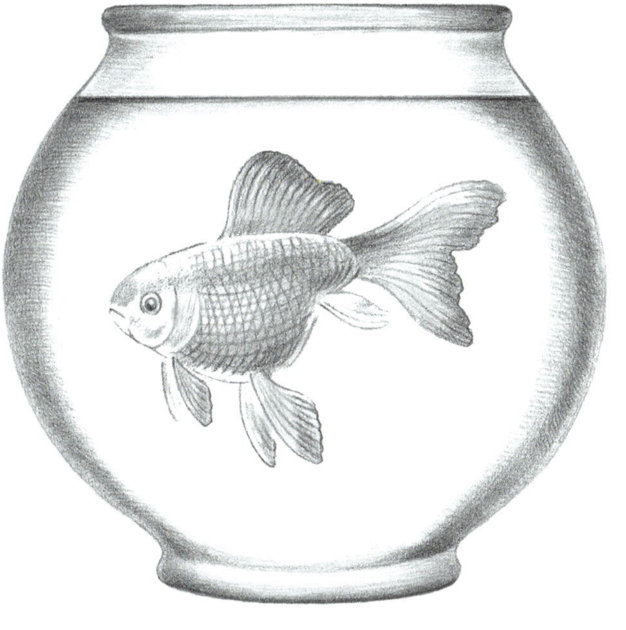

EXTRAAUFGABE

Jetzt kommt das Goldfischglas hinzu. Zuerst die symmetrische gerundete Kontur zeichnen und darauf achten, dass der obere Rand und die Bodenfläche gerade sind. Für den Wasserspiegel eine dunkle waagerechte Linie einzeichnen. Weich verlaufende Schattierungen aus kurzen, leicht gekrümmten Strichen an den Rändern deuten die Rundung des Glases an. Weitere Schraffuren in einem anderen Winkel hinzufügen, um einen Teil des Schattens weiter abzudunkeln, aber den äußersten Rand des Glases heller lassen, um die Wölbung zu verdeutlichen.

AHORNBLATT

LEVEL ●●○○○ ANZAHL DER SCHRITTE: 4

Die verzweigte Äderung des Blatts ist eine Struktur, die man in der Natur häufiger findet. Bäume, Flüsse, das Kreislaufsystem des Körpers, die Knochen der Hand oder der kristalline Aufbau von Schneeflocken sind nur einige Beispiele. Das Wissen über die Struktur hilft dem Zeichner beim korrekten Ausarbeiten der Schatten.

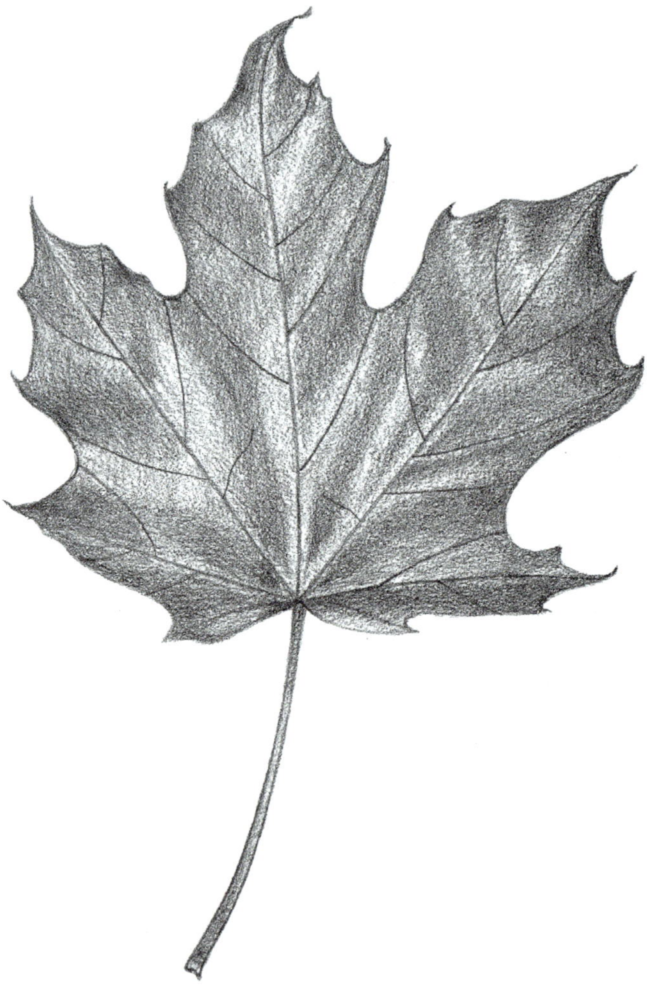

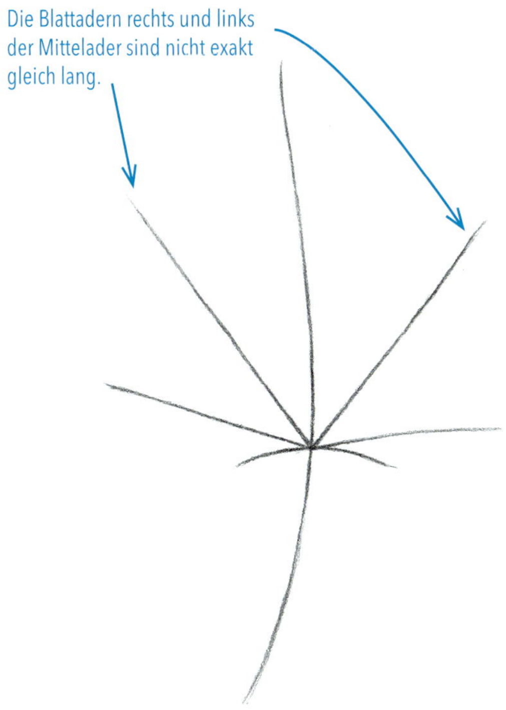

1 Mit einem Bleistift 4B Stiel und Mittelader in einem Zug zeichnen, dann auf jeder Seite drei Blattadern anfügen. Zuerst mit geringem Druck arbeiten, dann die Striche etwas kräftiger nachziehen.

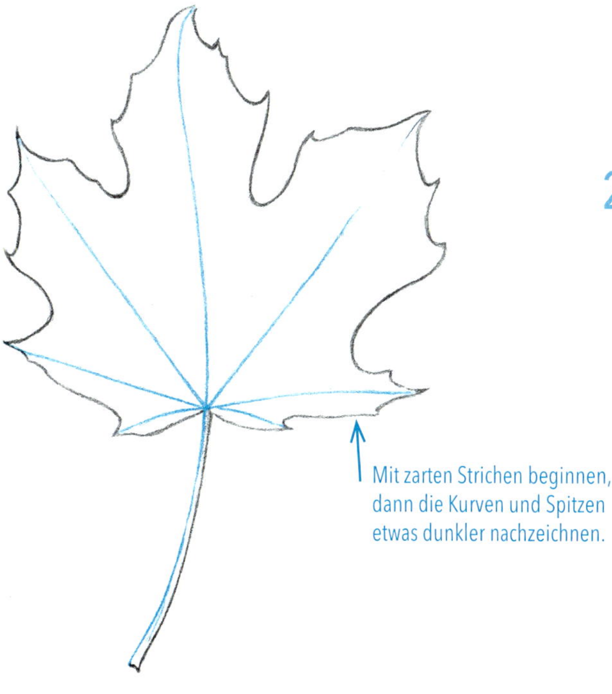

2 Die Blattkontur zeichnen. Sie besteht aus unregelmäßigen Bögen und Spitzen. Den Blattstiel etwas aufhellen, dann anhand der ursprünglichen Konturlinie seinen Umriss neu zeichnen. Er wird nach unten hin etwas breiter und endet mit einem winzigen Bogen.

3 Das gesamte Blatt in einem hellen Grau schattieren.

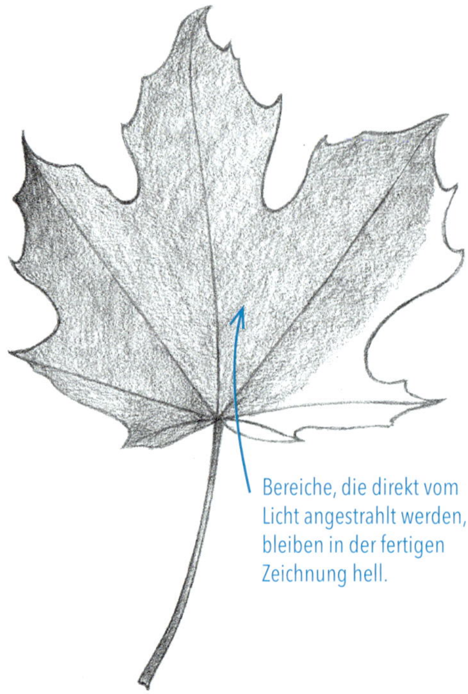

BEGRIFF

Verzweigte Wuchsformen haben eine Mittelrippe oder -ader und Abzweigungen in verschiedenen Längen. Solche Strukturen beeinflussen die Verteilung von Licht und Schatten auf dem gezeichneten Objekt.

4 Jetzt einige Bereiche dunkler schattieren, beispielsweise die äußeren Ränder und die Vertiefungen in der Blattfläche. Kleinere Blattadern einfügen, die von den Hauptadern abzweigen.

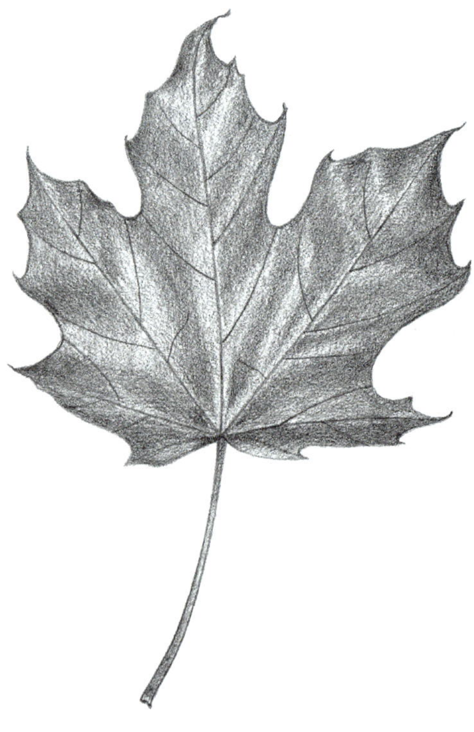

Mit einem spitz geformten Knetradiergummi missglückte Striche entfernen und einzelne Lichter aufhellen.

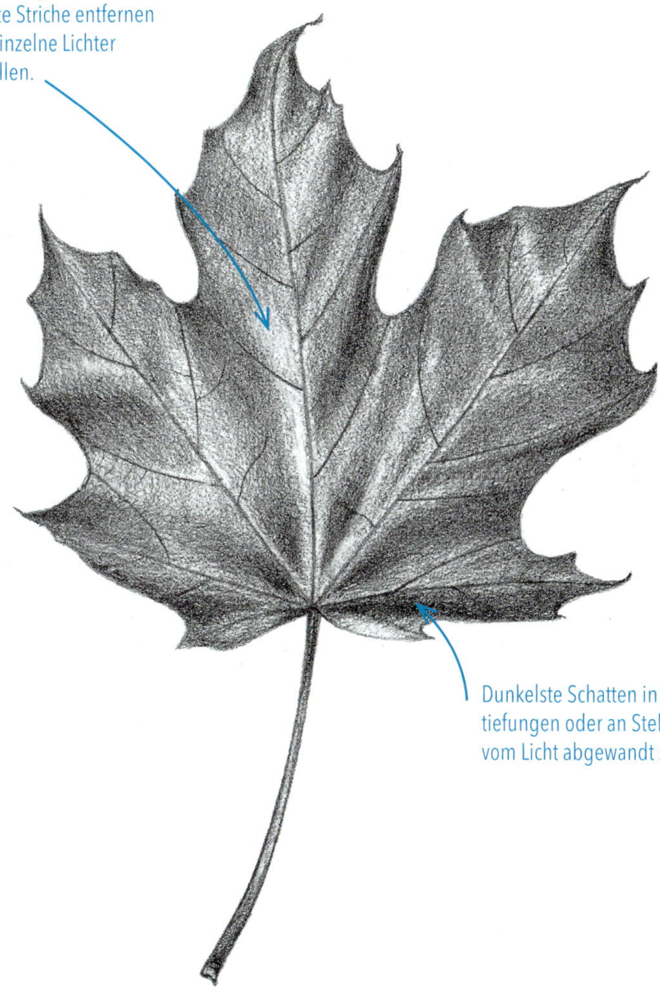

Dunkelste Schatten in Vertiefungen oder an Stellen, die vom Licht abgewandt sind.

EXTRAAUFGABE

Die Schattenbereiche auf der Blattoberfläche abdunkeln und dabei weiche Hell-Dunkel-Übergänge gestalten. In einigen hellen Bereichen die Blattadern abdunkeln, um die interessante Struktur des Blatts deutlicher herauszuarbeiten. Die Blattkontur glätten und einige Schatten an den Rändern ergänzen, wo Bereiche sich vom Betrachter weg krümmen.

AUGE

LEVEL ●●○○○ ANZAHL DER SCHRITTE: 5

Das Auge und seine direkte Umgebung sind so vielgestaltig geformt wie eine Landschaft. Unter der Augenbraue setzt (meist) eine Wölbung nach innen an, dann folgt die Lidfalte und darunter das nach außen gewölbte Augenlid. Beim Zeichnen werden diese unterschiedlichen Formen durch Lichter und Schatten, also helle und dunkle Schraffuren, dargestellt.

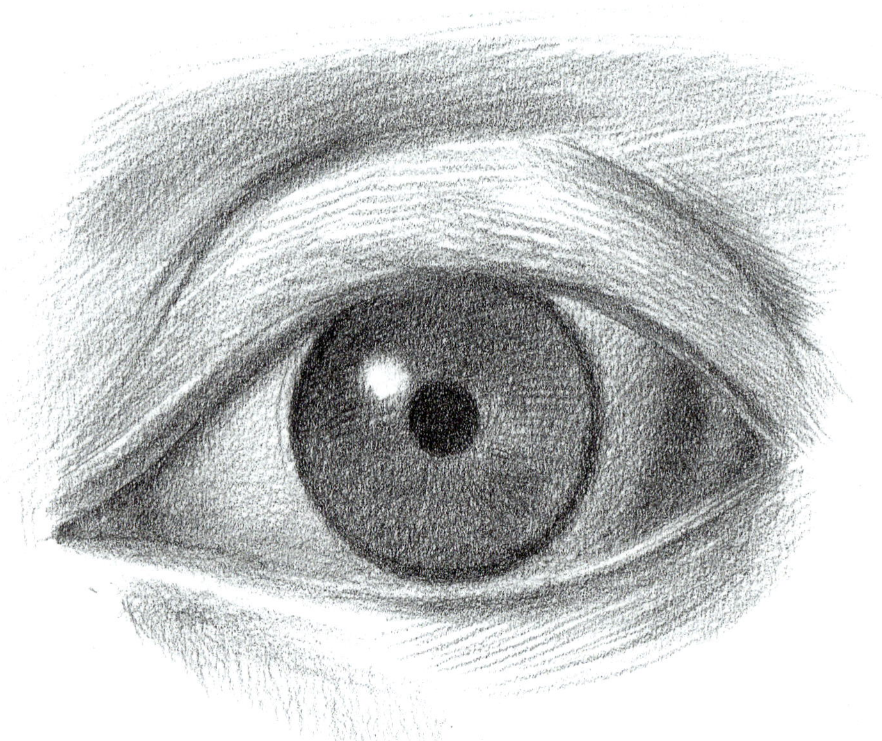

Die Achse des Auges ist eine Konstruktionslinie, die durch beide Augenwinkel verläuft.

1 Zuerst wird die Achse gezeichnet, um die leichte Schrägstellung des Auges festzulegen. In diesem Fall ist es eine 10 cm lange Linie, die nach rechts leicht ansteigt.

Nun mit durchbrochenen Strichen die Hauptkontur der Lidränder skizzieren. Der schmale, rundliche Bereich am linken Augenwinkel ist der Beginn des Tränenkanals. Diese Striche werden später beim Schattieren in die Zeichnung integriert.

Die Achse des Auges ausradieren.

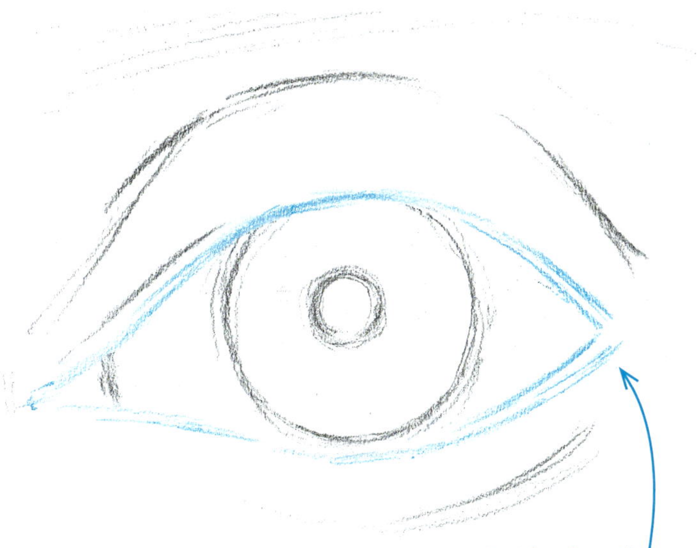

Die Lidränder sind am äußeren Augenwinkel etwas breiter.

2 Die restlichen Elemente einzeichnen, beginnend mit der Pupille und der Iris. Ein kleiner Teil der Iris ist vom Oberlid verdeckt. Die rechts und links sichtbaren Teile des (weißen) Augapfels sind ungefähr gleich groß und ähnlich geformt.

Das Häutchen am Tränenkanal mit einem kleinen Querstrich markieren.

Den Anfang der Lidfalte und die Wölbung des Oberlids mit zarten Strichen einfügen.

3 Das Auge schattieren; nur der kleine Lichtreflex links von der Pupille bleibt weiß. Den äußeren rechten und linken Bereich etwas dunkler schattieren, damit die Rundung des Augapfels erkennbar wird.

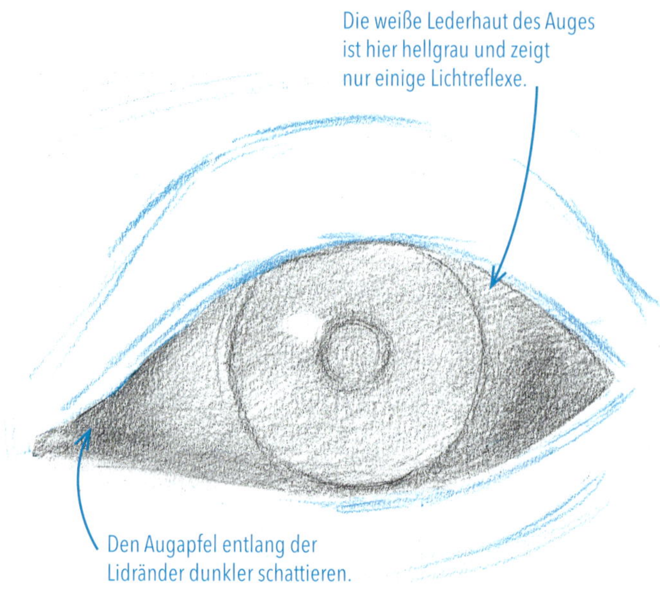

BEGRIFF

Der **Tonwert** (bei Bleistiftzeichnungen auch *Graustufe)* ist die relative Helligkeit oder Dunkelheit einer Farbe. Beim Zeichnen kommt meistens das ganze Spektrum von den hellsten bis zu den dunkelsten Tonwerten zum Einsatz.

4 Die Iris abdunkeln, vor allem in der direkten Umgebung des Lichtreflexes, damit dieser noch heller erscheint. Rechts von der Pupille bleibt die Iris nur ein wenig heller.

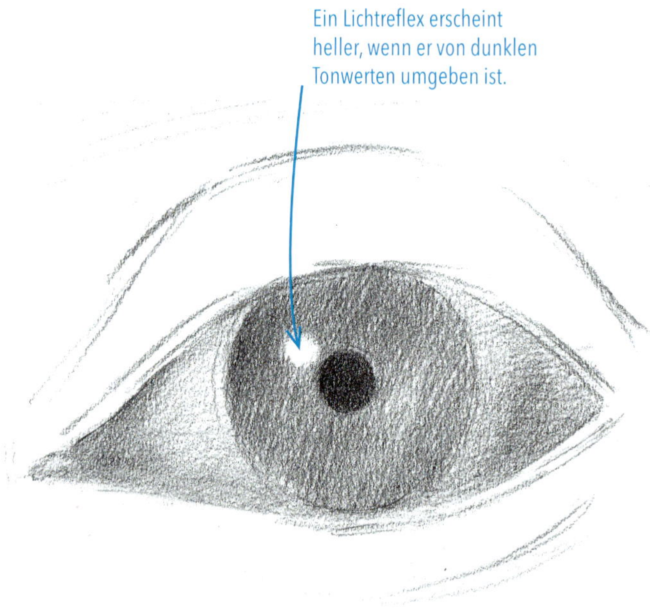

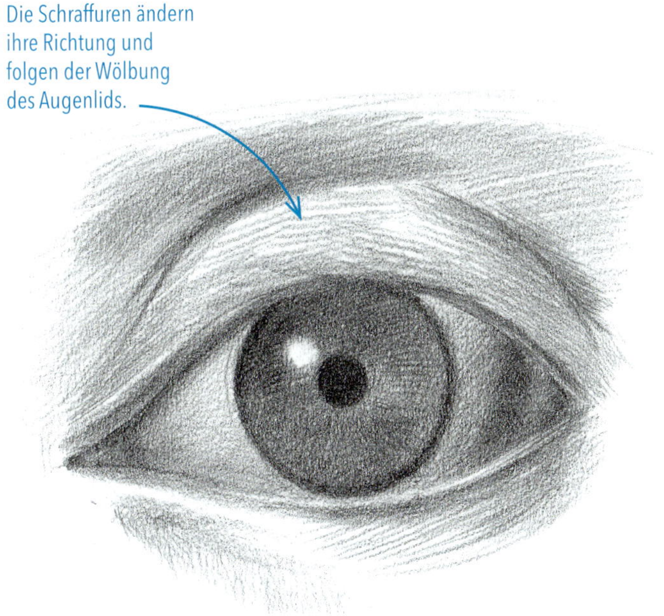

5 Das Oberlid schattieren. Dabei folgen die Striche der Rundung, um die Form deutlicher herauszuarbeiten. Die dunkelsten Tonwerte befinden sich in der Lidfalte.

Die Lidränder und den Rand der Iris dunkler nachzeichnen. Dadurch erscheint die weiße Lederhaut heller.

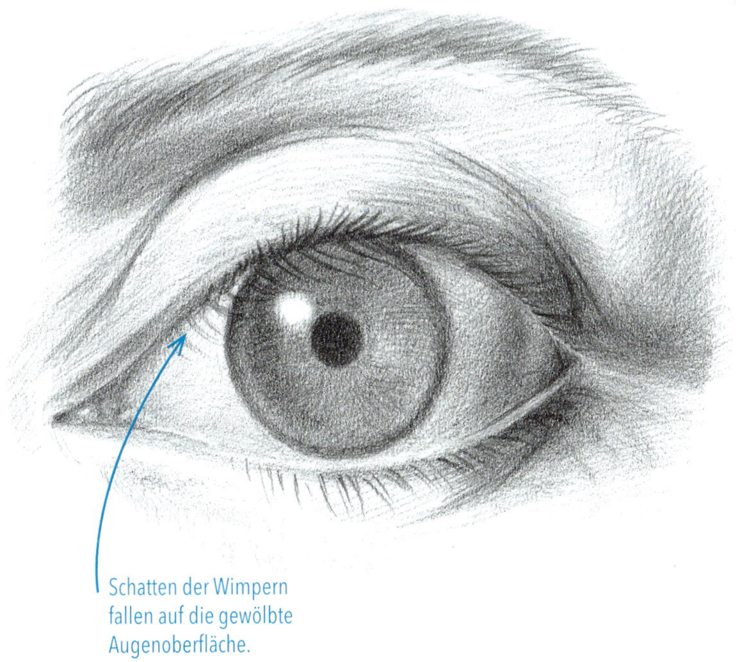

EXTRAAUFGABE

Augenbrauen und Wimpern mit kurzen, in verschiedene Richtungen gekrümmten Strichen einzeichnen. Dabei am Ende jedes Strichs den Stift mit einer geschmeidigen Bewegung vom Papier abheben, damit der Strich dünn ausläuft, statt abrupt abzubrechen.

Die Schatten unter der Augenbraue und auf der rechten Seite von Ober- und Unterlid verstärken, um den Eindruck zu erwecken, dass das Licht von links oben einfällt.

NASE

LEVEL ●●○○○ ANZAHL DER SCHRITTE: 5

Von vorn gesehen besteht das Gesicht aus verschiedenen Ebenen und Wölbungen, die ineinander übergehen. Die Nase steht am weitesten hervor. Es gibt in dieser Zeichnung zwar einige Konturlinien, doch größtenteils wird die Form durch verschiedene Grautöne dargestellt. Für die Nase sind vor allem weiche Übergänge von großer Bedeutung.

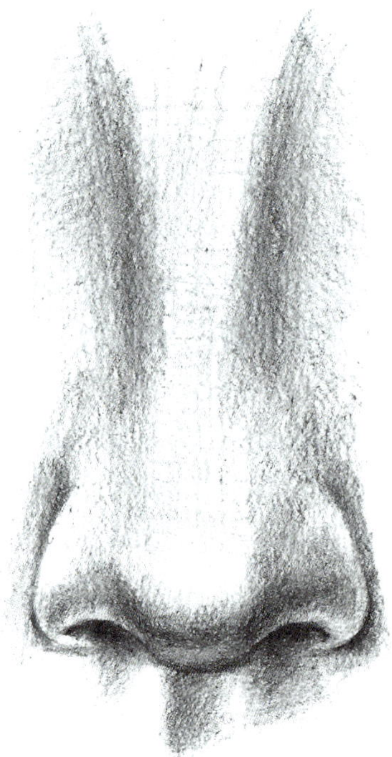

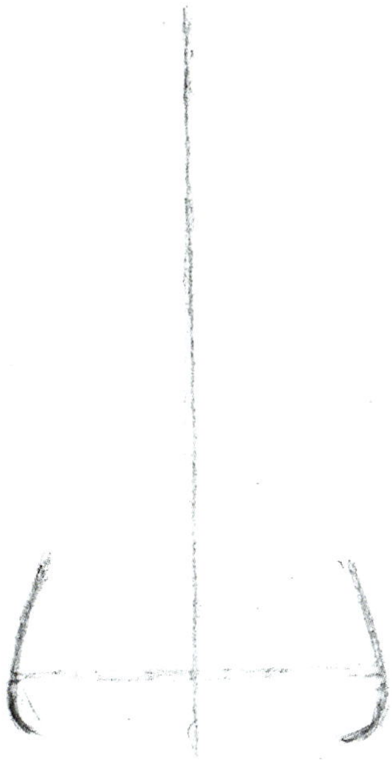

1 Zuerst zwei Konstruktionslinien zeichnen: die senkrechte Mittelachse der Nase, die hier 10 cm lang ist, und kurz über ihrem unteren Ende eine 5 cm lange Querlinie, um die Position der Nasenlöcher festzulegen.

Für die Nasenflügel zwei schräg stehende, flache Bögen zeichnen. Sie berühren die Enden der Querlinie.

Den Bleistift etwa 7 cm oberhalb der Spitze festhalten und im Winkel von 30 Grad auf das Papier setzen.

2 Für die Nasenlöcher zwei flache Bögen zeichnen, die mit einem tiefer liegenden Bogen verbunden sind. Diese Wellenlinie verläuft parallel zur kurzen Konstruktionslinie, nur wenig darunter.

3 Den Nasenrücken mit langen, weichen Strichen andeuten. Ihr Abstand entspricht unten der Breite der Nasenspitze und wird nach oben hin breiter.

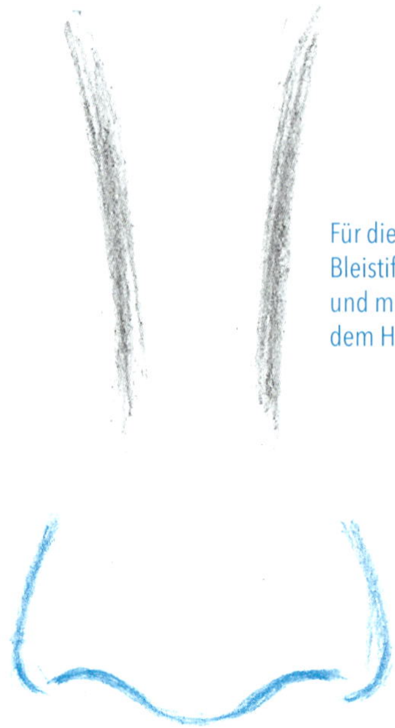

Für die weichen Striche den Bleistift weiter hinten festhalten und mit lockerer Bewegung aus dem Handgelenk zeichnen.

BEGRIFF

Als **Verlauf** bezeichnet man einen fließenden Tonwertübergang (hell-dunkel oder dunkel-hell), in der Malerei auch den fließenden Übergang von einer Farbe zur anderen.

4 Die Konturen der Nasenlöcher zeichnen und kleine Verläufe schattieren, die knapp unterhalb der Öffnungen sehr viel heller werden. Die Nasenflügel oberhalb der Nasenlöcher schattieren, um die plastische Form der Nasenspitze herauszuarbeiten. Einen schmalen Bereich direkt über den Nasenlöchern hell lassen und die Seiten der Nasenspitze dunkler schattieren. Durch die geschickte Kombination heller und dunkler Flächen entsteht die räumliche Wirkung.

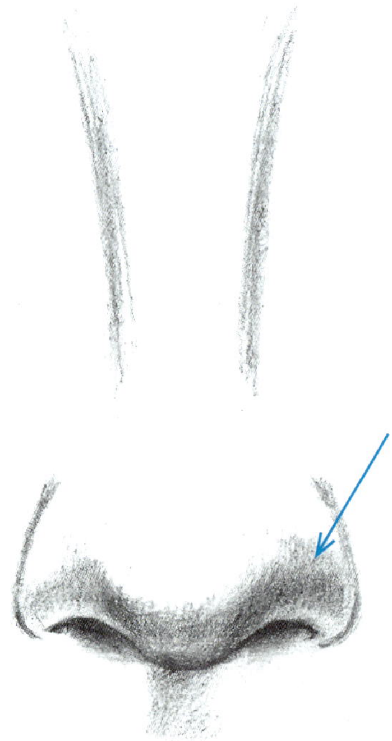

Nasenspitze und obere Ränder der Nasenlöcher mit kurzen senkrechten Strichen schattieren.

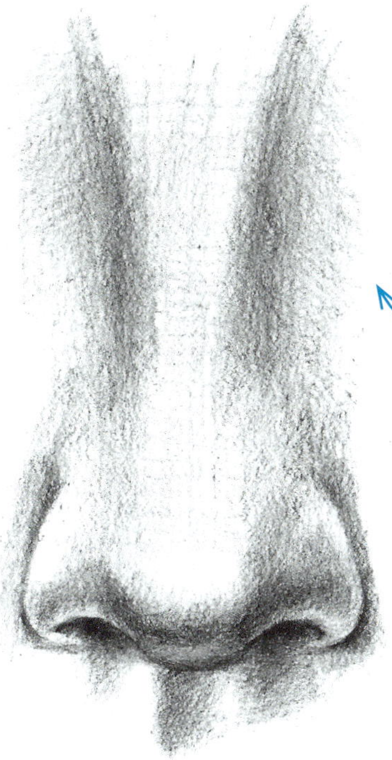

Die Form des Nasenrückens mit schrägen Schraffuren an beiden Seiten herausarbeiten.

5 Den tiefsten Teil des Nasenrückens mit blassen waagerechten Strichen und längeren senkrechten Strichen zart schattieren. Dann die Schatten an den Seiten des Nasenrückens und seitlich der Nasenflügel ergänzen.

Die senkrechte Kuhle zwischen Nasenspitze und Oberlippe nennt man Philtrum. Auch ihre Form wird durch gezielte Schraffuren herausgearbeitet.

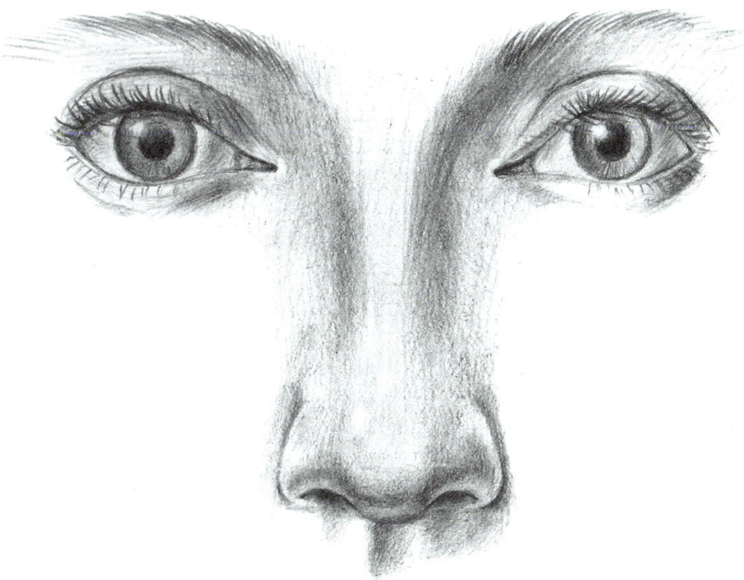

EXTRAAUFGABE

Augen hinzufügen (siehe Seite 84–87). Die inneren Augenwinkel liegen exakt oberhalb der äußeren Nasenflügel, und die Breite jedes Auges entspricht dem Abstand der Nasenflügel (hier 5 cm). Der Abstand zwischen den Augen entspricht meistens etwa einer Augenbreite, hier also ebenfalls 5 cm.

HUND IM PROFIL

LEVEL ●●○○○ ANZAHL DER SCHRITTE: 5

Gut erzogene Hunde sind oft willige Modelle, und wenn sie ein oder zwei Leckerchen erwarten dürfen, sitzen sie meist lange genug still, um eine Pose zeichnerisch einzufangen. Aufgrund der Perspektive erscheint das Auge dieses Jack-Russell-Terriers im Verhältnis zum Maul größer, als es in Wirklichkeit ist. Der artige Hund hat sich seine Belohnung verdient.

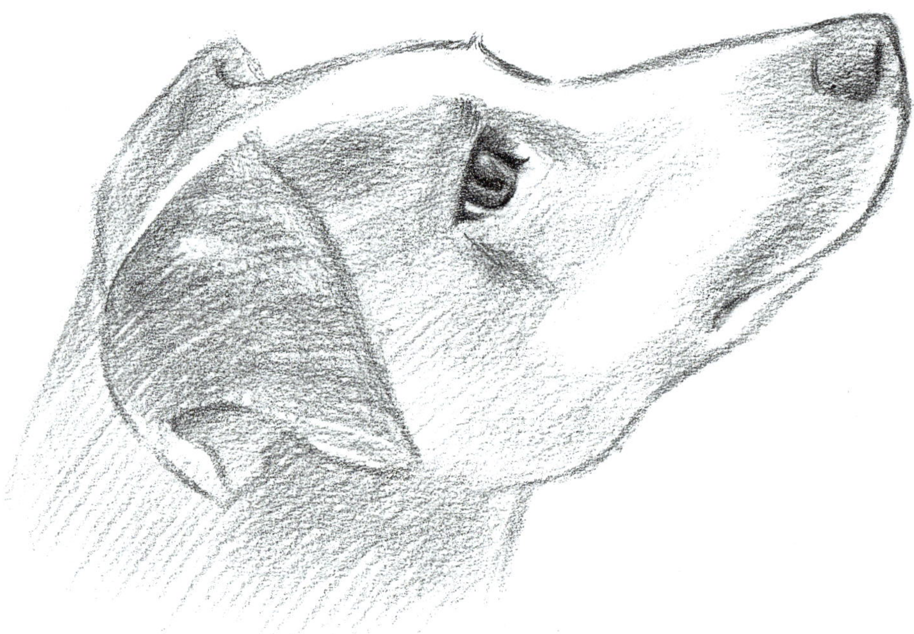

Zuerst die Konstruktionslinien dünn mit einem Bleistift 4B vorzeichnen.

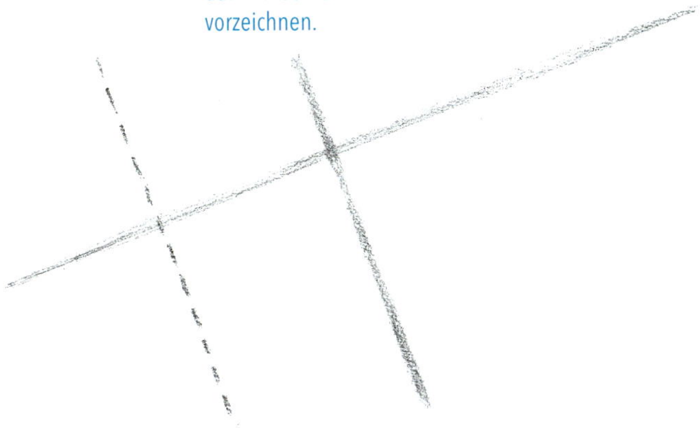

1 Mit einer 14 cm langen Konstruktionslinie, die nach rechts ansteigt, beginnen. Diese Linie durch eine zweite halbieren, die rechtwinklig zu ihr steht. Eine dritte gestrichelte Linie zeichnen. Sie ist ebenfalls rechtwinklig zur ersten Konstruktionslinie (also parallel zur zweiten Linie) und teilt deren linke Hälfte in der Mitte.

Für diese Konturstriche die Bleistiftspitze flach ansetzen.

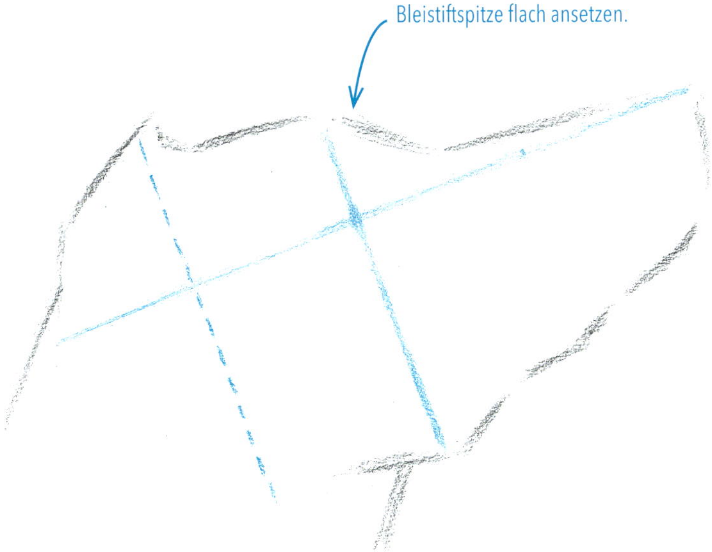

2 Die Kontur des Kopfs mithilfe der drei Konstruktionslinien grob vorzeichnen – die Nase rechts, den Hinterkopf links, die Wange unten. Das hintere Ohr endet am Ende der gestrichelten Linie, und das Auge befindet sich knapp vor der Kreuzung der beiden durchgezogenen Hilfslinien, also zur Nase hin.

3 Das vordere Ohr skizzieren. Für seine Lage und Form dienen die Konstruktionslinien als Orientierung. Der linke untere Bereich ist besonders komplex geformt.

Für das Oberlid zwei schräge Striche zeichnen. Das Unterlid als flachen Bogen skizzieren. Zwischen den Strichen für Ober- und Unterlid kleine Lücken lassen, damit das Auge nicht flächig erscheint.

Nase, Maul und Hals mit einfachen Strichen andeuten.

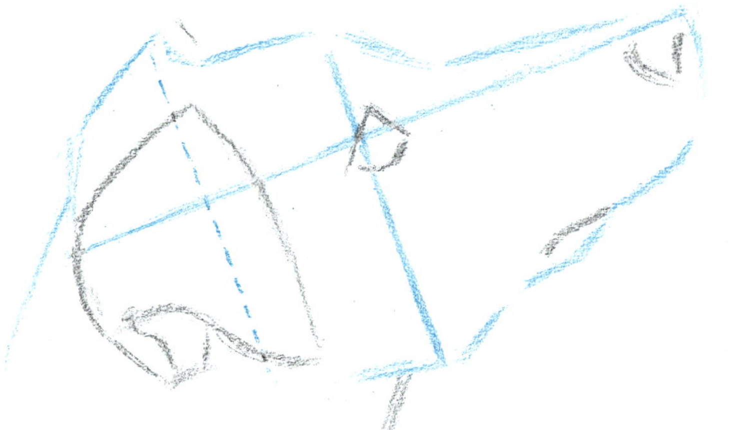

BEGRIFF

Im **Profil** ist die Kopfform gut zu erkennen. Der abgewandte Blick stellt weniger Beziehung her als der Blick einer Frontalansicht und lässt dem Betrachter mehr Raum, sich auf das Motiv zu konzentrieren.

4 Auge, Nase und Ohren durch Schatten weiter ausarbeiten. Um die räumliche Wirkung des Auges zu verstärken, das näher gelegene Oberlid abdunkeln, aber den weiter entfernten inneren Augenwinkel blasser schattieren. Iris und Pupille mit elliptischen Formen andeuten. Den Lichtreflex im Auge mit einem spitzen Knetradiergummi nachträglich aufhellen.

Die Nase sorgfältig schattieren, um ihre Form und die Rundung der Nasenlöcher erkennbar zu machen.

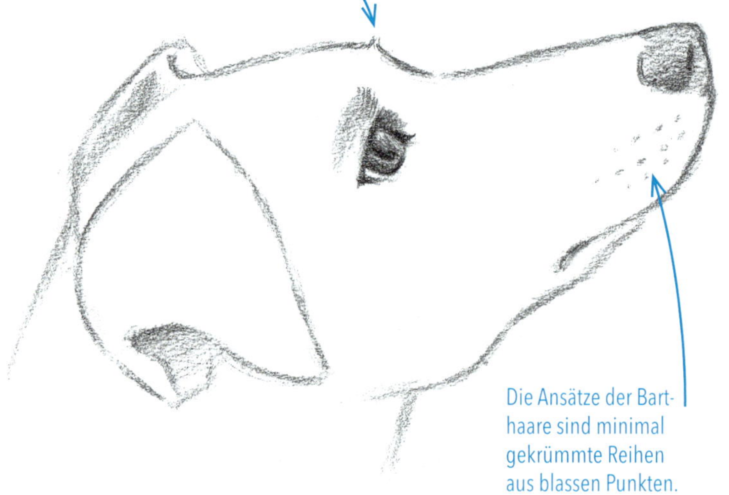

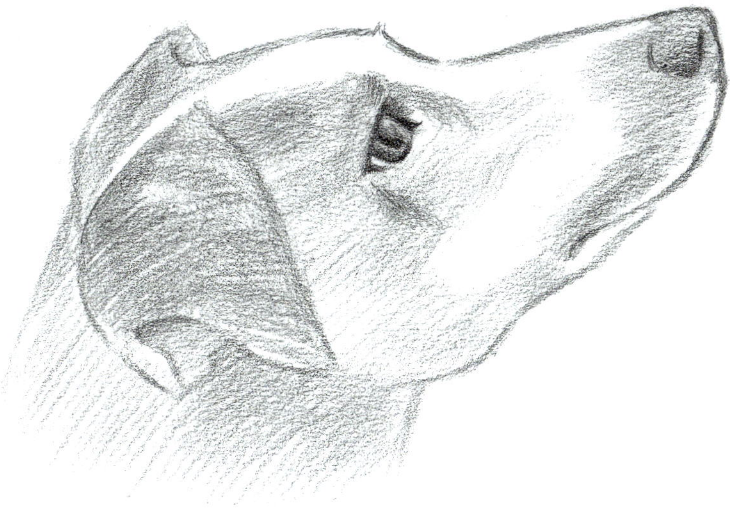

5 Ohren, Kopf, Hals und Wange mit längeren Strichen schattieren, die der Wölbung der Körperteile folgen. In einem zweiten Arbeitsgang mit Schraffuren in einer anderen Richtung die Höhenveränderungen modellieren, vor allem um das Auge herum und auf der Oberfläche des Ohrs.

EXTRAAUFGABE

Die Richtung der Schraffurstriche jeweils so verändern, dass sie der Wuchsrichtung des Fells entspricht.

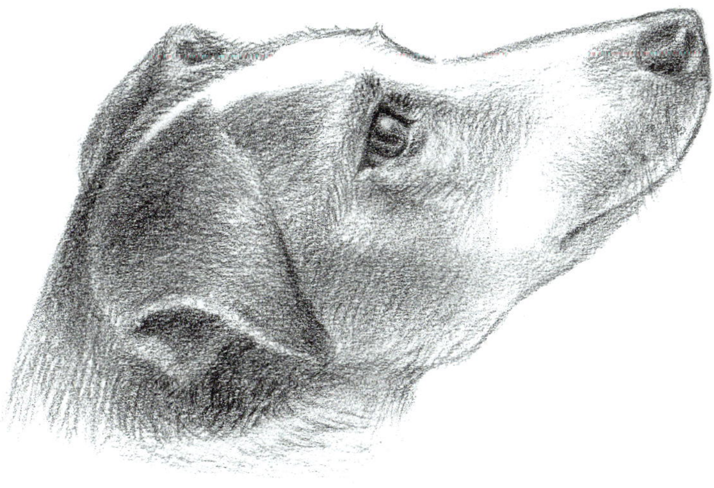

Auge, Nase und Ohr nochmals abdunkeln, dabei bleiben die Ränder und die Lichtreflexe heller. Das Fell mit kürzeren dunklen Strichen andeuten, deren Richtung der Wuchsrichtung entspricht.

Aus diesem Blickwinkel ist ein Nasenloch zu sehen. Es hat eine umgekehrte Tropfenform und längliche Lichtreflexe am oberen und unteren Rand.

Die Lichter mit einem Knetradiergummi aufhellen.

Entlang der Konturen des Kopfs mit feinen Strichen die Textur von Barthaaren und Fell andeuten.

WASSERTROPFEN

LEVEL ●●○○○ ANZAHL DER SCHRITTE: 5

Bei einem Wassertropfen müssen verschiedene Phänomene und Techniken berücksichtigt werden: Tonwertverläufe, Kontraste und Verzerrungen. Diese braucht man auch für andere Wassermotive und bei Glas. In der klaren Flüssigkeit bricht sich das Licht, und Formen, die man durch sie sieht, werden verändert. Hier befindet sich die Lichtquelle oben links.

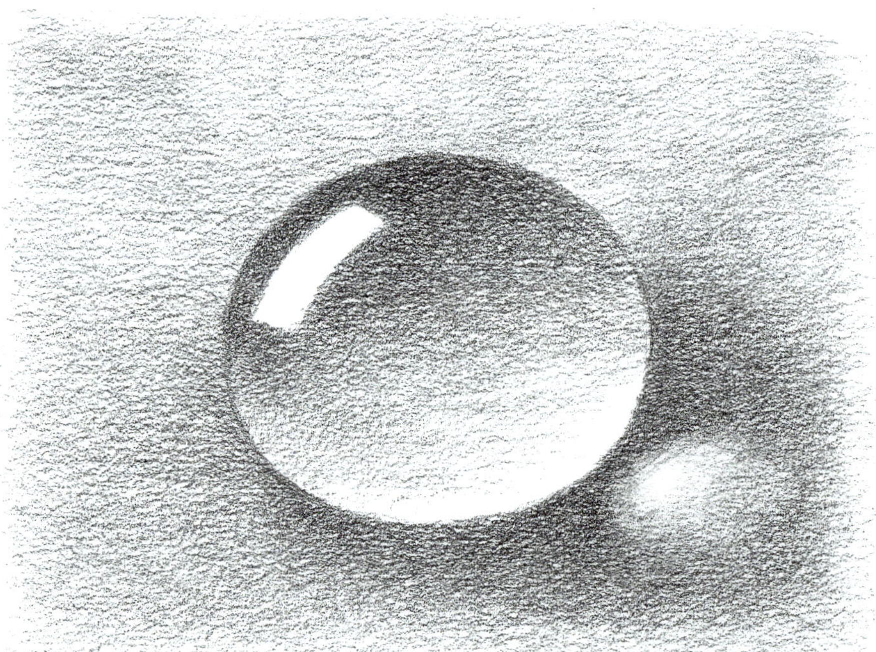

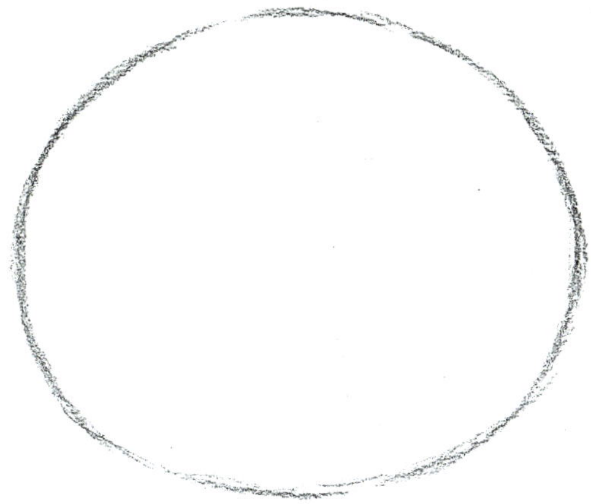

1 Zuerst die leicht ovale Form des Tropfens vorzeichnen. Dabei den Bleistift senkrecht auf das Papier setzen, aus dem Handgelenk arbeiten und das Papier bei Bedarf drehen. Die Umrisslinie glatt und flüssig nachzeichnen und mit einem Knetradiergummi aufhellen.

Den Umriss des Lichtreflexes vorzeichnen. Diese Linie wird später in die Schraffur integriert.

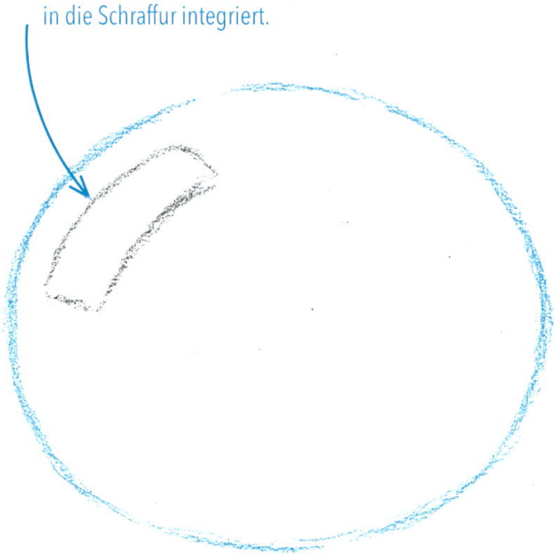

2 Der Hauptlichtreflex eines Wassertropfens oder einer anderen glänzenden, reflektierenden Kugel wird sowohl durch die Lichtquelle als auch durch die Form des Objekts bestimmt. Eine runde Lichtquelle erzeugt einen runden Lichtreflex. Ist die Lichtquelle eckig, ist auch der Reflex eckig. Wegen der runden Form des Wassertropfens hat der eckige Lichtreflex hier gekrümmte Umrisse.

3 Jetzt den Wassertropfen schattieren: oben dunkel, unten hell. Den Bleistift flach aufsetzen, mit kurzen Strichen hin- und herbewegen und dabei nicht vom Papier abheben. Die Schraffur reicht bis an den Lichtreflex heran und überdeckt seine Umrisse, sodass der Reflex keine geraden Konturlinien hat.

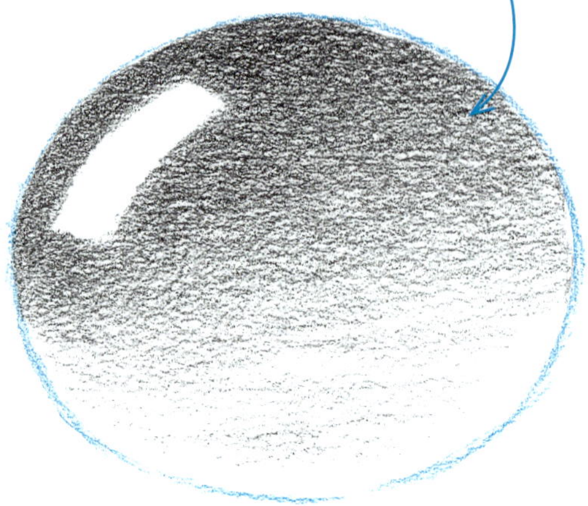

Gleichmäßiger, fließender Übergang, in dem einzelne Striche nicht zu erkennen sind.

BEGRIFF

Die **Lichtquelle** kann natürlich (Sonne) oder künstlich sein. Sie bestimmt die Formen von Licht und Schatten auf einem Objekt. Lichtstrahlen verlaufen gerade, können aber gebrochen und reflektiert werden.

4 Einen rechteckigen Bereich um den Tropfen herum hell schattieren. Dies ist der Untergrund, auf dem der Tropfen liegt. Der Schatten des Tropfens fällt nach rechts unten. Er ist etwas dunkler und hat keine klar umrissene Kontur. Transparente Objekte werfen keine Schlagschatten.

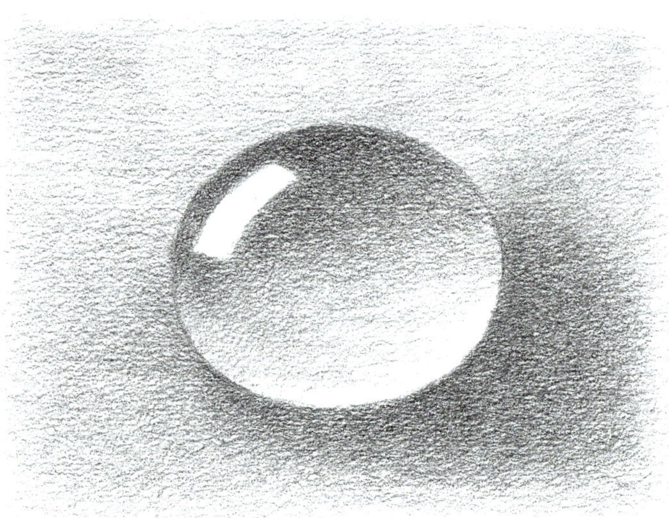

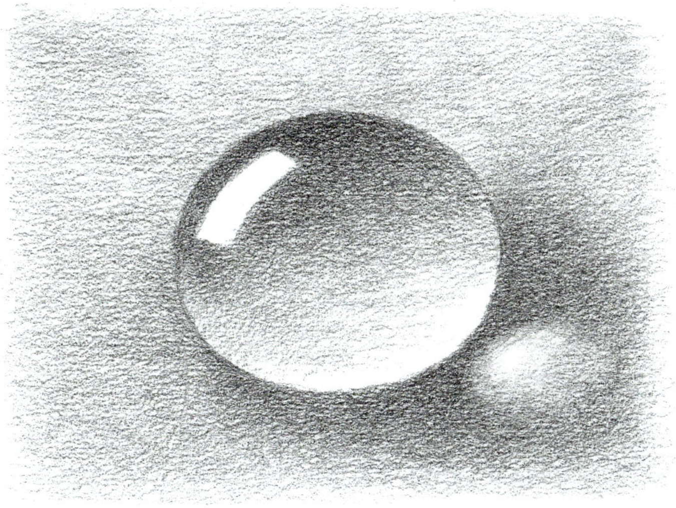

5 Im Schatten des Tropfens einen Lichtreflex aufhellen. Er liegt auf einer gedachten Linie, die an der Lichtquelle beginnt und durch den Lichtreflex auf dem Tropfen verläuft. Zum Aufhellen einen Knetradiergummi passend formen und auf die Bleistiftstriche drücken, um einen Teil des Grafits vom Papier abzunehmen.

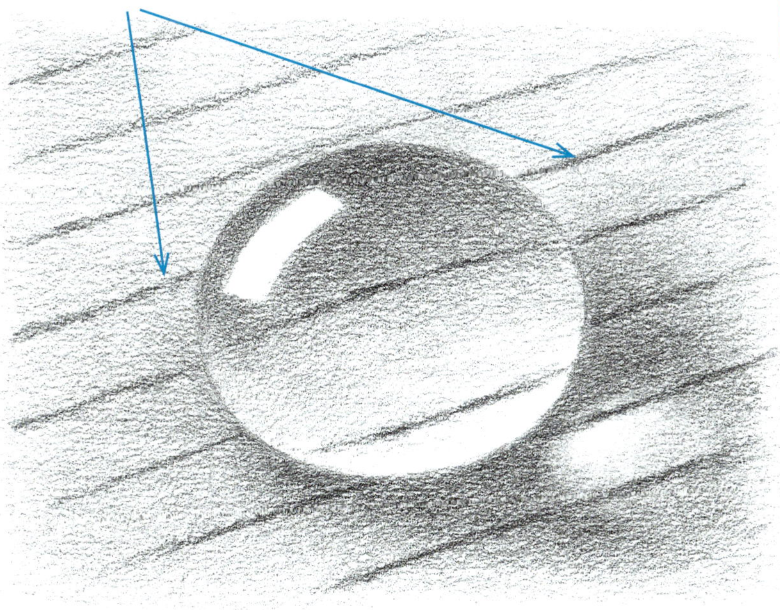

EXTRAAUFGABE

Hier wird die Oberfläche des Untergrunds gezeichnet, die durch den Wassertropfen optisch verzerrt wird. Mit flach aufgesetztem Bleistift gerade Streifen auf beiden Seiten des Wassertropfens zeichnen. Danach ähnliche Streifen auch in den Wassertropfen zeichnen, aber in größeren Abständen, weil sie durch die Lichtbrechung im Wasser vergrößert und leicht verzerrt werden.

KARTENSPIEL

LEVEL ●●○○○ ANZAHL DER SCHRITTE: 9

Überlege beim Zeichnen eines rechteckigen Objekts zuerst, wie viele Seiten du sehen kannst und ob eine Ecke oder Kante direkt auf dich gerichtet ist. Wenn du zwei oder drei Seiten sehen kannst und die zweite Frage mit Ja beantwortet wird, muss das Objekt in der Zweipunktperspektive gezeichnet werde, damit eine realistische Tiefenwirkung entsteht.

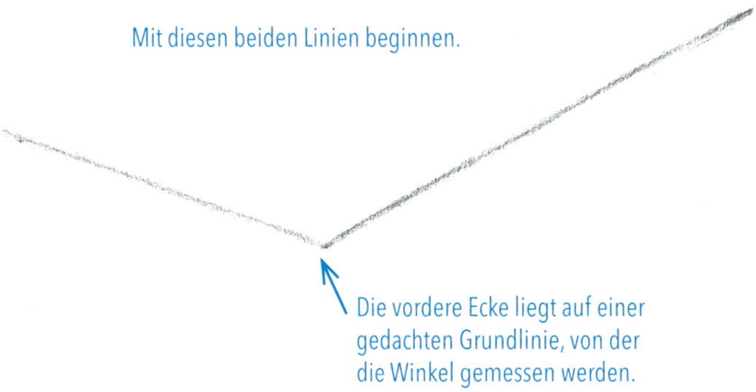

1 Bei einem Kartenspiel ist es nicht nötig, die Zweipunktperspektive minutiös zu konstruieren. Es ist aber wichtig zu wissen, dass sich der Abstand zwischen parallelen Linien mit zunehmender Entfernung zu verringern scheint.

Zuerst die beiden vorderen Kanten der oberen Karte zeichnen, die an der vorderen Ecke zusammentreffen. Die linke Kante steht im Winkel von etwa 20 Grad zur gedachten Grundlinie und ist 7 cm lang. Die rechte Kante steht im Winkel von etwa 30 Grad und ist 10 cm lang.

2 Die beiden hinteren Kanten zeichnen. Sie verlaufen jeweils parallel zu den gegenüberliegenden Kanten. Um das zu prüfen, die 90-Grad-Achse eines Geodreiecks auf eine Linie legen und den Abstand zur anderen an mindestens zwei Stellen messen.

3 An die drei vorderen Ecken 2 cm lange senkrechte Striche anfügen. Die unteren Enden dieser senkrechten Striche verbinden. Damit sind die Unterkanten des Kartenspiels gezeichnet, und die beiden sichtbaren Seiten werden erkennbar.

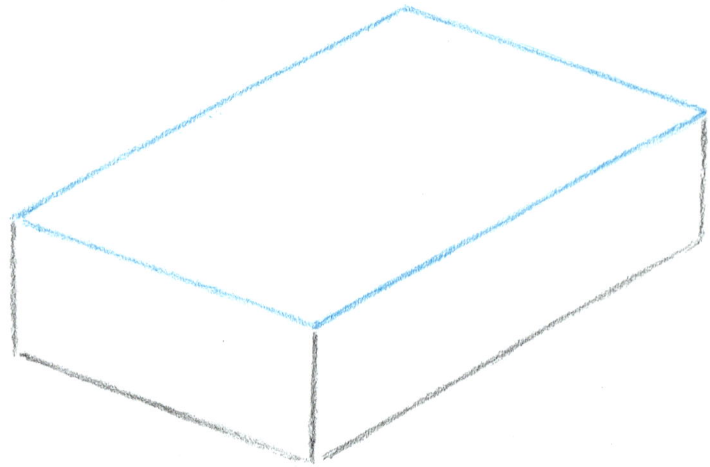

BEGRIFF

Fluchtlinien sind die gedachten parallelen Linien, deren Abstand sich mit zunehmender Entfernung verringert, bis sie im Fluchtpunkt zusammenlaufen.

4 Die beiden hinteren Oberkanten mit einem Knetradiergummi aufhellen. Etwas innerhalb neue Linien zeichnen. Diese neuen Linien verlaufen (im Gegensatz zu den zuerst gezeichneten) nicht exakt parallel zu den gegenüberliegenden Seiten. Ihre Länge verringert sich geringfügig. Das genügt in diesem Fall für die perspektivische Wirkung.

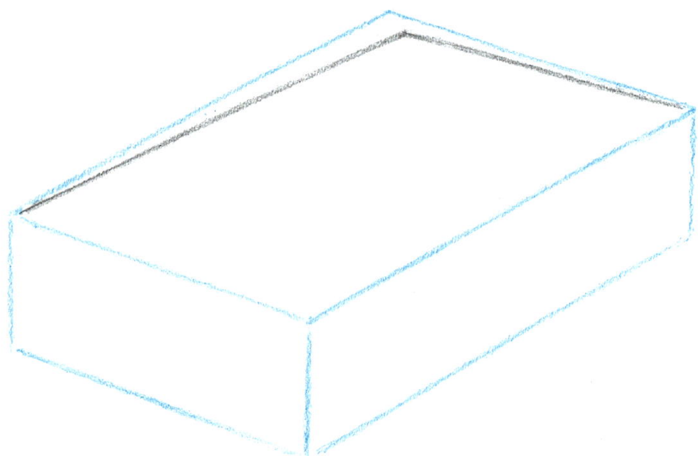

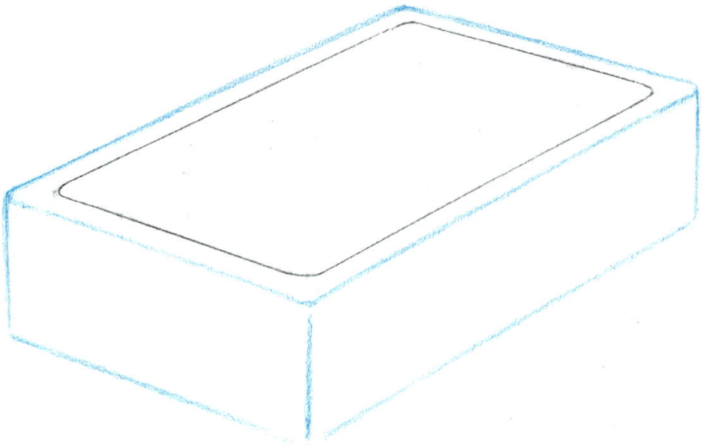

5 Parallel zu den Kanten in geringem Abstand weitere Striche zeichnen. Dies ist der Rahmen des Musters auf der Rückseite der Karten.

Die Ecken abrunden.

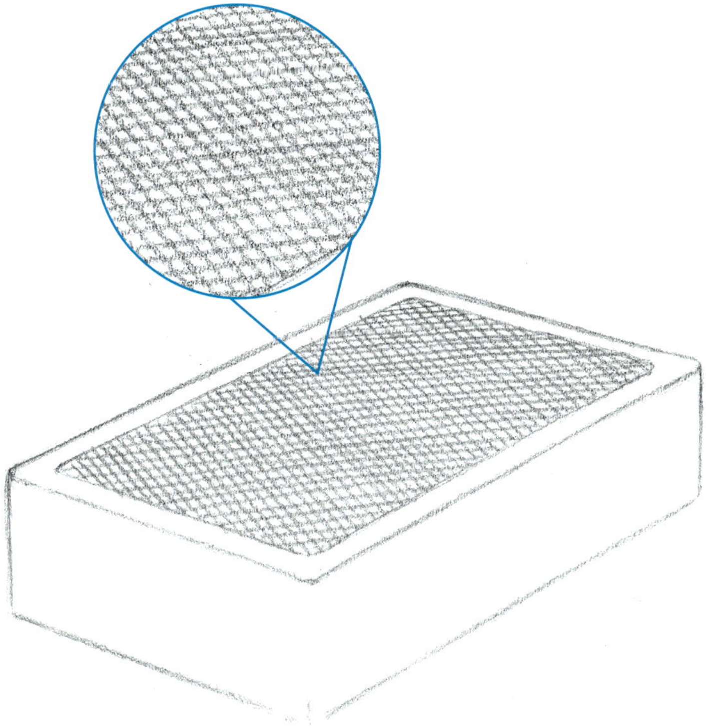

6 Den Rahmen mit parallelen schrägen Strichen in einer Richtung ausfüllen, danach parallele Striche in einer anderen Richtung zeichnen.

7 Den Bleistift von oben fassen und die Mine flach auf das Papier setzen. Die sichtbaren Seiten des Stapels mit langen Strichen schraffieren, die parallel zu den Kanten des Kartenspiels verlaufen. Die Striche beginnen an den äußeren kurzen Kanten und enden an der vorderen kurzen Kante, ohne sich zu berühren.

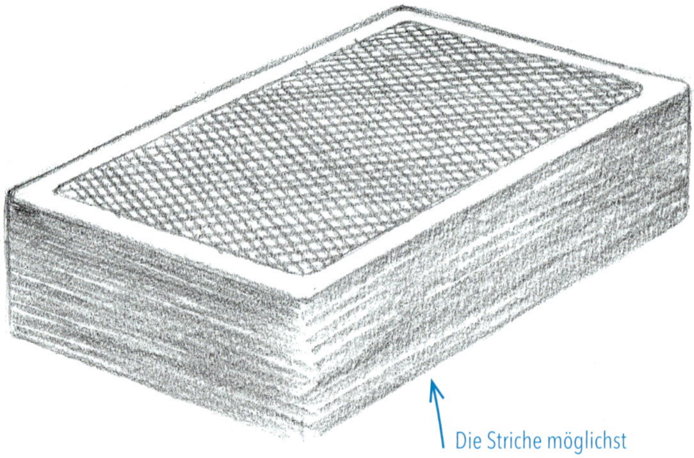

Die Striche möglichst nicht überlappen, weil sie die einzelnen Karten andeuten.

8 Die rechte Seite nochmals auf die gleiche Weise schraffieren, denn sie liegt im Schatten und muss dunkler sein. Dann mit kurzen waagerechten Strichen und kräftigerem Druck die vordere kurze Kante dunkel schattieren.

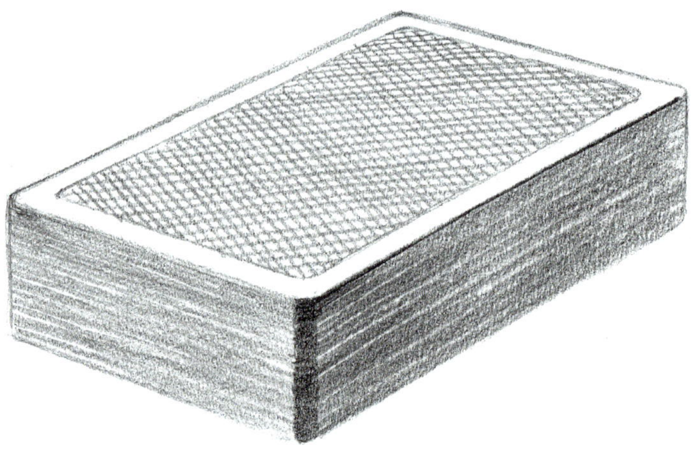

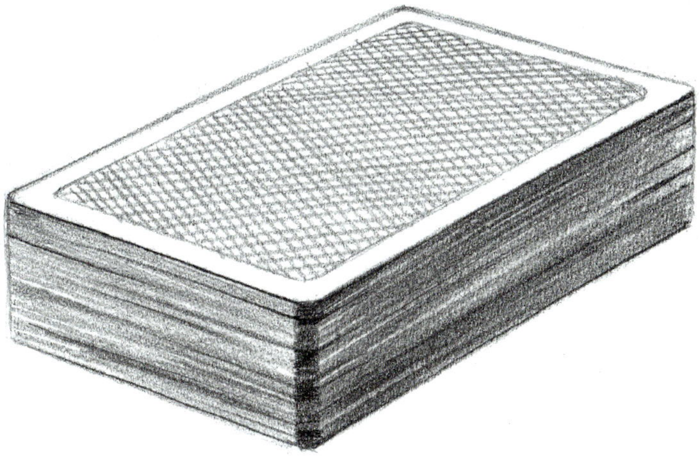

9 Noch einige dunkle Schattenlinien für einzelne Karten auf beiden Seiten einfügen. Dadurch entsteht der Eindruck, dass die Karten nicht ganz exakt aufeinanderliegen.

EXTRAAUFGABE

Zuerst die Kontur des Schlagschattens dünn vorzeichnen, dann die Fläche mit Schraffuren ausfüllen, die der Richtung des Lichteinfalls folgen.

Um die Konturen des Schattens zu bereinigen, ein stabiles Stück Papier an die Kante des Schattens legen, gut festhalten und alle Striche, die darunter hervorschauen, mit einem Knetradiergummi entfernen.

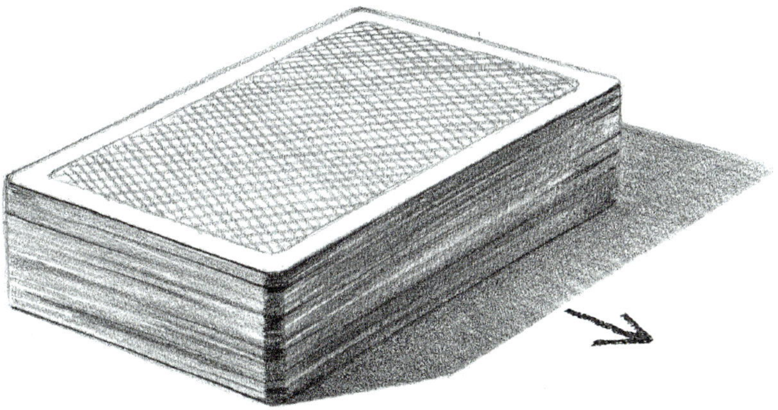

SCHNECKENHAUS

LEVEL ●●○○○ ANZAHL DER SCHRITTE: 5

Obwohl Schnecken selbst nicht sonderlich beliebt sind, faszinieren Schneckenhäuser und ihre besondere Form die Menschen schon seit Millionen Jahren. Davon zeugen zahlreiche Felsmalereien und Schmuckstücke. Einen ähnlichen Aufbau haben auch Spiralgalaxien, Strudel im Wasser oder die sich aufrollenden Blätter mancher Pflanzen, zum Beispiel Farne.

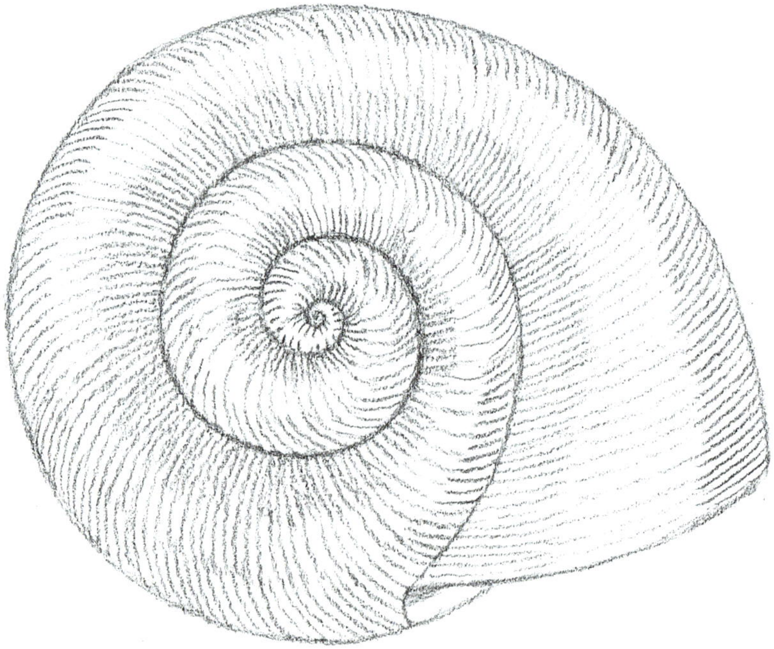

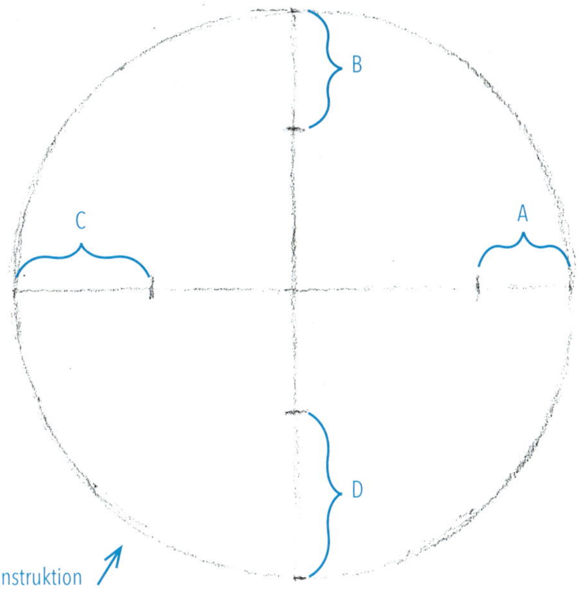

Diese Konstruktion mit zarten Strichen vorzeichnen.

1 Mit einem Kreuz von 7,5 cm Höhe und Breite beginnen. Einen Kreis durch alle vier Enden des Kreuzes zeichnen. Dann die vier Stellen markieren, an denen die erste Spiralrunde das Kreuz schneidet:
A ist 1,25cm lang
B ist 1,5 cm lang
C ist 2 cm lang
D ist 2,5 cm lang

Beim Zeichnen der Kurven das Papier drehen, damit der Stift immer senkrecht zum Papier steht.

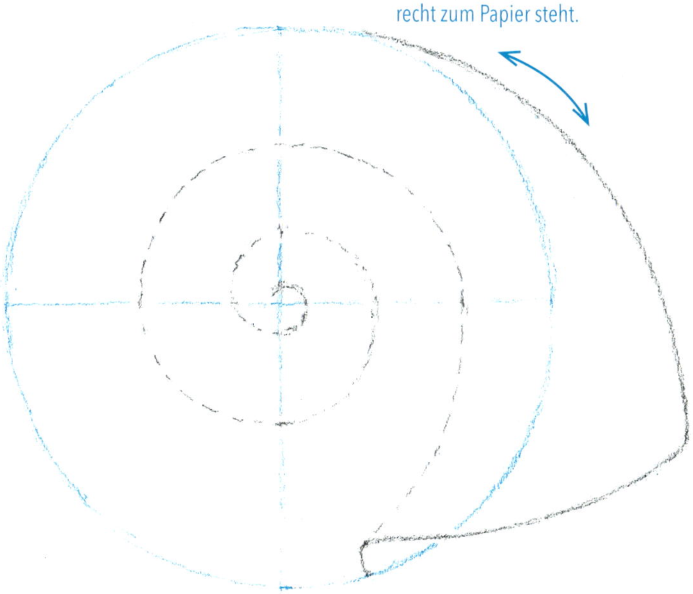

2 Die rechte Kontur des Schneckenhauses verläuft außerhalb der kreisförmigen Hilfskonstruktion im Bogen nach rechts, knickt dann ab und endet mit einem kurzen Bogen im unteren Bereich des Kreises kurz vor der senkrechten Hilfslinie.

An dieser Stelle beginnt die Spirale. Eine gestrichelte Linie zeichnen, die im Bogen aufwärts zur Markierung von Klammer **A** führt. Den Bogen zur Markierung von Klammer **B** fortsetzen, dann weiter zu **C**, zu **D** und so weiter bis zum Mittelpunkt des Kreuzes.

Die Hilfslinien und die rechte Seite des Kreises ausradieren.

3 Die Spirale als weiche, flüssige Linie nachzeichnen.

Nun durch kurze Bögen (Höhenlinien) die Wölbung in Querrichtung andeuten. Die Linien sind dort, wo sie auf die Spirale treffen, etwas stärker gekrümmt. Sie werden später aufgehellt und in Schritt 4 in die Schraffur integriert, sodass die verschiedenen Wölbungen der Oberfläche des Schneckenhauses weiterhin gut zu erkennen sind.

Den Bleistift weiter hinten festhalten, um ihn lockerer zu führen und die bereits gezeichneten Striche nicht zu verwischen.

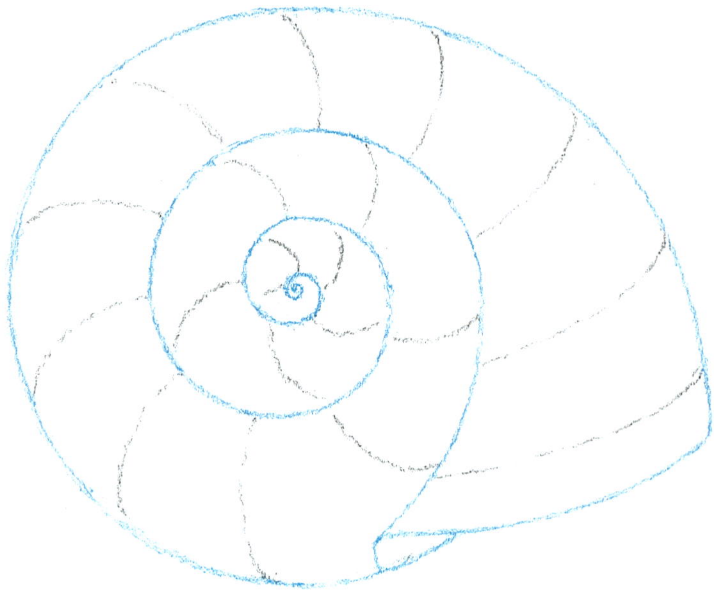

BEGRIFF

Eine **Kreuzschraffur** besteht aus zwei Schraffuren, die nacheinander und in verschiedenen Winkeln gezeichnet werden. Kreuzschraffuren eignen sich gut, um Texturen darzustellen.

Den Stift am Ende jedes Strichs mit einer flüssigen Bewegung abheben, damit die Striche weich auslaufen.

4 Einen schmalen Schraffurstreifen einfügen, der entlang der äußeren Kontur der Spirale verläuft. Die Striche im gleichen Winkel halten wie die Höhenlinien aus Schritt 3. Danach ebenso einen schmalen Schraffurstreifen entlang der inneren Kontur der Spirale hinzufügen. Beide Schraffuren nehmen je etwa ein Drittel der Spiralenbreite ein. Das mittlere Drittel bleibt zunächst weiß.

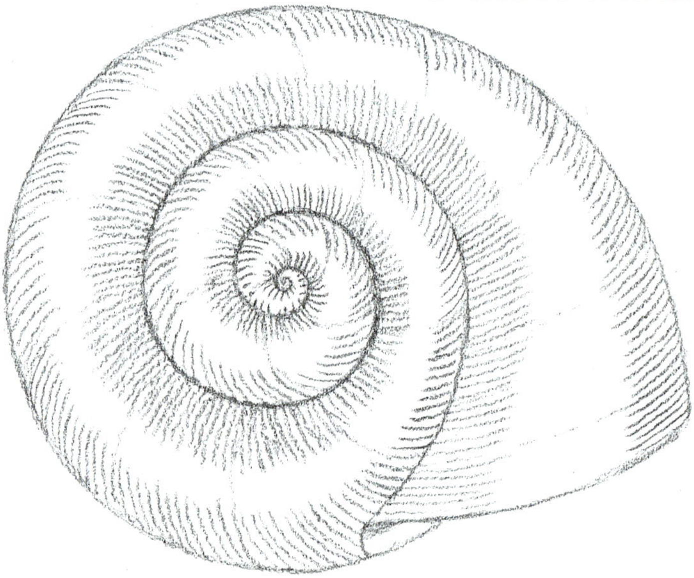

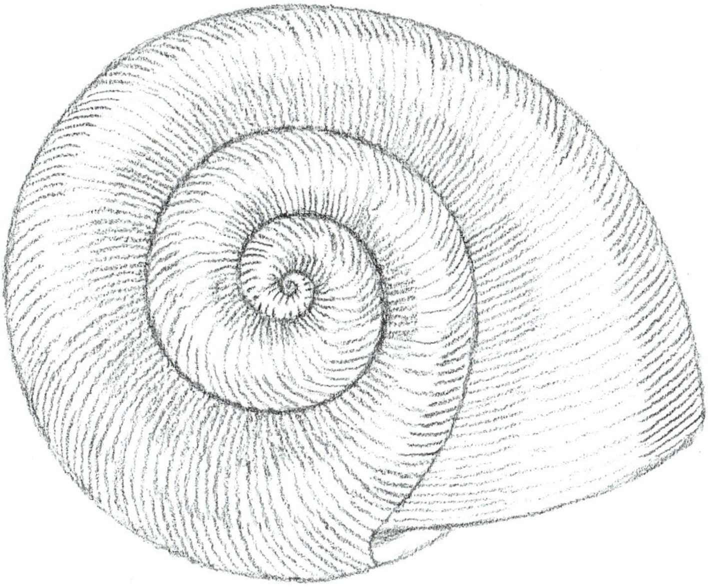

5 Nun den mittleren, weißen Bereich der Spirale schraffieren. Diese Striche sind zarter und haben größere Abstände.

Der Rand des Schattenbereichs bleibt hell, um die gerundete Form zum Ausdruck zu bringen.

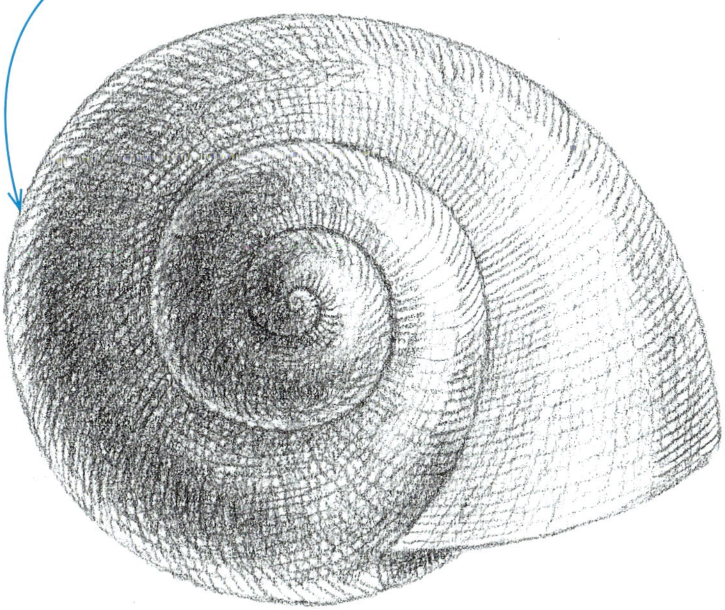

EXTRAAUFGABE

Die dunklen Bereiche mit einem Bleistift 6B nochmals verstärken. Die äußere Kontur so überarbeiten, dass sie stellenweise klar und an anderen Stellen weicher erscheint. Für die Lichtreflexe einen Knetradiergummi mehrmals auf das Papier drücken, um Grafit abzunehmen. Den Radiergummi kneten, wenn er durch das Grafit verschmutzt ist. Die Lichter etwas größer radieren, als sie endgültig sein sollen, und ihre Ränder nochmals mit zarten Strichen schraffieren, sodass ein weicher Übergang entsteht.

GLASMURMEL

LEVEL ●●●○○ ANZAHL DER SCHRITTE: 9

Das farbige Glas im Inneren von Murmeln ist oft faszinierend geformt. Bei dieser Zeichnung geht es um die verschiedenen gerundeten Formen – von der Glaskugel selbst über die farbigen Schnörkel darin bis zu dem elliptischen Schlagschatten. Gerade Striche würden in dieser Zeichnung irritierend wirken. Davon ausgenommen sind nur die Lichtstrahlen.

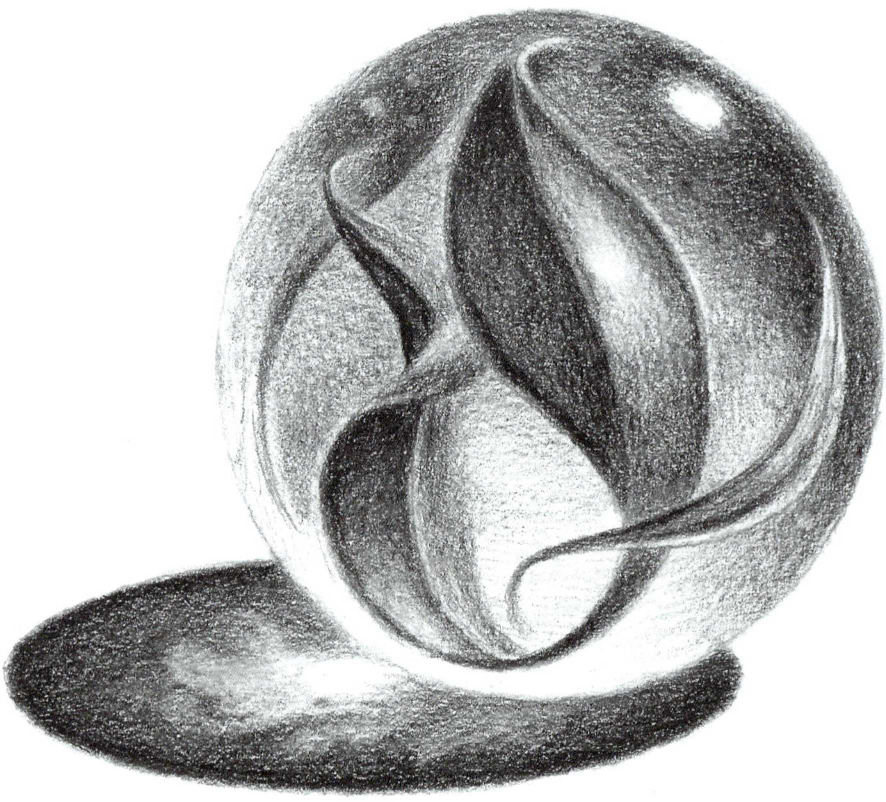

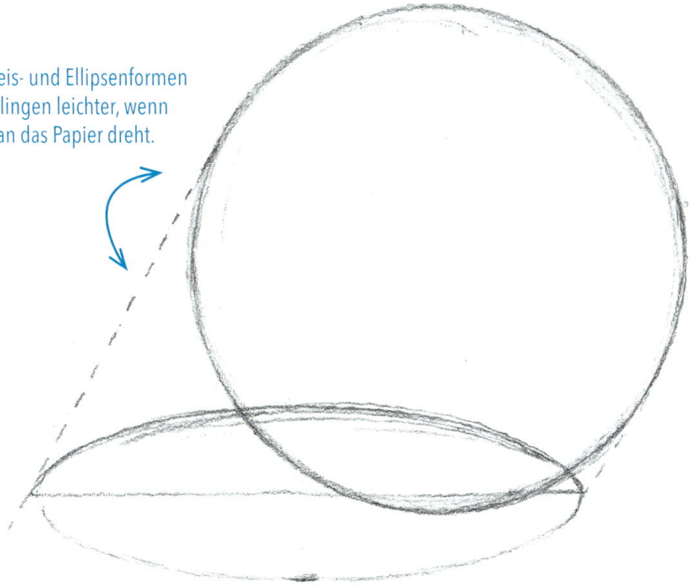

1 Mit einem Kreis von etwa 8 cm Durchmesser beginnen. Zwei gestrichelte Linien im Winkel von circa 45 Grad anfügen, um die Breite des elliptischen Schlagschattens festzulegen. Zwischen den Enden der gestrichelten Linien die waagerechte Hauptachse der Ellipse einzeichnen, dann die beiden symmetrischen Bögen zeichnen.

Nachdem die Form des Schlagschattens markiert ist, werden die gestrichelten Linien, die Hauptachse und der Teil der Ellipse, der innerhalb des Kreises liegt, ausradiert.

2 Oben rechts auf dem Kreis ein kleines Oval einzeichnen. Dies ist der Lichtreflex, der durch die gedachte Lichtquelle verursacht wird. Ein zweites Oval dort skizzieren, wo das Licht auf die Tischplatte trifft.

3 Den farbigen Schnörkel in der Murmel zeichnen. Mit der Achse beginnen, dann die Umrisse der beiden geschwungenen »Flügel« anfügen.

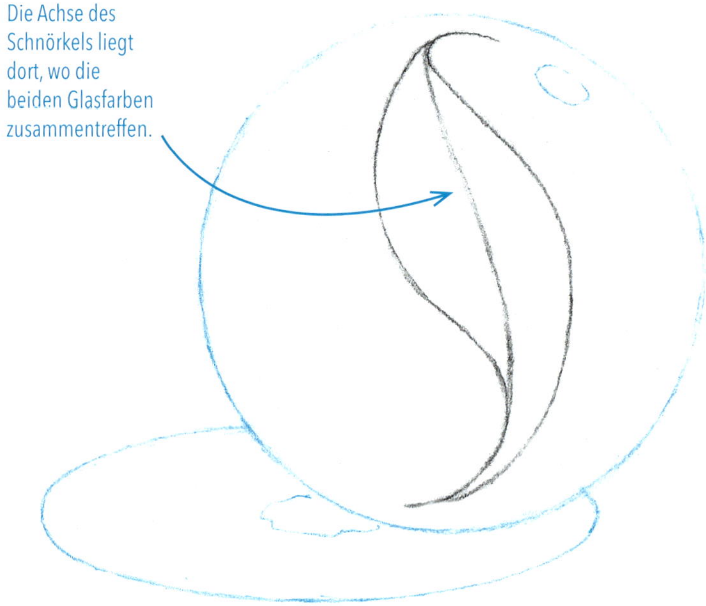

BEGRIFF

Die **Lichtquelle** (Sonne oder Kunstlicht) bestimmt die Position und die Formen der Licht- und Schattenbereiche auf der Oberfläche eines Objekts und die Position und Form seines Schlagschattens.

4 Den Schnörkel nach links und oben fortsetzen. Er ist teilweise vom zuerst gezeichneten Teil verdeckt. Solche Überlappungen sind wichtig, damit die Murmel und ihr Inneres dreidimensional wirken.

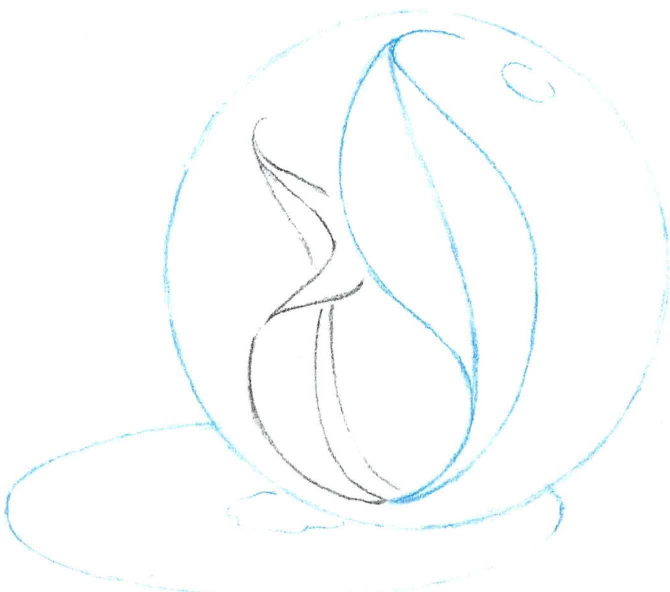

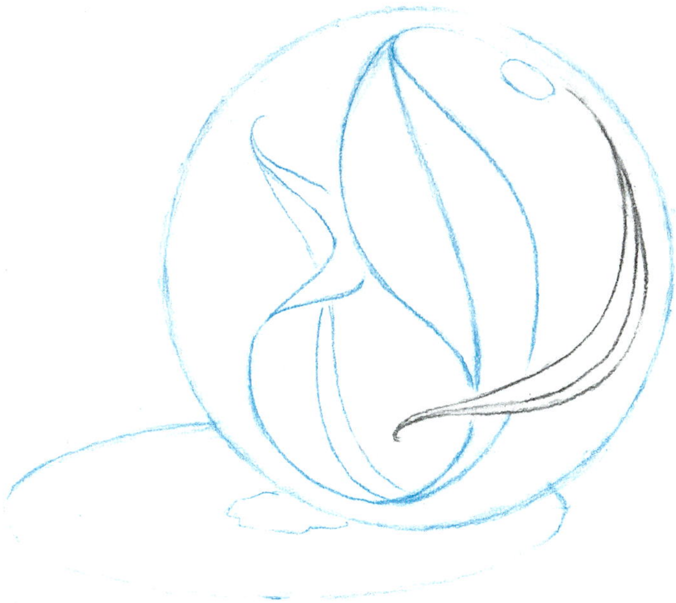

5 Im rechten Bereich einen weiteren Schnörkel einzeichnen, der vor den beiden anderen liegt.

Zum Schraffieren den Stift flach aufsetzen und mit geringem Druck hin- und herbewegen.

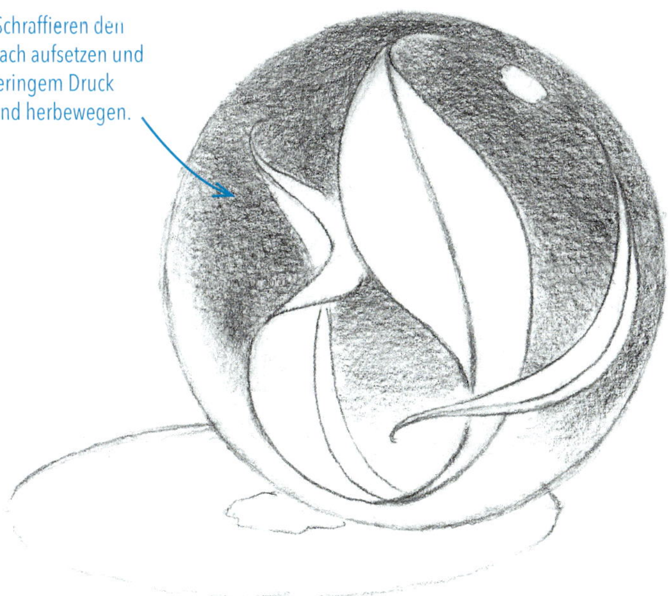

6 Nun das Innere des Kreises schattieren. Dabei den Lichtreflex und die Schnörkel aussparen.

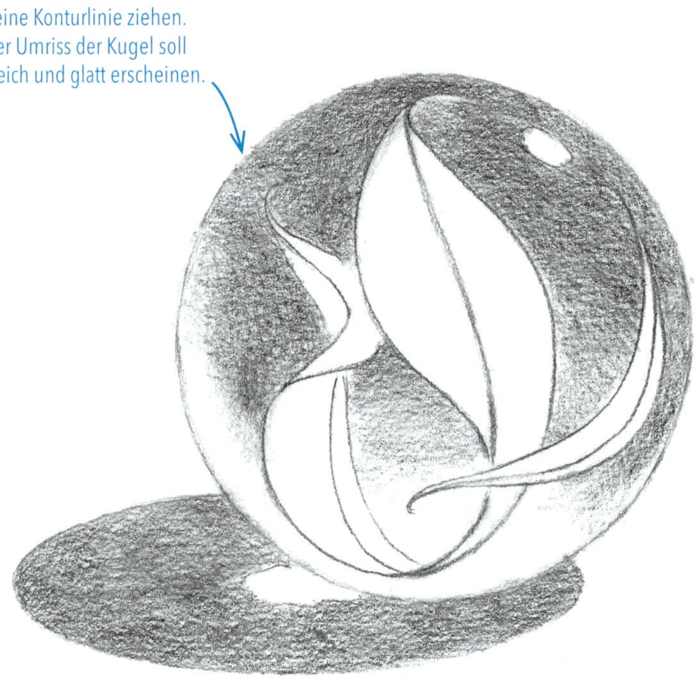

7 Den elliptischen Schlagschatten mit lockeren, weichen waagerechten Strichen schraffieren. Der Lichtreflex unter der Murmel bleibt weiß.

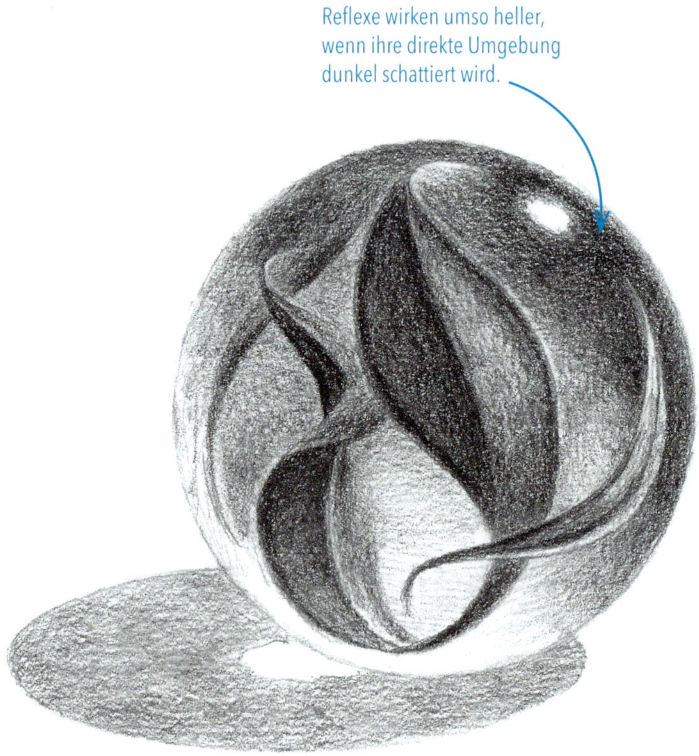

8 Die Schnörkel mit Hell-Dunkel-Verläufen schraffieren. Dabei die Konturen dunkler eintönen, um sie zu betonen. Den Bereich um den oberen Lichtreflex weiter abdunkeln.

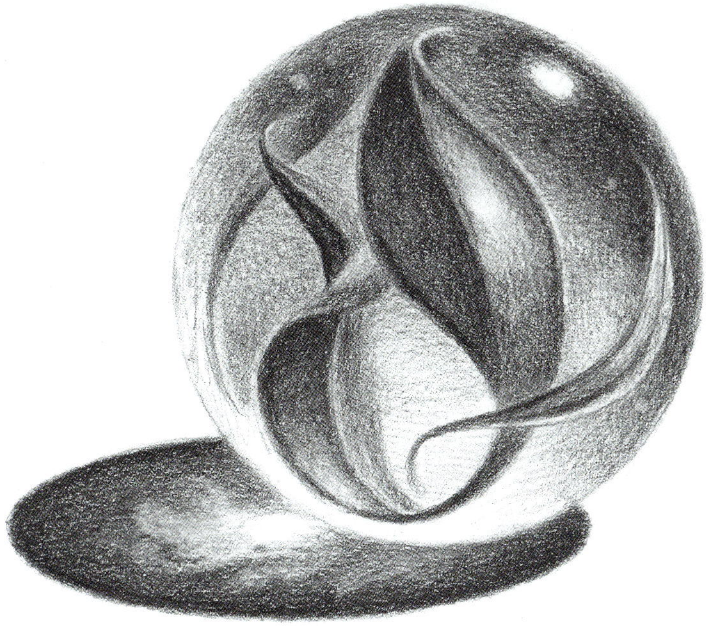

Den Radiergummi kneten, wenn die Spitze durch Grafit verunreinigt ist.

9 Den äußeren Bereich des elliptischen Schattens abdunkeln. Wo Licht einfällt, muss er heller bleiben.

Ein Ende des Knetradiergummis flach drücken und den hellen Bereich des Schattens unregelmäßig vergrößern. Es soll der Eindruck entstehen, dass das Licht diffus durch die Schnörkel im Inneren der Murmel fällt und dadurch gestreut und gebrochen wird.

Mit einer dünnen Spitze des Knetradiergummis kleine Punkte auf der Murmel aufhellen. Sie stellen Luftbläschen im Glas dar.

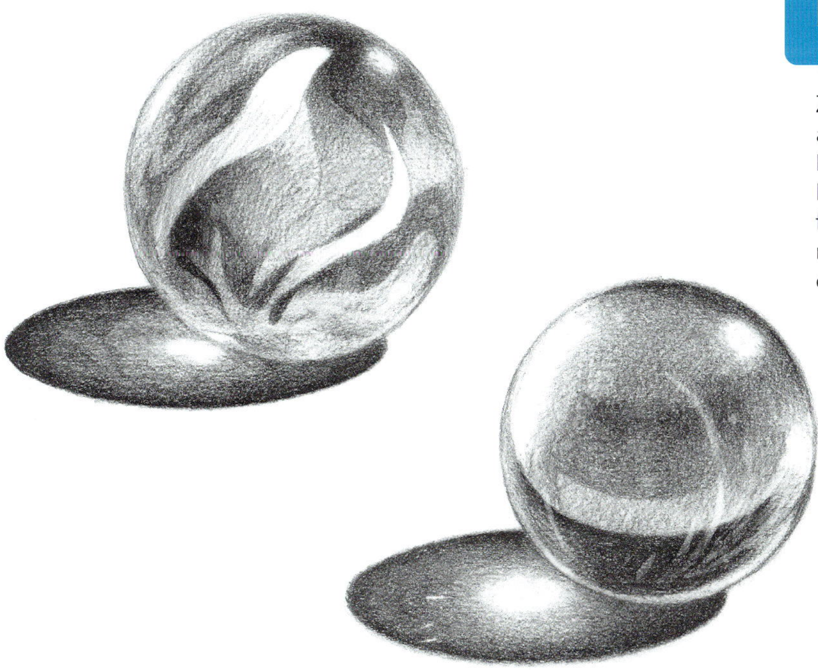

EXTRAAUFGABE

Zeichne weitere Murmeln mit anderen Schnörkeln im Inneren. Du kannst dich an Bildern im Internet orientieren. Vielleicht findest du auch auf einem Flohmarkt hübsche Exemplare, die du als Vorlage benutzen kannst.

NACHTHIMMEL

LEVEL ●●●○○ ANZAHL DER SCHRITTE: 9

Die dunklen Tonwerte dieser Nachtszene an einem See entstehen durch mehrere Schichten von Schraffuren. Weiche Konturen und fließende Übergänge vermitteln die ruhige Atmosphäre der Szene, und der Himmel erscheint durch den Kontrast zu den hellen Sternen noch dunkler. Weil es hier vor allem um den Himmel geht, kannst du die Baumreihe gern verändern.

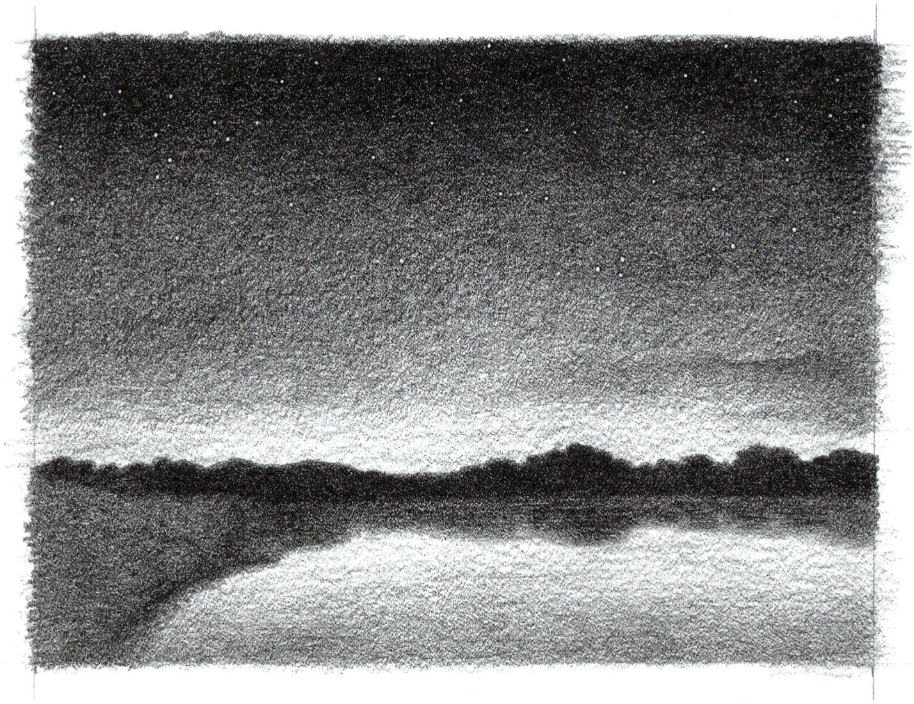

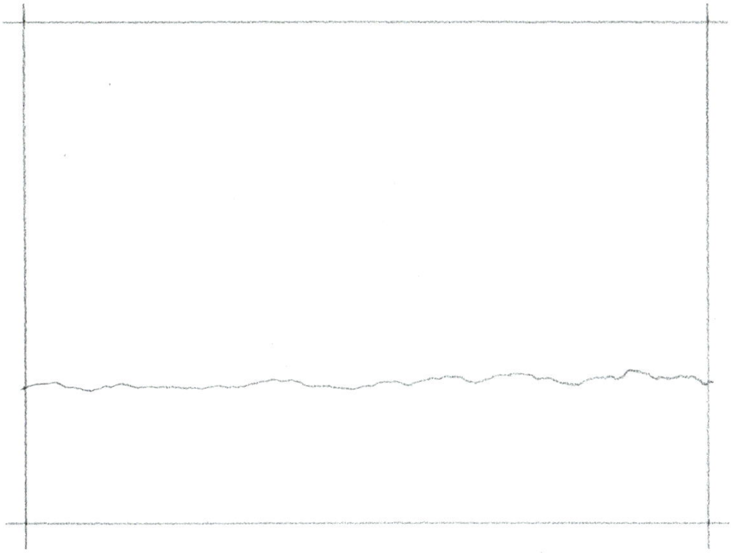

1 Zuerst ein Rechteck von 13 cm × 18 cm zeichnen. Etwa 4 cm oberhalb der Unterkante die unregelmäßige Kontur der Baumreihe mit einer buckligen, unregelmäßig gewellten Linie andeuten.

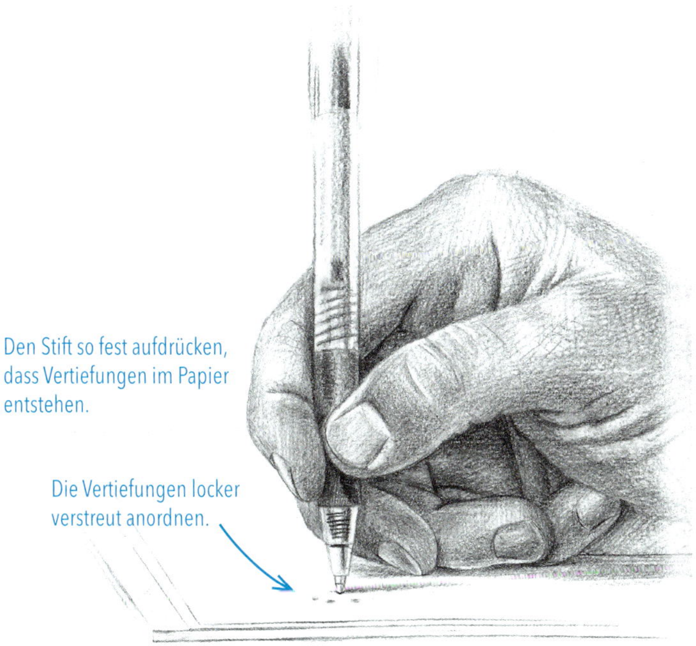

2 Für die Sterne werden vorab Vertiefungen in das Papier gedrückt. Dafür Zeichenkarton oder mehrere Bögen Kopierpapier unter das Zeichenpapier legen und die Zeichnung mit einem dünnen Blatt Kopierpapier bedecken. Sie sollte durch das Papier hindurch noch zu erkennen sein. Mit der Spitze eines Kugelschreibers im Bereich des Himmels für jeden Stern einen Punkt zeichnen. Dabei sehr fest aufdrücken, damit Vertiefungen im Zeichenpapier entstehen.

3 Den Bleistift flach aufsetzen und die obere Hälfte der gesamten Bildfläche mit waagerechten Strichen gleichmäßig in einem mittleren Grauton schraffieren.

Den Himmel möglichst gleichmäßig schraffieren. Kleine Unregelmäßigkeiten können jedoch im nächsten Arbeitsgang ausgeglichen werden.

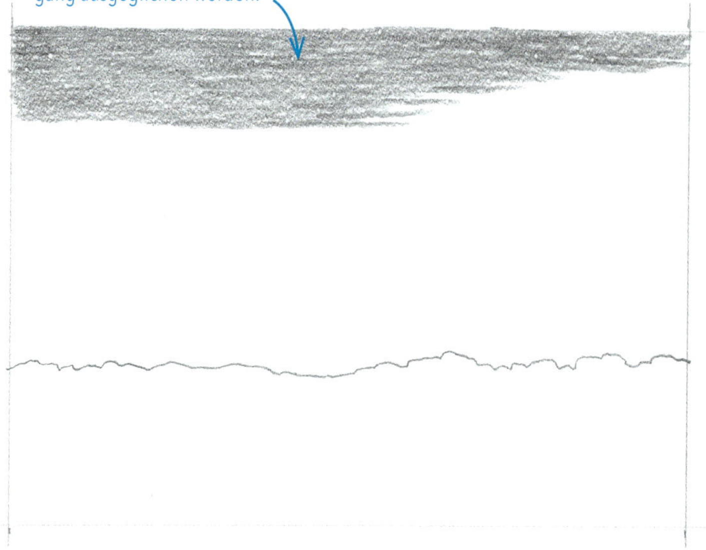

BEGRIFF

Dunkle Tonwerte entwickelt man am besten in mehreren **Schichten.** Für jede Schicht den Winkel der Striche verändern und mit etwas stärkerem Druck arbeiten.

4 Nun die untere Bildhälfte ebenso schraffieren. Dabei den Druck allmählich verringern, sodass der Grauton heller wird. Wenn der Wechsel zwischen dem dunklen und dem hellen Bereich zu abrupt erfolgt, einzelne hellere Striche nochmals schraffieren, um ihren Tonwert anzugleichen.

Den Bleistift etwa 7 cm oberhalb der Spitze festhalten.

Ein Blatt Kopierpapier unter die Arbeitshand legen, um die Zeichnung nicht versehentlich zu verwischen.

5 Nun nur den Himmel nochmals schraffieren, um ihn abzudunkeln. Dabei werden die ersten Sterne sichtbar, weil in die vertieften Stellen kein Grafit gelangt. Diese zweite Schraffur wird zum Horizont (die Baumreihe) hin allmählich heller.

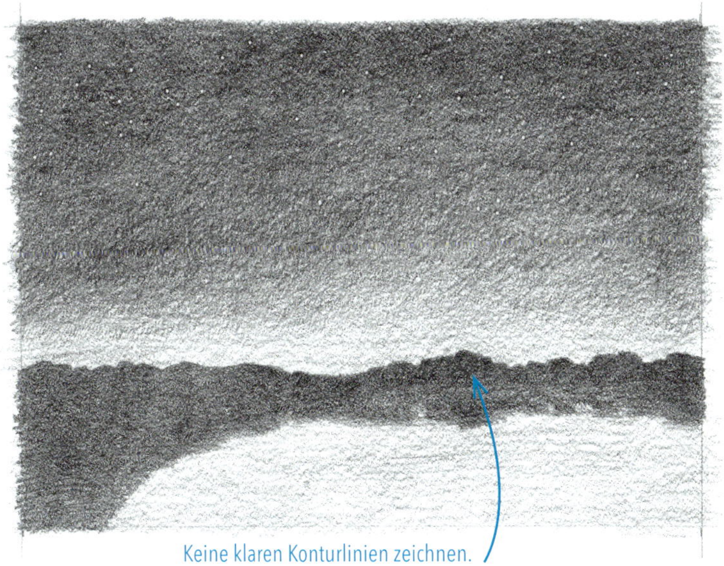

6 Die Bäume und das Seeufer so dunkel eintönen wie den oberen Himmel. Der untere Bereich dieses Bildelements stellt die Spiegelungen der Bäume im Wasser dar. Seine Konturen verlaufen also fast symmetrisch zu den oberen, sind aber insgesamt weicher. Jede Spitze in der Baumreihe findet ihr Gegenstück in der Kontur der Spiegelung.

7 Die Baumreihe links im Bild mit einer dritten Schraffur überarbeiten. Mit kurzen Strichen die Bäume und den welligen Boden vor ihnen herausarbeiten. Das Land direkt am Seeufer leicht abdunkeln.

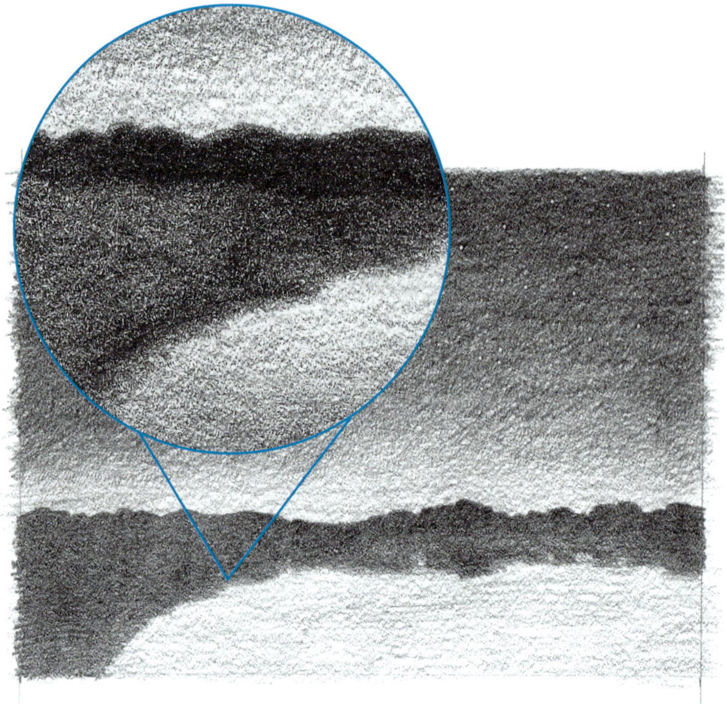

8 Für die restliche Baumreihe denselben dunklen Grauton verwenden wie im vorherigen Schritt. Dabei nur die Baumreihe oberhalb des Seeufers überarbeiten, die Spiegelung im Wasser bleibt etwas heller. Die Umrisse sollen weiterhin weich bleiben. Den Knetradiergummi zu einer flachen Spitze formen und über die Spiegelungen ziehen. Dadurch wird das Schimmern des Sternenlichts auf dem Wasser angedeutet.

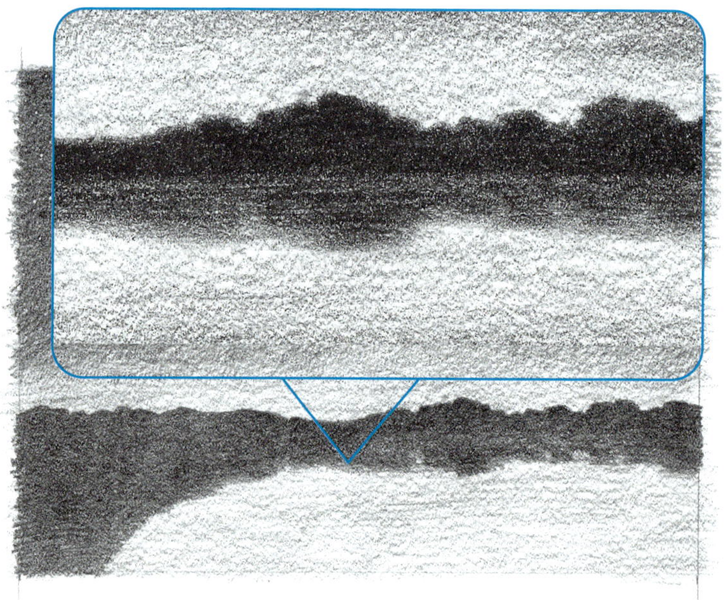

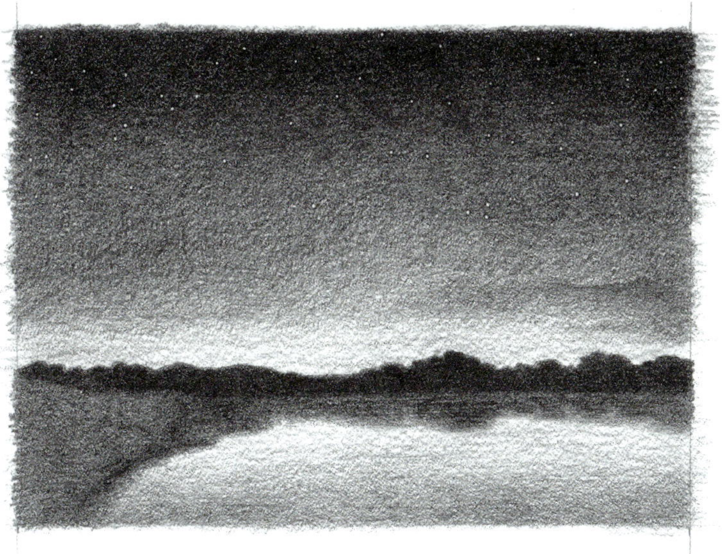

9 Den oberen Himmel nochmals so abdunkeln, dass sein Grauton der Baumreihe entspricht. Unbedingt auf einen fließenden Übergang zum mittleren Grauton weiter unten achten.

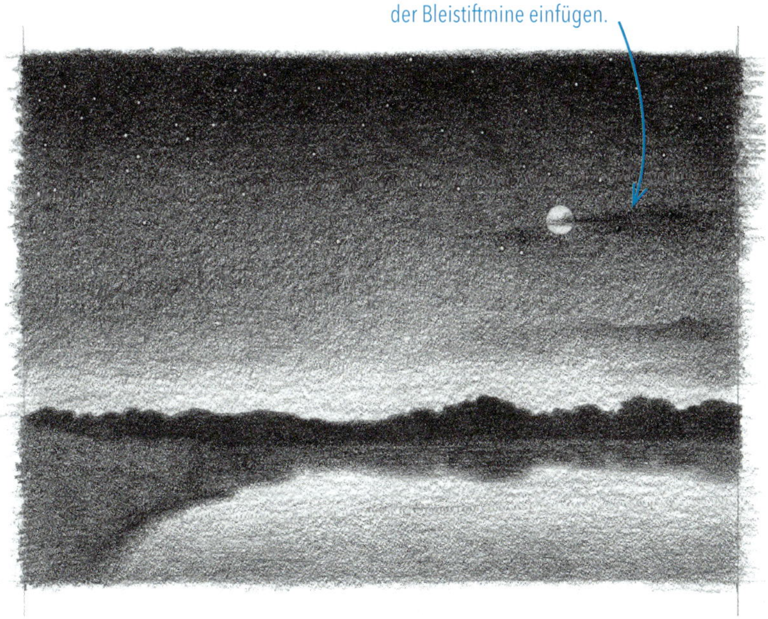

EXTRAAUFGABE

Für den Vollmond mit einem Locher ein Loch in ein Reststück Zeichenkarton stanzen. Das Papier mit dem Loch auf die Zeichnung legen. Das Loch liegt im rechten Bildbereich etwa in der Mitte zwischen Horizont und Bildoberkante. Das Papier mit einer Hand gut festhalten und mit einem Knetradiergummi mehrmals in verschiedenen Richtungen über das Loch streichen, um nur in diesem Bereich den Grafit möglichst vollständig zu entfernen. Die Radierschablone entfernen und die Wolkenfahnen vor dem Mond andeuten.

GABEL

LEVEL ●●●○○ ANZAHL DER SCHRITTE: 5

Alltagstauglich ist eine Gabel erst, wenn ein Ende gut in der Hand liegt und das andere mundgerecht geformt ist. Das leicht geschwungene Esswerkzeug hat eine lineare Achse. Zeichnerisch interessant sind die Wiederholung der Zinken, die Verjüngung des Stiels und die glänzende Oberfläche. Diese Gabel sieht aus, als ob man sie direkt vom Papier aufnehmen könnte.

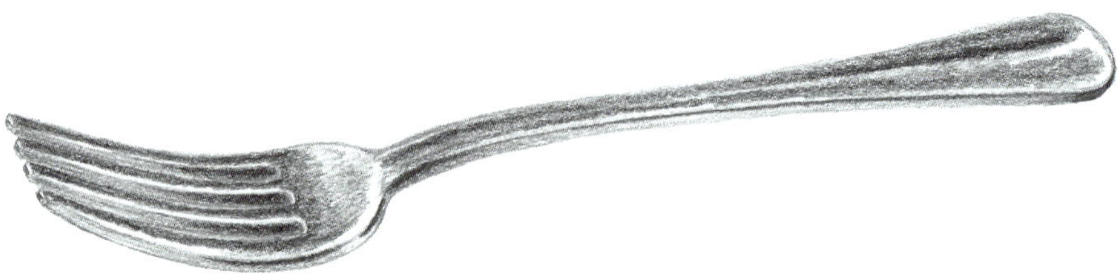

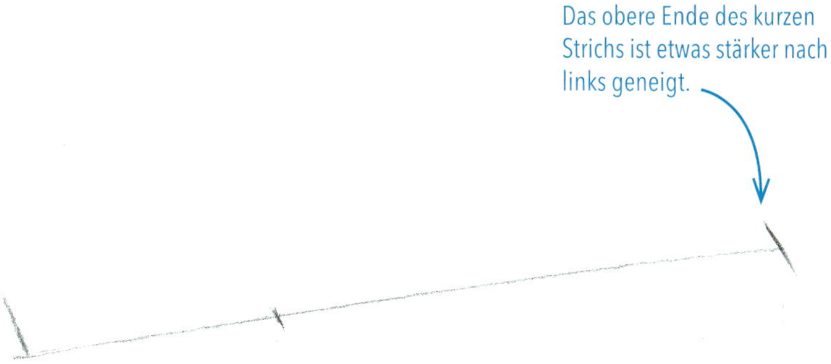

1 Mit einer 18 cm langen schrägen Konstruktionslinie beginnen. Der kurze Strich links markiert das Ende der Zinken. Der kurze Strich (bei einem Drittel der Gesamtlänge) kennzeichnet den Übergang zwischen dem Stiel und dem gerundeten Unterteil. Der obere Strich gibt den Winkel am Ende des Stiels vor.

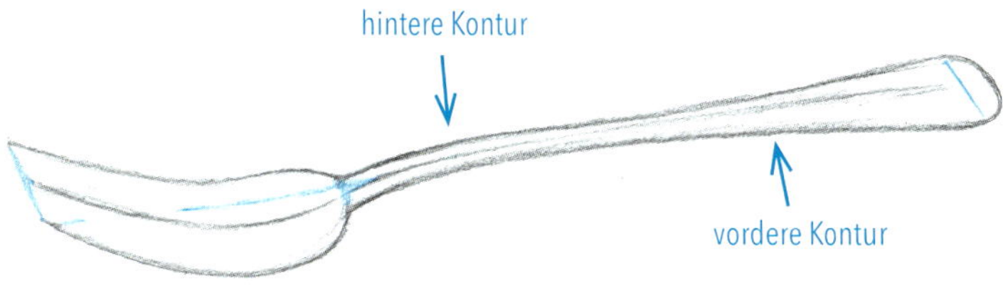

2 Die geschwungene Mittellinie zeichnen. Sie beginnt in der Mitte der Zinken und endet in der Mitte des Griffendes. Die vordere Kontur des Stiels ist etwas weiter von der Mittellinie entfernt als die hintere.

3 Die schräge, blasse Hilfslinie am Ansatz der Zinken einfügen, dann die Zwischenräume der Zinken zeichnen. Für die kleinen Bögen am Zinkenansatz das Papier am besten so drehen, dass die Zinken nach unten zeigen.

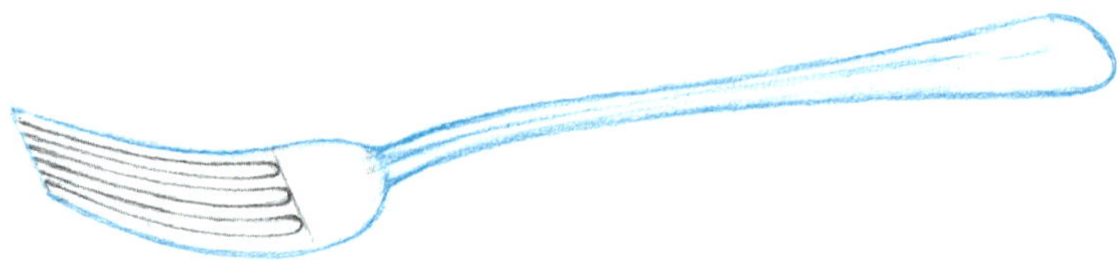

BEGRIFF

Die **Mittellinie** teilt symmetrische Objekte in zwei gleich Hälften. Sie folgt den Höhen und Tiefen der Oberfläche und wirkt ausgeprägter, je näher sie der Seite liegt, die dem Betrachter zugewandt ist.

4 Die vordere Konturlinie sorgfältig ausarbeiten, denn an ihr ist die Stärke des Metalls erkennbar. Sie bildet einen gleichmäßig breiten Streifen entlang der sichtbaren Kante, wird nur am Stielende und am Übergang zwischen Stiel und Gabelkopf schmaler. Die Enden der Zinken sind kleine Parallelogramme. Die Seitenkanten der Zinken ebenso wie die vordere Metallkante und das Stielende schattieren. Die Bögen an der inneren Rundung der Zinken etwas dunkler eintönen.

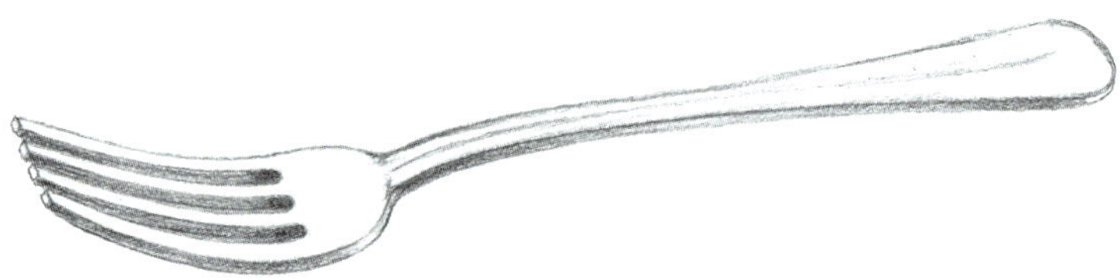

5 Die Oberseiten der Zinken dunkel schattieren, aber die Vorderkanten weiß lassen. Ebenso mit dem Stiel verfahren. Die dunklen Bereiche entlang der Gabelkante intensivieren.

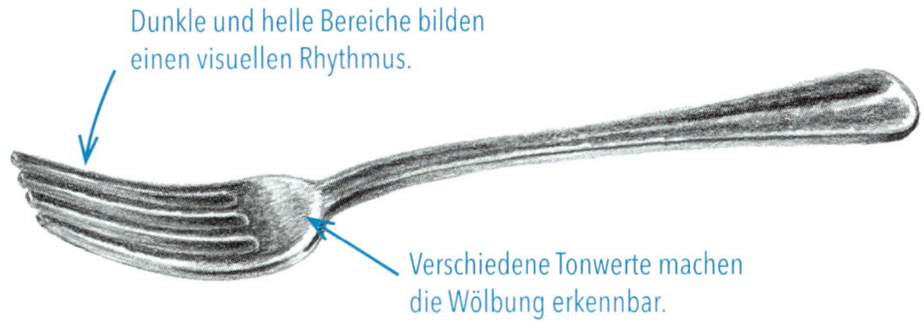

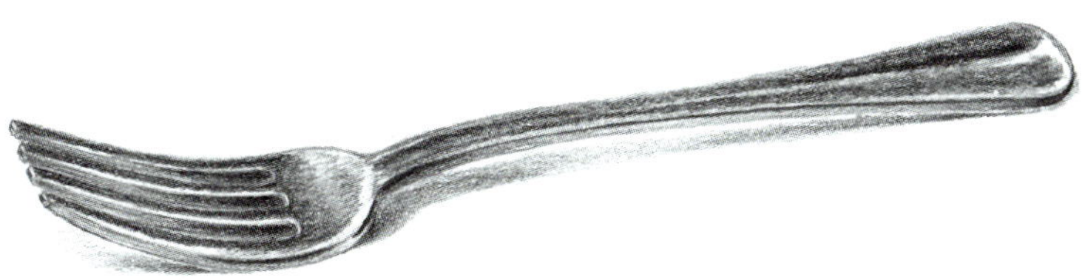

EXTRAAUFGABE

Einen zarten Schatten unter der Gabel hinzufügen. Er ist dort am dunkelsten, wo die Gabel direkt auf der Tischplatte aufliegt. Je größer der Abstand zwischen Gabel und Tischplatte, desto heller wird der Schatten.

STEHENDES KIND

LEVEL ●●●○○ ANZAHL DER SCHRITTE: 9

Am menschlichen Körper lassen sich Proportionen gut erlernen. Der Kopf wird oft als Maßeinheit für den restlichen Körper verwendet. Dieses Mädchen ist etwas mehr als fünf Kopfhöhen groß und hat kindliche Proportionen. In Relation zum Körper ist sein Kopf deutlich größer als bei einer erwachsenen Person.

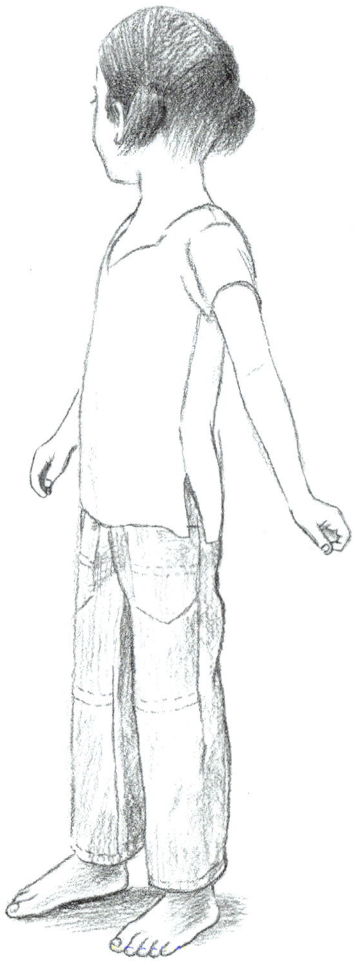

Bei einer stehenden Figur zuerst die Größe in Kopfhöhen ermitteln.

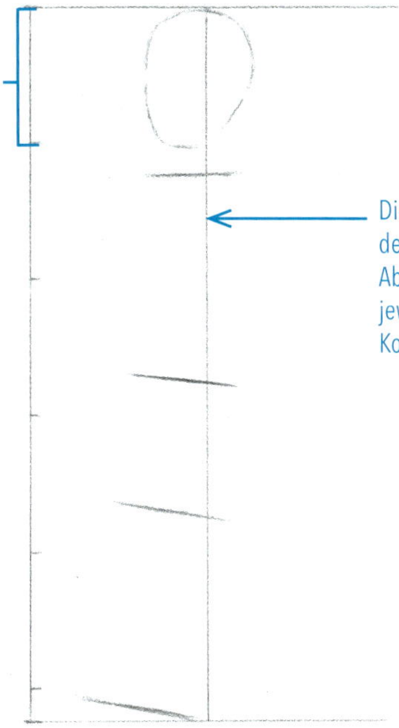

Die Gesamtgröße der Figur wird in Abschnitte von jeweils etwa einer Kopfhöhe gegliedert.

1 Zwei 21 cm lange senkrechte Linien mit 5 cm Abstand zeichnen.

Auf der linken Senkrechten die Kopfhöhen der Figur anzeichnen, hier je 4 cm. Am unteren Ende bleibt 1 cm übrig.

Die rechte Hilfslinie ist die Körperachse der Figur. Auf ihr grob den Kopf sowie die Winkel von Schultern, Hüften, Knien und Füßen in Relation zum Kopf anzeichnen.

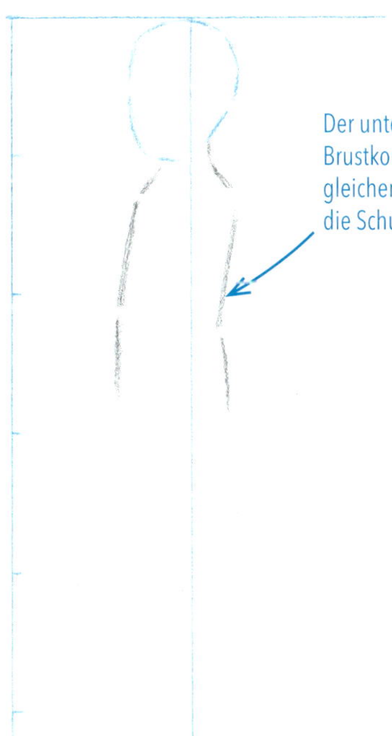

Der untere Rand des Brustkorbs steht im gleichen Winkel wie die Schultern.

2 Die Umrisse von Oberkörper und Hüften mit durchbrochenen Strichen vorzeichnen. Der Bauch entfernt sich schräg von der Körperachse, die Schultern fallen schräg ab, und der Rücken verläuft von der Schulter aus zur Körperachse hin. Der gesamte Körper besteht aus Formelementen, die zur Körperachse hin oder von ihr weg streben.

3 Die Umrisse von Beinen und Füßen skizzieren, dabei nur die Hauptformen und ihre Richtungen erfassen, aber noch keine Details zeichnen. Beim Vorzeichnen geht es normalerweise darum, das Wesentliche einer Form mit möglichst wenigen Strichen auf dem Papier festzuhalten.

BEGRIFF

Vergleichende Maße sind hilfreich zum Zeichnen überzeugender Proportionen. Bei Figuren kann ein kleiner Körperteil (z. B. der Kopf) als Maßeinheit für alle anderen Körperteile verwendet werden.

4 Um die Position der Hand rechts im Bild zu finden, vom Oberkopf drei Kopfhöhen nach unten messen und von der Körperachse eine Kopfhöhe nach rechts.

Die andere Hand liegt eine Kopfhöhe links von der Körperachse knapp unterhalb der Mitte des dritten Segments von oben.

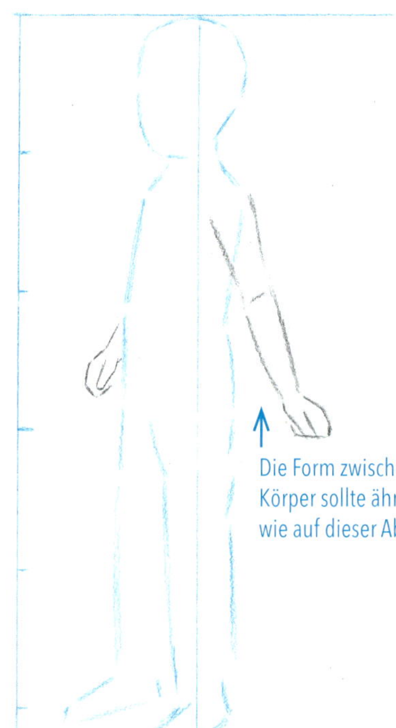

Die Form zwischen Arm und Körper sollte ähnlich aussehen wie auf dieser Abbildung.

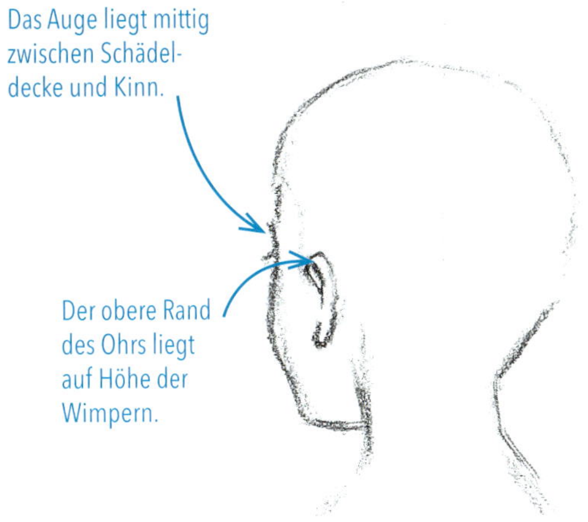

5 Die Linien der Figur mit einem Knetradiergummi aufhellen. Die Radierkrümel mit einer weichen Bürste entfernen.

Die Umrisse des Gesichts mit weichen Linien mit der Bleistiftspitze weich ausarbeiten. Für die kurzen Bögen der Wimpern muss der Stift sehr spitz sein. Die Kontur des Halses deutlicher zeichnen. Die Linie für den Hinterkopf bleibt blass, weil hier noch die Haare eingefügt werden.

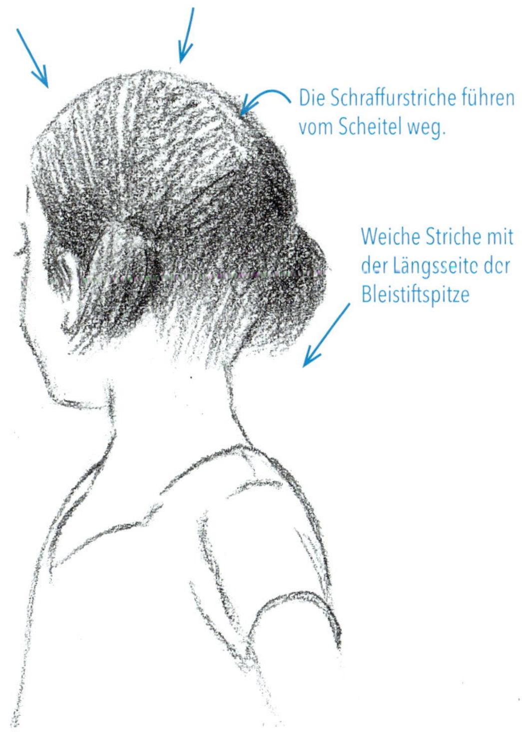

6 Die Haare mit kurzen Strichen schraffieren, aber dabei die Richtungen der Pfeile beachten. Die Rattenschwänze zuerst mit leichten Strichen einzeichnen, dann dunklere Schattierungen einfügen. Die Haare über dem Ohr und am Hinterkopf dunkler eintönen, sodass die Schraffuren insgesamt weicher wirken. Gleichzeitig wird erkennbar, dass sich die Lichtquelle oben links befindet. Die Konturen des Halses und den Ausschnitt des Shirts zeichnen.

7 Die Konturen von Brust, Shirt, Armen und Händen zeichnen. Dabei genau darauf achten, wo die Linien dunkel, dünn, blass oder gebrochen sind. Dunkle Linien beschreiben extreme Richtungsänderungen oder enge Zwischenräume. Mit dünnen Strichen werden elegante Kurven und Details angedeutet. Blasse Striche kennzeichnen weiche oder schattierte Bereiche. Lücken in den Strichen vermitteln Leichtigkeit oder helfen, komplexe Bereiche wie Hände und Gesicht zu vereinfachen.

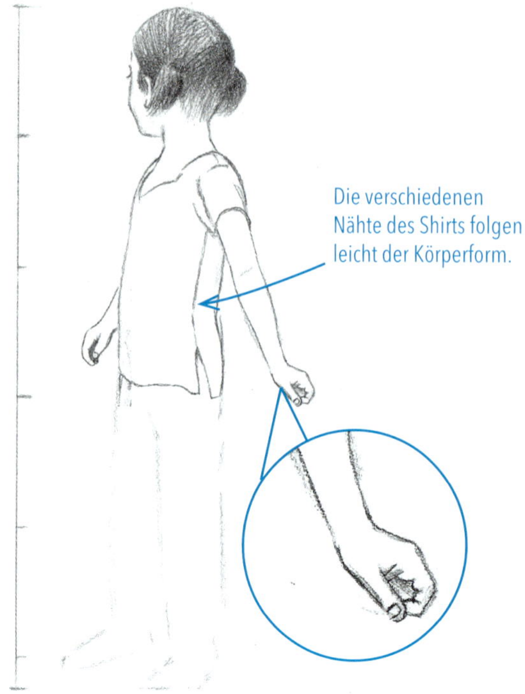

8 Die Umrisse der Hose zeichnen. Nähte und Steppereien mit gestrichelten Linien einfügen, die der zylindrischen Form der Beine folgen. Die rechte Seite mit weichen senkrechten Strichen schattieren.

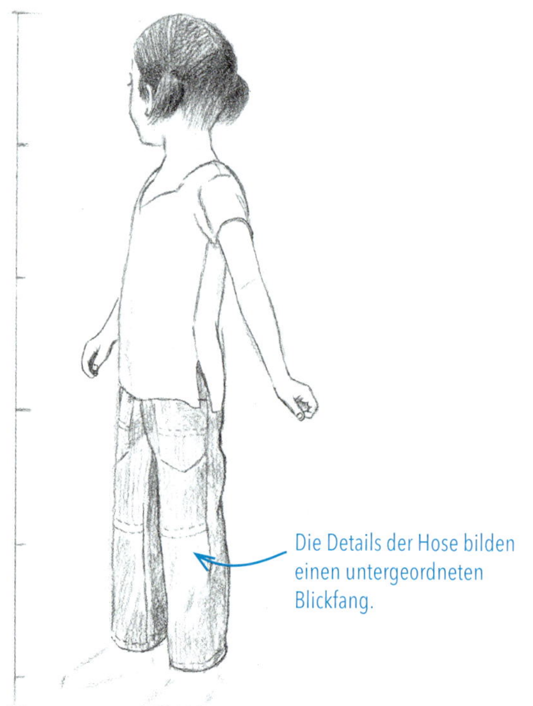

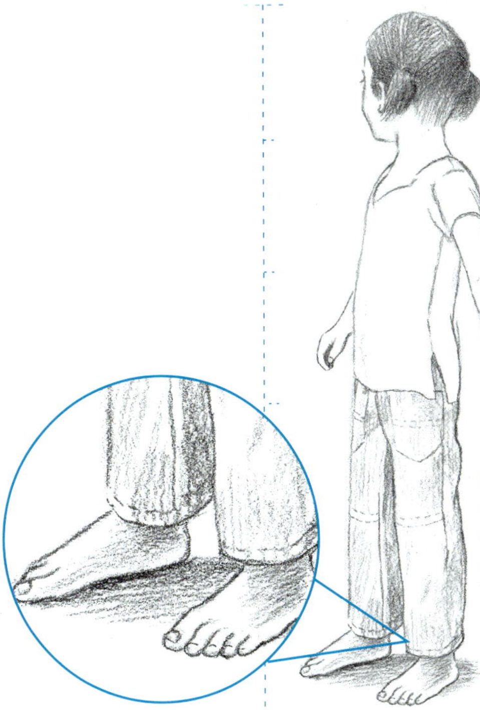

Die Füße tragen das Gewicht des Mädchens. Sie werden direkt unterhalb des Kopfes platziert.

9 Die Umrisse der Füße und Zehen zuerst blass vorzeichnen, dann deutlicher mit einem spitzen Bleistift ausarbeiten. Zwischendurch das Bild aus etwas Abstand (etwa eine Armlänge) begutachten und die Zehen bei Bedarf noch einmal ausradieren und korrigieren.

Die Maßlinie am linken Bildrand ausradieren.

EXTRAAUFGABE

Licht- und Schattenbereiche sind mit leicht zusammengekniffenen Augen besser zu erkennen.

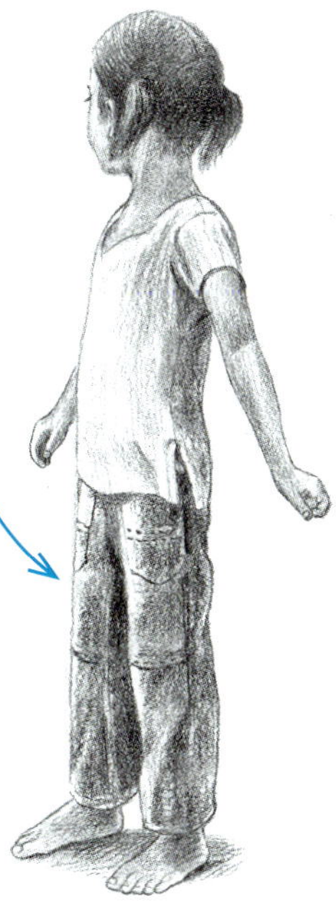

Die gesamte Haut zart eintönen und die Schatten weiter ausarbeiten. Die dunkelsten Bereiche befinden sich an der Seite, die dem Betrachter zugewandt ist, und am Hinterkopf. Die verschiedenen Texturen und Tonwerte von Shirt und Hose verfeinern. Mit einer groben Kreuzschraffur einen Schatten unter den Füßen hinzufügen.

SPORTWAGEN

LEVEL ●●●○○ ANZAHL DER SCHRITTE: 9

Neben Figuren zählen Fahrzeuge wohl zu den interessantesten, gleichwohl nicht ganz einfachen Motiven. Das liegt an den Rädern, den Proportionen und den vielen technischen Details. Das Aussehen des Fahrzeugs gibt immer Aufschluss über den Zweck, für den es gebaut wurde. Dieser Wagen soll sogar an einer roten Ampel eindrucksvoll und schnell wirken.

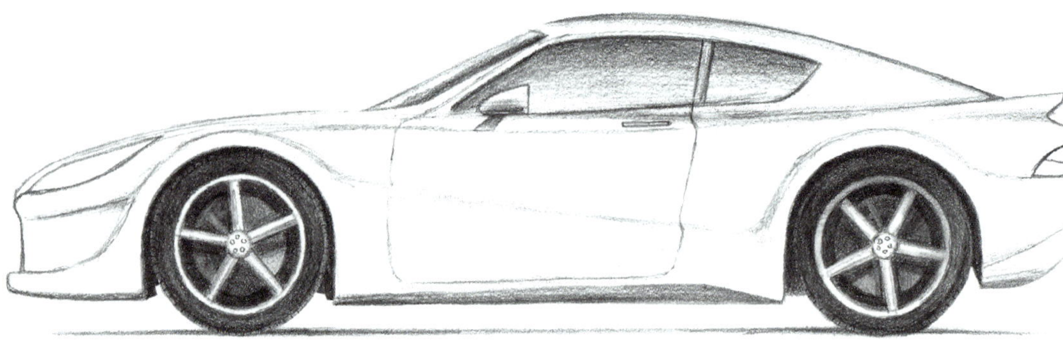

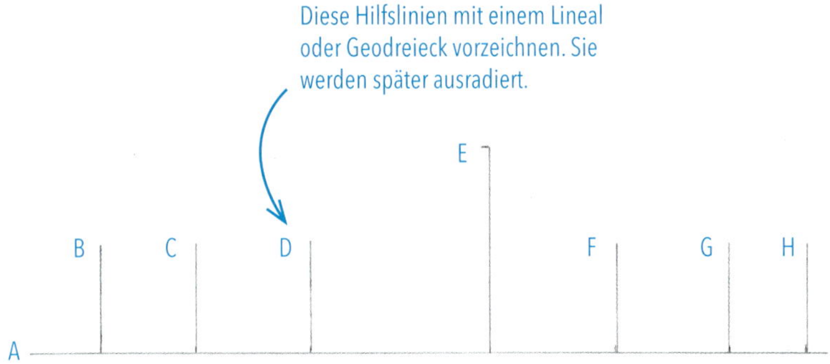

1 Zeichnen Sie mit einem Lineal eine waagerechte Grundlinie, die 25,75 cm lang ist. (Die Länge des Fahrzeugs von vorne nach hinten beträgt 23,5 cm.) Markieren Sie die Position der Vorderseite des Fahrzeugs (**B**) 1,25 cm vom linken Endpunkt der Grundlinie entfernt. Markieren Sie die folgenden Punkte von der Vorderseite der Kabine (**B**) aus:

C = 3,25 cm

D = 7 cm

E = 6,25 cm hoch, in der Mitte der Grundlinie

F = 17,25 cm

G = 21 cm

H = 23,5 cm

(Alle Maße vom vorderen Ende aus gemessen.)

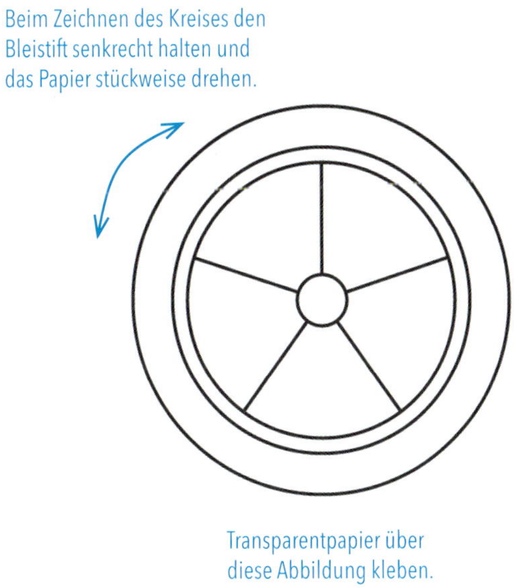

2 Diese Abbildung des Rades sorgfältig kopieren. Dafür ein Stück Transparentpapier mit Malerkrepp über der Abbildung fixieren und das Rad durchpausen.

3 Nun das Rad auf das Zeichenpapier übertragen. Dafür das Transparentpapier umdrehen, sodass die gezeichnete Seite unten liegt, und zwischen die Hilfslinien **C** und **D** legen. Mit dem Daumennagel über die Linien streichen, um den Grafit vom Transparentpapier auf das Zeichenpapier zu übertragen. Dasselbe zwischen den Punkten **F** und **G** wiederholen.

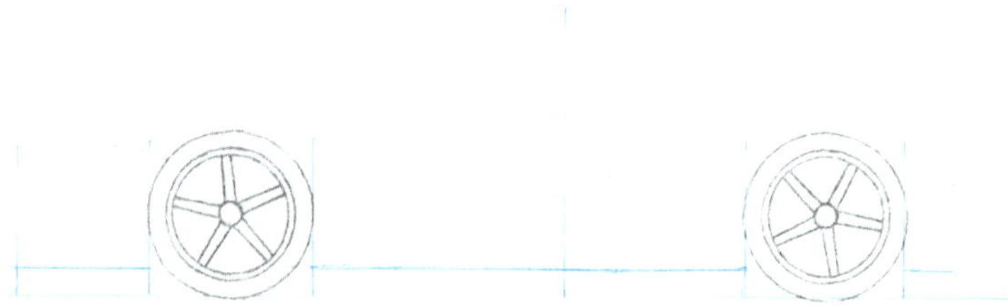

BEGRIFF

Mit der **Transfermethode** lassen sich kompliziertere Bildelemente mehrmals identisch in einer Zeichnung wiederholen. Es ist sinnvoll, solche Elemente aus freier Hand auszuarbeiten, damit sie nicht zu konstruiert wirken.

4 Nun den Umriss des Autos zeichnen. An der vorderen Stoßstange beginnen, zum Rad einen kleinen Abstand lassen. Die Front startet senkrecht und führt knapp unterhalb der Höhe des Reifens in einen Bogen zur Motorhaube. Ein kleines Stück rechts vom Vorderrad anhalten.

Nun die hintere Rundung zeichnen. Sie beginnt knapp oberhalb des Trittbretts zwischen den Rädern.

Um die Umrisslinien weich und flüssig auszuführen, den Stift in größerem Abstand zur Spitze festhalten.

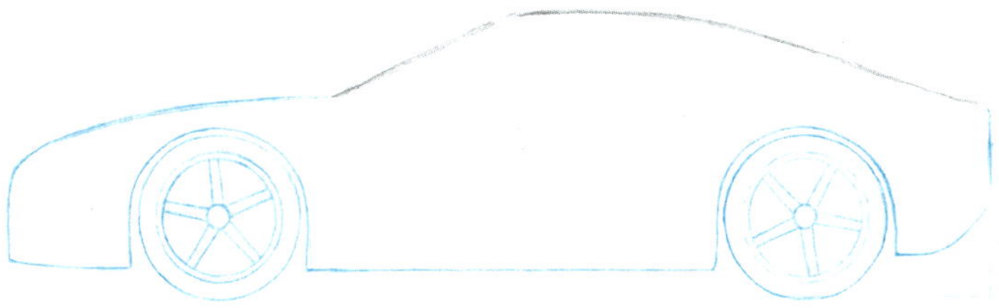

5 Den Bleistift an die Windschutzscheibe dieser Abbildung legen, um dir den Winkel einzuprägen. Dann die Windschutzscheibe von vom oberen Ansatz abwärts zeichnen. Den Winkel zur Motorhaube hin nicht verändern, sondern die Haube so verlängern, dass sie an die Windschutzscheibe stößt.

Anschließend ebenfalls von der oberen Mitte das hintere Dach des Autos in einem Zug bis zum Heckspoiler zeichnen und mit einer senkrechten Linie am Heck enden.

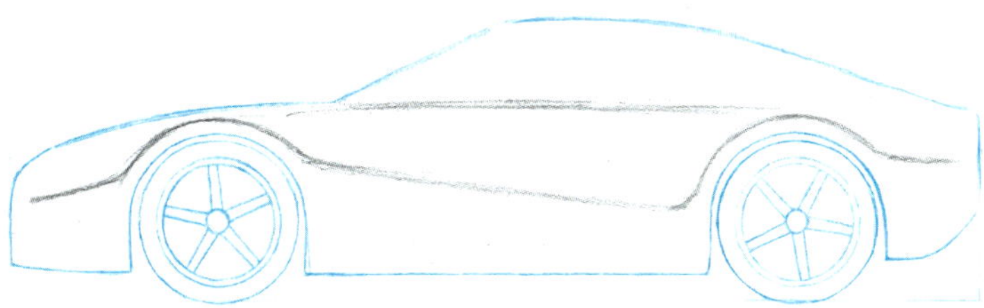

6 Mit einem weichen Strich die Unterkante der Fenster einfügen. Dann das Seitenprofil andeuten. Es verläuft von hinten nach vorn schräg aufwärts über die Seite des Wagens und beschreibt Bögen über den Rädern.

7 Die Fenster mit einem spitzen Bleistift detailliert ausarbeiten. Alle noch sichtbaren Konstruktionslinien ausradieren.

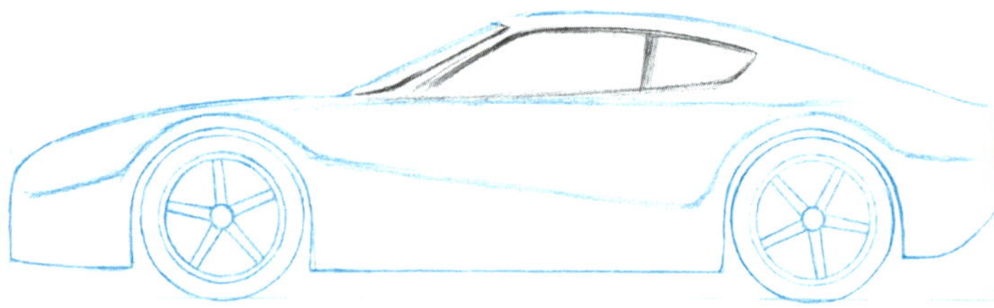

8 Die Abbildung zeigt im Uhrzeigersinn die verschiedenen Stadien, in denen die Räder schattiert werden:

1. Nur die Ränder schraffieren.
2. Gleichmäßig eintönen.
3. Schatten abdunkeln.
4. Reflexe mit einem Knetradiergummi gestalten.
5. Details ausarbeiten.

Den Zwischenraum zwischen Reifen und Kotflügel tiefschwarz schattieren.

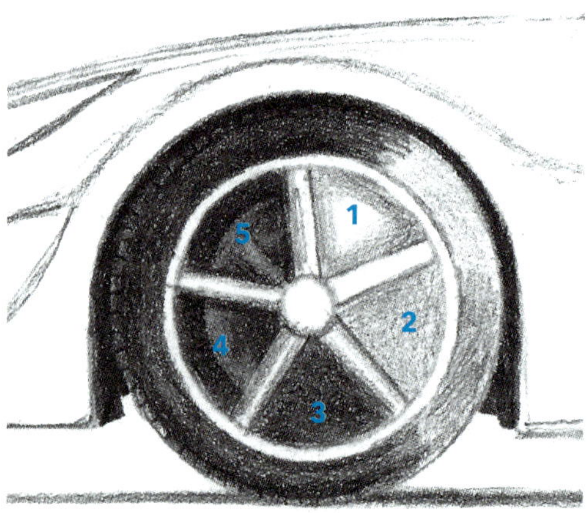

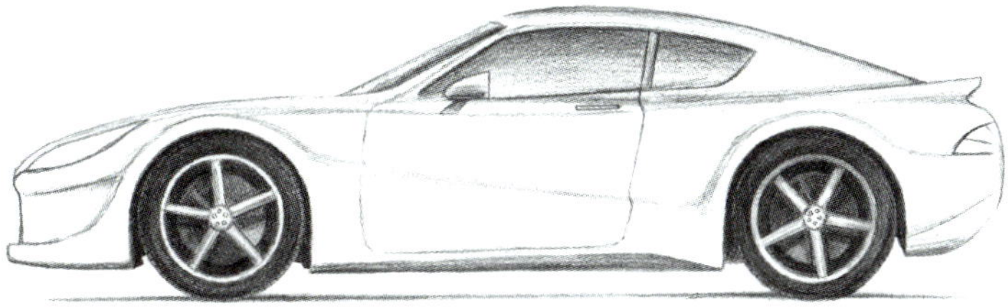

9 Beim Schattieren der Fenster auf den Tonwertübergang – oben dunkler als unten – achten. Die Scheinwerfer und die Stoßfänger detailliert ausarbeiten.

Tür, Türgriff, Rückspiegel und Scheinwerfer / Rücklichter einzeichnen. In der Mitte jedes Rads fünf Radmuttern andeuten. Zuletzt den Schatten unter dem Wagen hinzufügen.

EXTRAAUFGABE

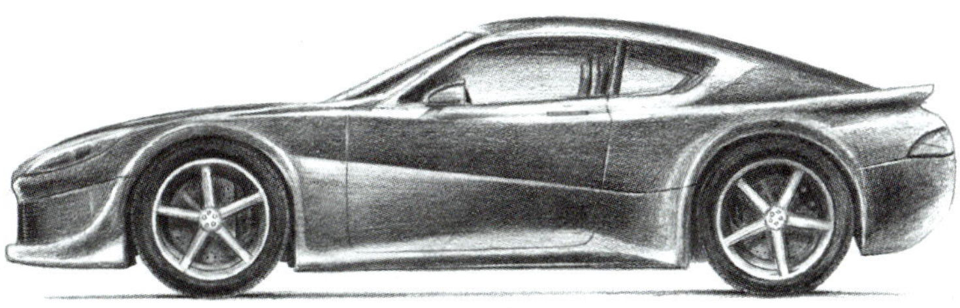

Die glänzenden Oberflächen des Wagens schattieren, dabei auf fließende Tonwertverläufe achten. Hinter den Felgen die Bremsen andeuten. Kopfstützen einzeichnen. Lichter mit einem Knetradiergummi aufhellen, sodass die Veränderungen in Form und Oberfläche noch deutlicher erkennbar werden. Tiefer liegende Flächen nochmals abdunkeln.

KOALAS

LEVEL ●●●○○ ANZAHL DER SCHRITTE: 5

Die sympathischen Koalas ernähren sich von Eukalyptusblättern und schlafen gern an einem schattigen Plätzchen.

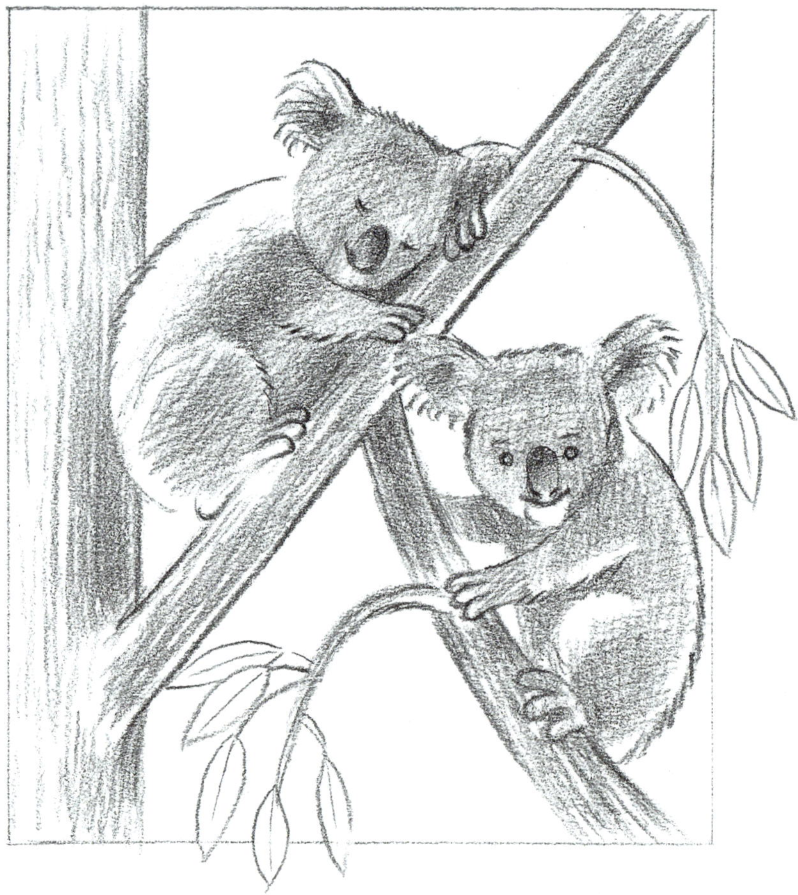

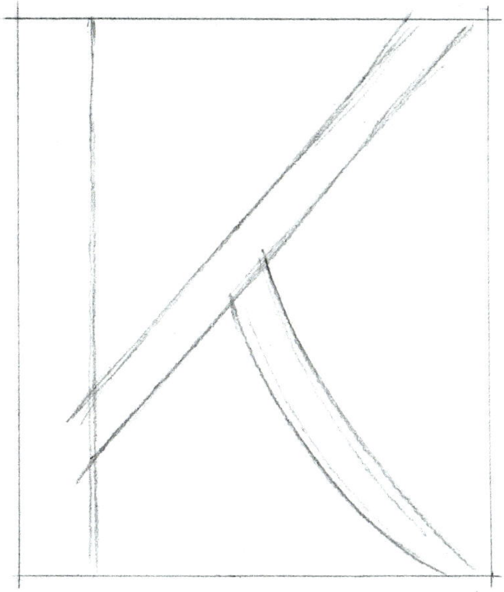

1 Zuerst ein Rechteck von 8 cm Breite und 10 cm Höhe vorzeichnen. Darin mit einfachen Linien den Baum und seine Zweige skizzieren.

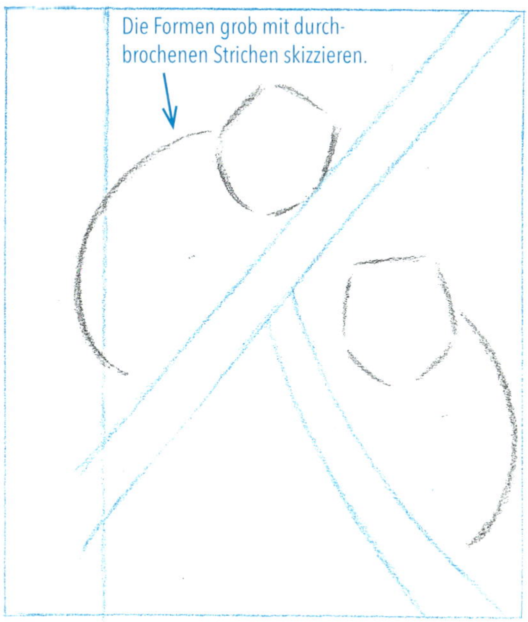

2 Die Grundformen der Köpfe und Körper der Koalas grob skizzieren. Beide Köpfe sind annähernd fünfeckig.

3 Gesichter, Füße und Fell hinzufügen. Die Striche sollen möglichst dünn und zart sein. Die Tiere wirken weich, weil die Striche mit leichter Hand mehrmals gezeichnet werden. Die Haare an den Ohrenrändern mit kurzen Schraffuren andeuten. Die ovalen Nasen einzeichnen und durch einen Tonwertverlauf plastisch modellieren.

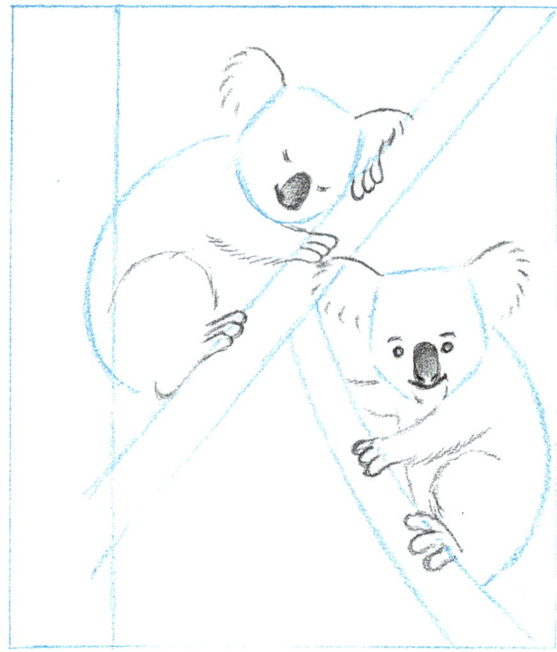

BEGRIFF

Von **Integrität** spricht man, wenn in einer Zeichnung Formen, Linien und Schattierungen ein stimmiges Ganzes bilden und keins dieser Elemente zu stark dominiert.

4 Zweige und Blätter des Eukalyptusbaums zeichnen.

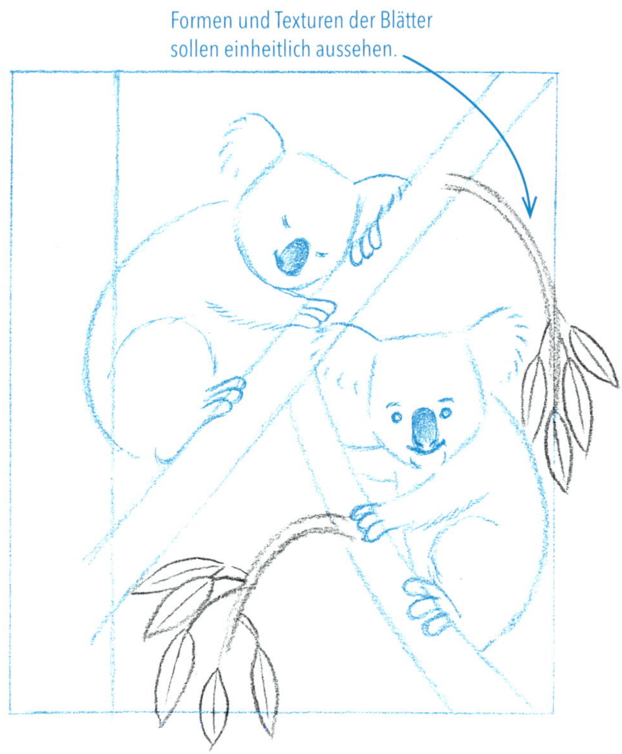

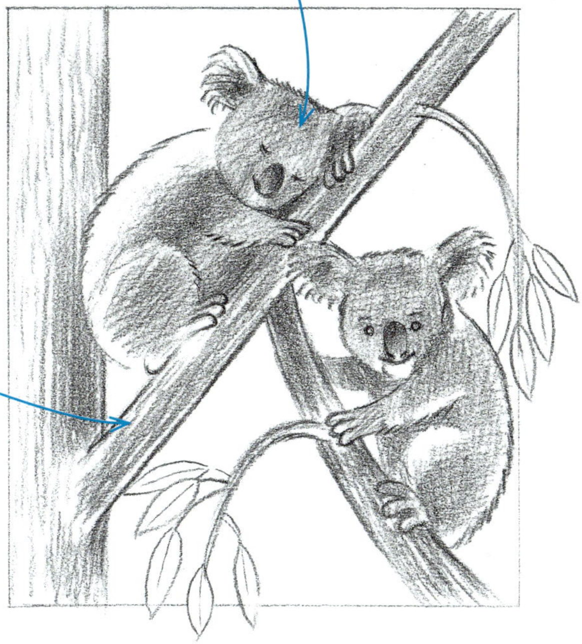

5 Beim Schattieren der Koalas und des Baums sowohl die plastischen Formen als auch die Texturen herausarbeiten, damit das Bild abwechslungsreich wirkt. Das Fell mit weichen Kreuzschraffuren ausarbeiten. Die Schraffuren der Äste und des Stamms mit langen Strichen in Wuchsrichtung ausführen. Die Umrisse der Koalas stricheln, um das weiche Fell darzustellen.

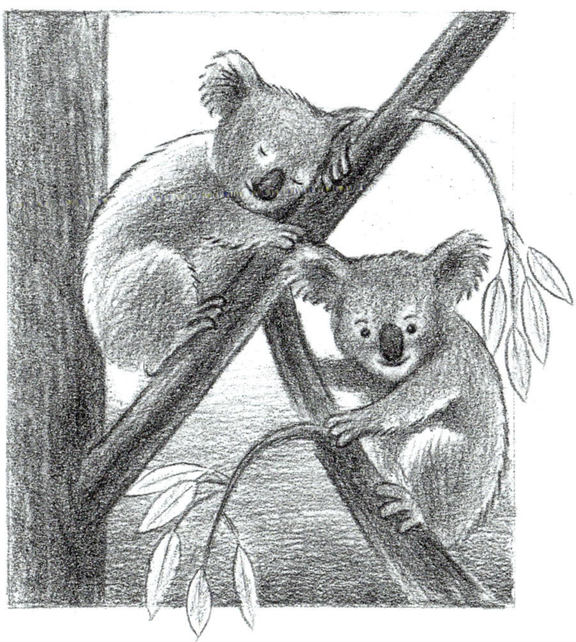

EXTRAAUFGABE

Durch weitere weiche Schattierungen die Illusion von Lichteinfall und Textur noch verstärken. Zuerst das Fell der Tiere mit Kreuzschraffuren überziehen, aber nicht bis an die Konturen. So entsteht der Eindruck, als ob das Fell das diffuse Sonnenlicht reflektiert. Den unteren Hintergrund mit einem Tonwertverlauf schraffieren, sodass sich die Blätter stärker hervorheben. Die Umgebung von Augen und Mäulern mit einem Knetradiergummi aufhellen, dann die Gesichtszüge detailliert ausarbeiten.

FALTER & BLÜTE

LEVEL ●●●○○ ANZAHL DER SCHRITTE: 9

Schmetterlinge faszinieren durch ihre Metamorphose, aber auch durch ihre lebhaften Bewegungen und die Art, wie sich die Form je nach Blickwinkel verändert. In dieser Übung geht es um die Anatomie dieser schönen Insekten und um die zeichnerische Darstellung von überaus zarten Naturmotiven wie Schmetterlingsflügeln und Blütenblättern.

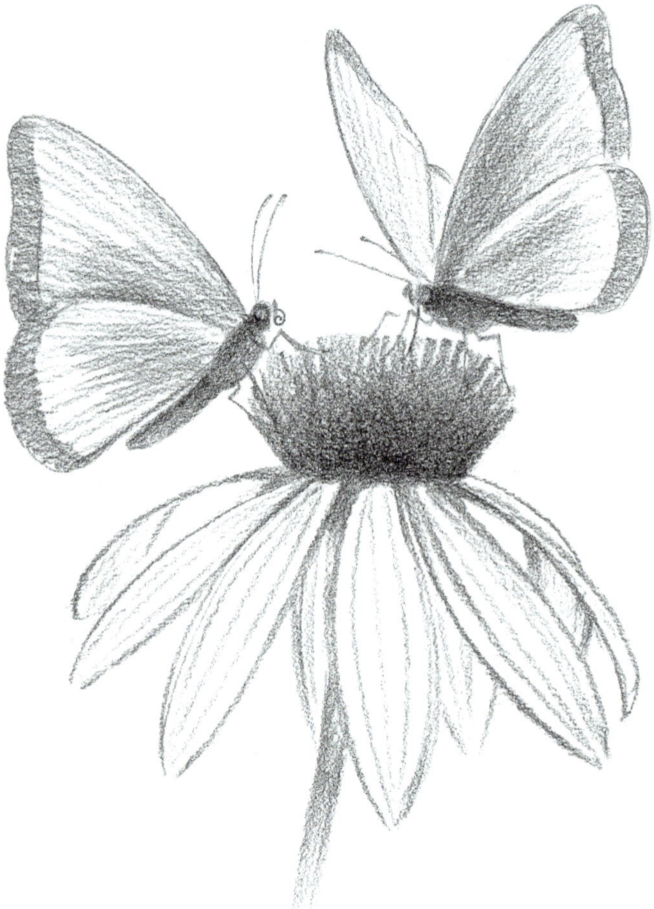

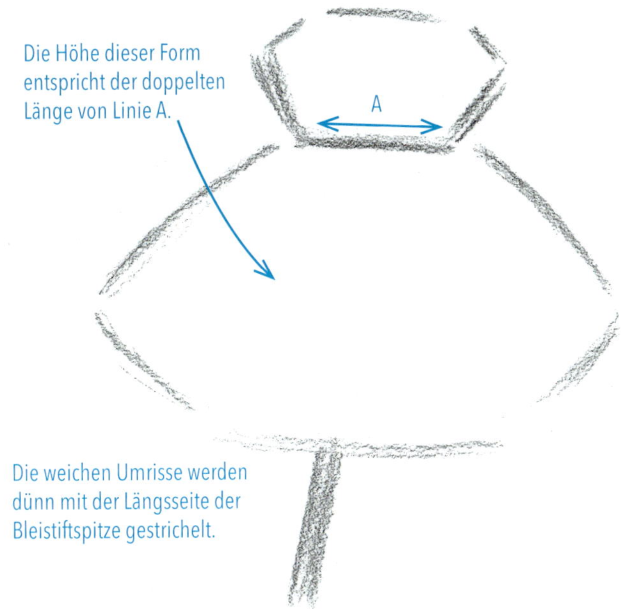

1 Zuerst grob die Formen von Staubgefäßen und Blütenblättern der Sonnenhutblüte festlegen. Die Basis der Staubgefäße bildet eine knapp 4 cm lange Hilfslinie (A), die minimal nach rechts abfällt. Darüber ein kleines Sechseck zeichnen, darunter ein deutlich größeres Sechseck. Beide sind breiter als hoch und stehen in einem ähnlichen Winkel wie Linie A.

Von der Mitte der unteren Linie des großen Sechsecks eine Linie zeichnen, die leicht links verläuft. Aus dieser Linie den Stiel entwickeln und schattieren.

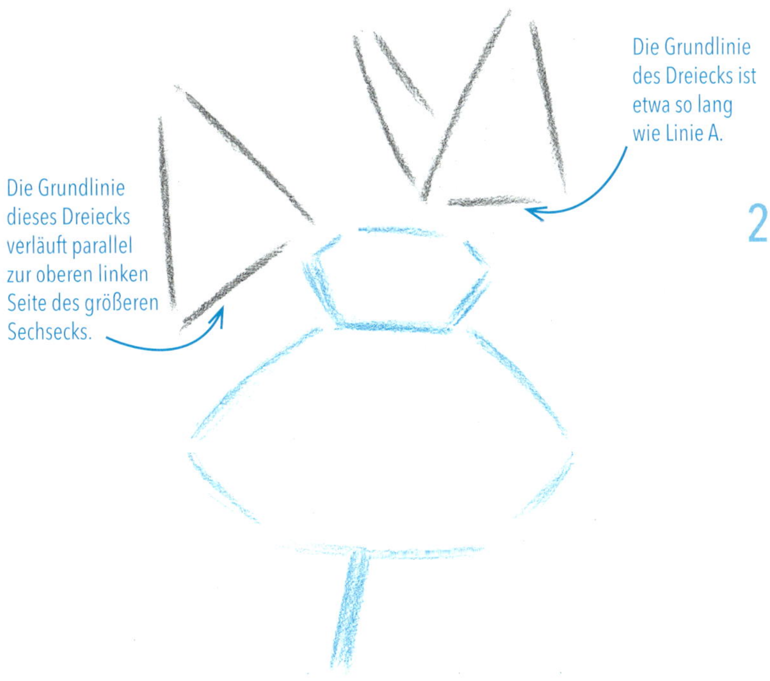

2 Die dreieckigen Formen der Schmetterlingsflügel mit durchbrochenen Strichen skizzieren.

Die schräge Achse ausradieren.

3 Die groben Umrisslinien mit einem Knetradiergummi aufhellen. Den Radiergummi jeweils nach zwei bis drei Anwendungen kneten, damit er immer sauber ist.

Das ovale Brustsegment des rechten Schmetterlings zeichnen, dann den schlankeren Hinterleib anfügen. Ein rundes Auge zeichnen und die Sinnesorgane durch einen kurzen schrägen Strich andeuten. Den linken Schmetterling ebenso anlegen.

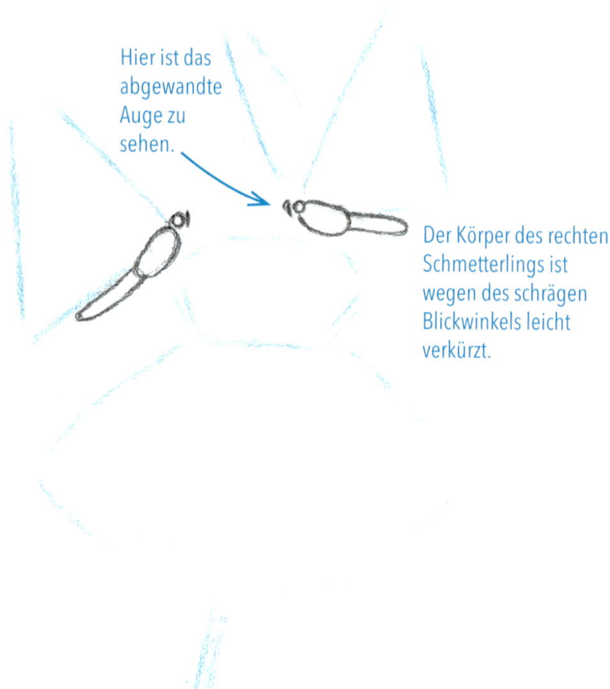

BEGRIFF

Im **Profil** ist die Kopfform gut zu erkennen. Der abgewandte Blick stellt weniger Beziehung her als der Blick einer Frontalansicht und lässt dem Betrachter mehr Raum, sich auf das Motiv zu konzentrieren.

4 Ein Schmetterling hat sechs Beine. Jedes Bein besteht aus drei Gliedern und zwei Gelenken. Das obere Glied jedes Beins mit einem kurzen senkrechten Strich zeichnen, das nächste Glied ist nach außen abgewinkelt. Das letzte Glied verläuft wieder relativ senkrecht und ist leicht nach außen gekrümmt.

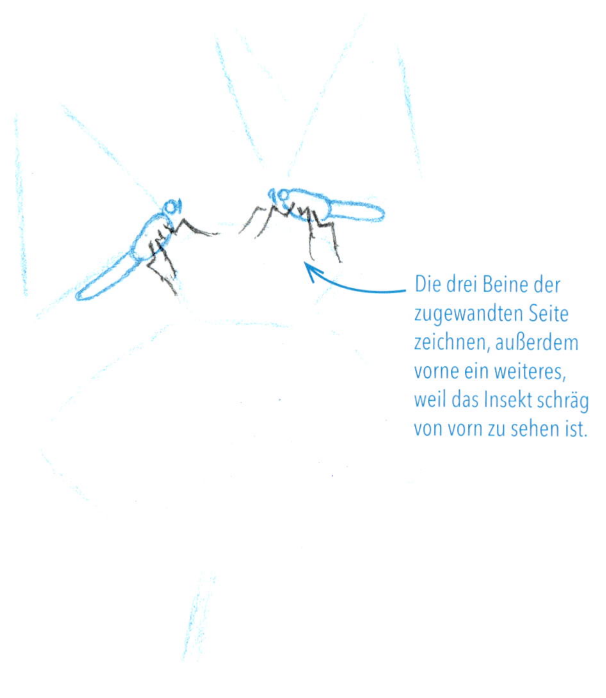

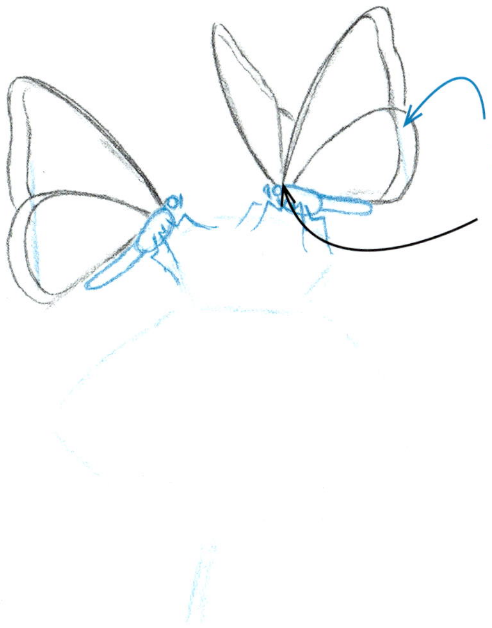

5 Zuerst den hinteren Flügel zeichnen. In der Mitte des Brustsegments aufwärts beginnen und mit einem weiten Bogen zum Hinterleib zurückkehren. Der vordere Flügel beginnt noch weiter vorn, startet steiler und hat an seiner hinteren Kante eine leichte Einbuchtung.

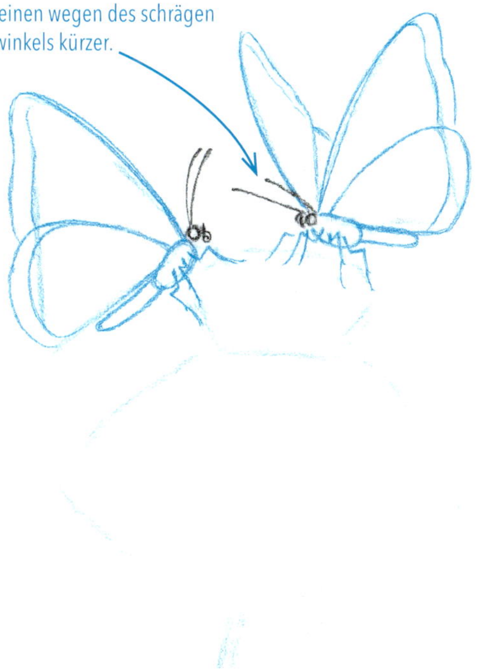

6 Proboscis heißt der Rüssel, mit dem Schmetterlinge Nektar saugen. In gestrecktem Zustand ist er relativ gerade, in eingezogenem Zustand ist er spiralig aufgerollt. Die Saugrüssel mit einem sehr spitzen Bleistift zeichnen.

Für die Fühler dünne, gekrümmte Striche mit einer leichten Verdickung am Ende zeichnen.

7 Den Bereich der Staubgefäße zuerst von unten nach oben mit einem flach aufgesetzten Bleistift schattieren, dann von oben nach unten, um seine igelförmige Struktur zu verdeutlichen.

Die Schmetterlingskörper an den Seiten dunkel schattieren, aber die Ränder heller lassen, um die gerundete Form erkennbar zu machen.

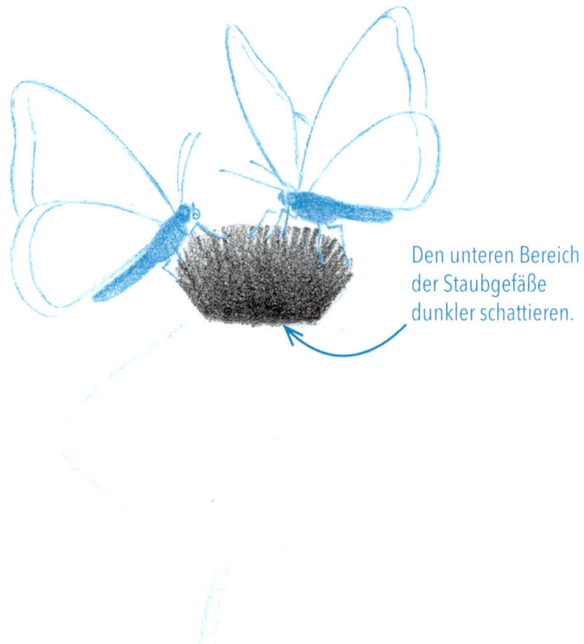

8 Die Umrisse der länglichen Blütenblätter zeichnen. Die Schattierung des Stiels nacharbeiten und ihn so modifizieren, dass er hinter dem mittleren vorderen Blütenblatt verschwindet. Auf jedes Blütenblatt drei Adern in Längsrichtung zeichnen. Die Teile der hinteren Blütenblätter, die zwischen den vorderen zu erkennen sind, einfügen. Alle noch sichtbaren Hilfslinien ausradieren.

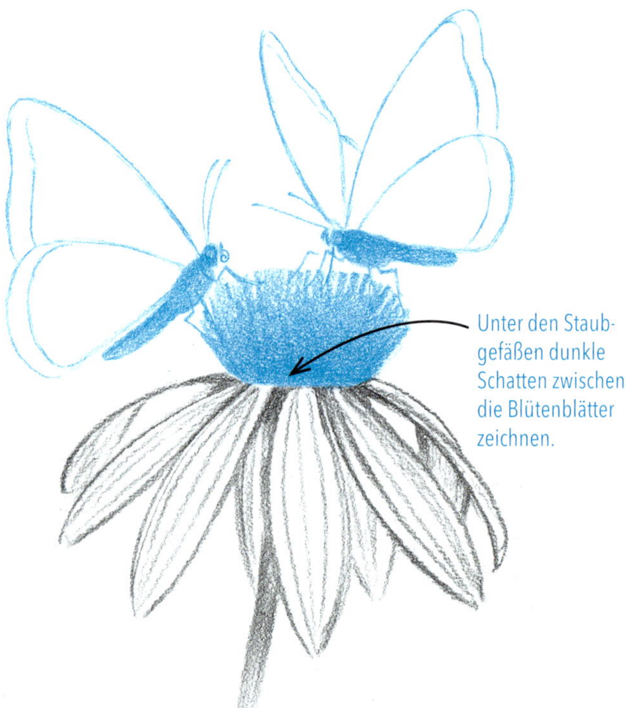

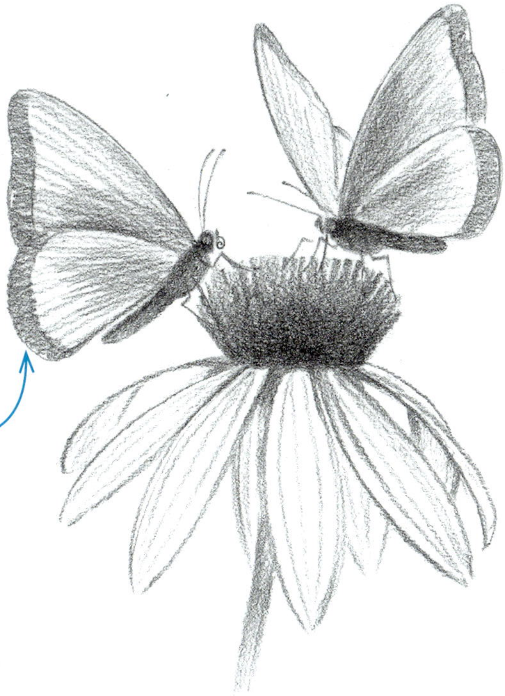

Die äußeren Flügelränder mit kurzen Strichen dunkler schraffieren.

9 Die Schmetterlingsflügel mit langen Strichen, die ihrer Hauptrundung folgen, zart schattieren. Den Bereich nahe am Körper mit Kreuzschraffuren dunkler halten.

EXTRAAUFGABE

Auf der rechten Seite der Blüte einen weiteren Schmetterling zeichnen. Seine Form ist nahezu spiegelsymmetrisch zum vorhandenen linken Falter.

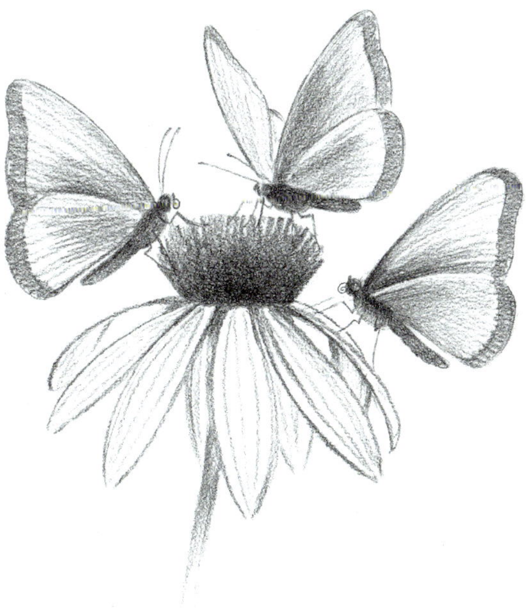

PORTRÄT IM PROFIL

LEVEL ●●●○○ ANZAHL DER SCHRITTE: 9

Ein Porträt soll einen Gesichtsausdruck in einem bestimmten Moment einfangen. Diese junge Frau träumt mit einem kleinen Lächeln vor sich hin. Es ist keine vollkommene Profilansicht, weil ein Teil des hinteren Auges und die Mitte des Munds zu sehen sind. Solche kleinen Details vermitteln Spannung. Die Augen und das Lächeln verraten, dass sie sich dessen bewusst ist.

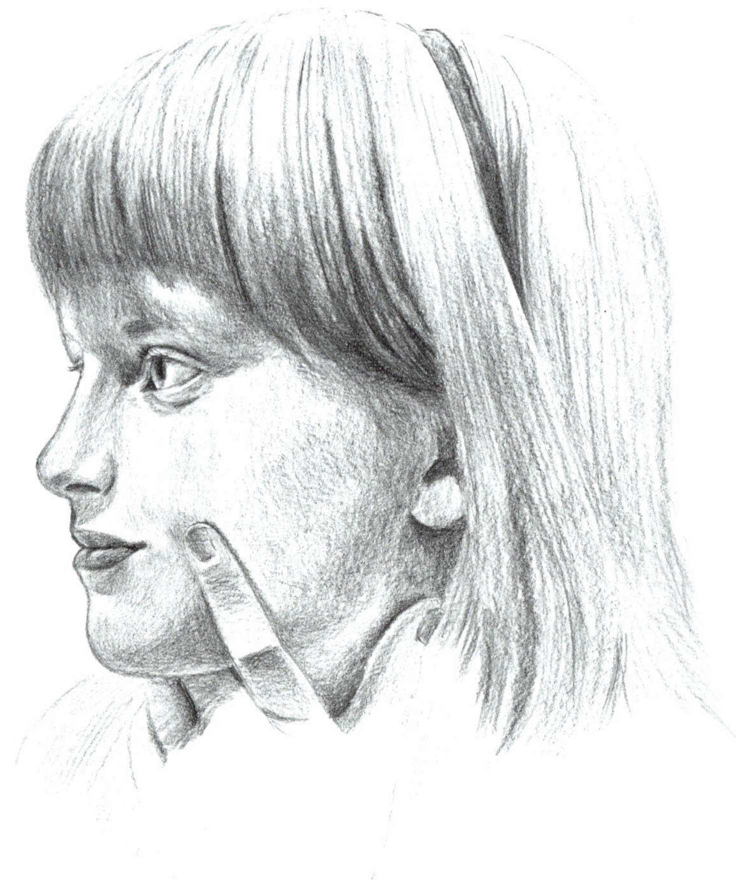

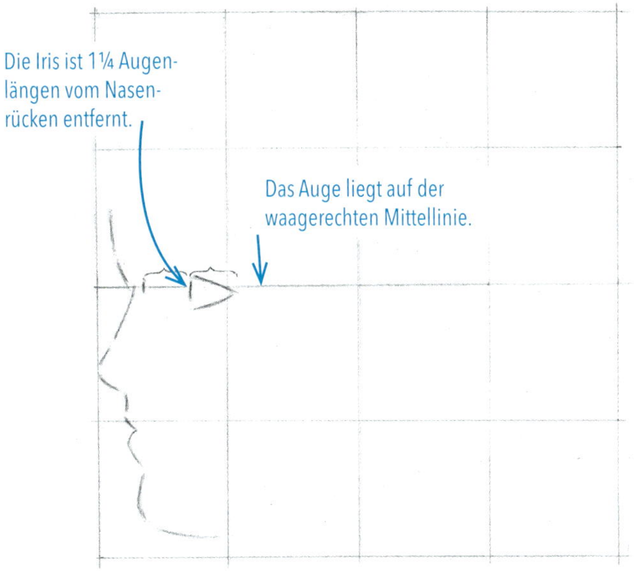

1 Mit einem Raster aus Hilfslinien beginnen. Ein Quadrat mit 20 cm Seitenlänge zeichnen, dabei mindestens 5 cm Abstand zum unteren Papierrand lassen. Das Quadrat längs und quer halbieren, dann auch die Quadranten senkrecht und waagerecht halbieren. So entsteht ein Raster aus 16 gleich großen Feldern.

In dieses Raster mit dünnen Strichen die vordere Gesichtskontur und grob die Form des Auges einzeichnen.

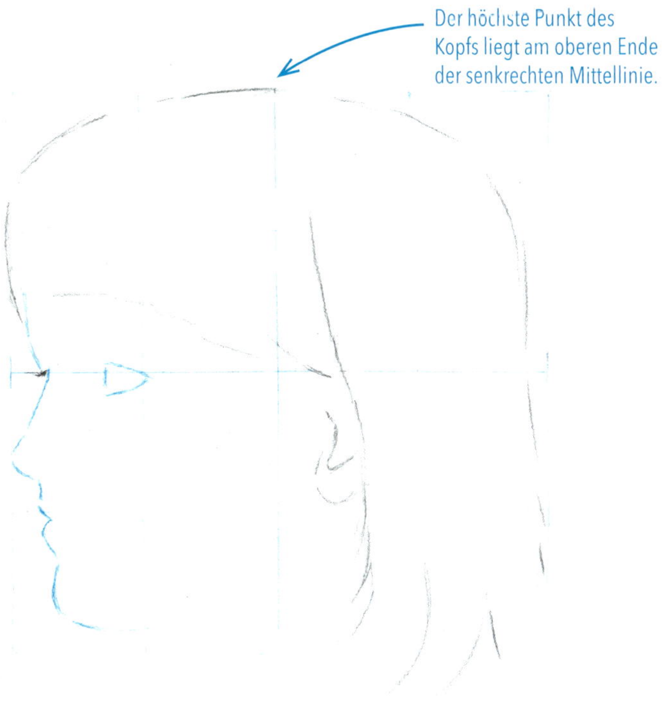

2 Nun mit dünnen, durchbrochenen Strichen die Kontur des Oberkopfs sowie die Umrisse von Pony, seitlichen Haaren und Ohr skizzieren.

Die Wimpern des abgewandten Auges mit einem kleinen Bogen andeuten.

3 Am linken Rand des sichtbaren Auges die Krümmung des Augapfels andeuten, dann die Pupille und die bogenförmige rechte Kontur der Iris einzeichnen. Obere und untere Lidfalte sowie Augenbraue einzeichnen und die Wimpern des abgewandten Auges nachfahren. Unter dem Unterlid einen weiteren schwachen Bogen einzeichnen.

Das Nasenloch und die Falte am Nasenflügel hinzufügen. Die leicht geschwungene Linie zwischen Ober- und Unterlippe einzeichnen.

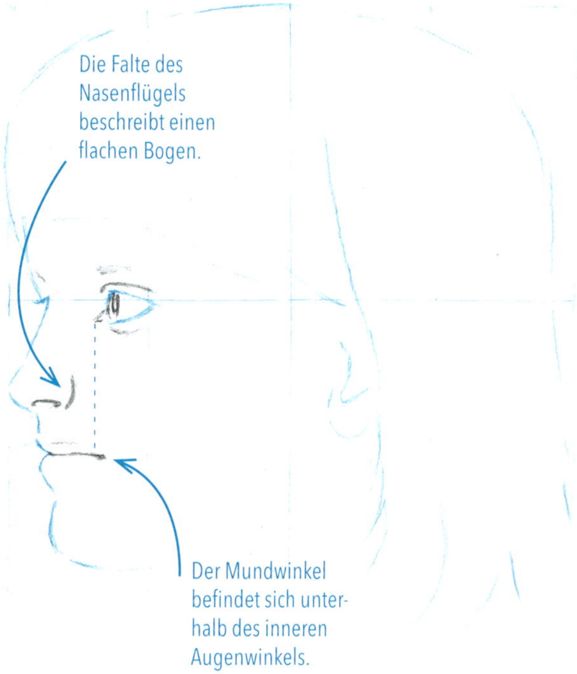

BEGRIFF

Die **Achsen** in der senkrechten und waagerechten Mitte unterteilen ein Motiv in Viertel und erleichtern es, Positionen und Proportionen zu analysieren.

4 Die Hand zeichnen. Zuerst die Position der Fingerspitze markieren und das V zwischen Daumen und Zeigefinger skizzieren. Der linke Teil der Hand verläuft schräg abwärts, der Daumen zeigt zum Ohr.

Das Haarband einzeichnen und dort am dunkelsten schattieren, wo es zwischen den Haaren verschwindet.

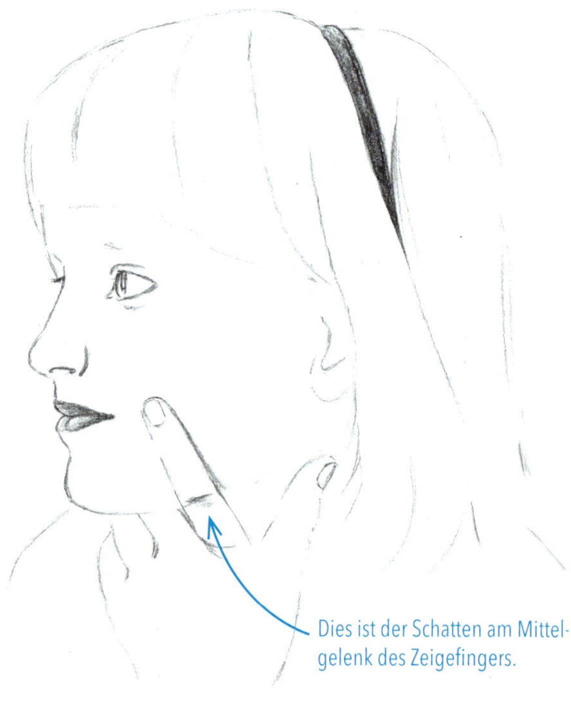

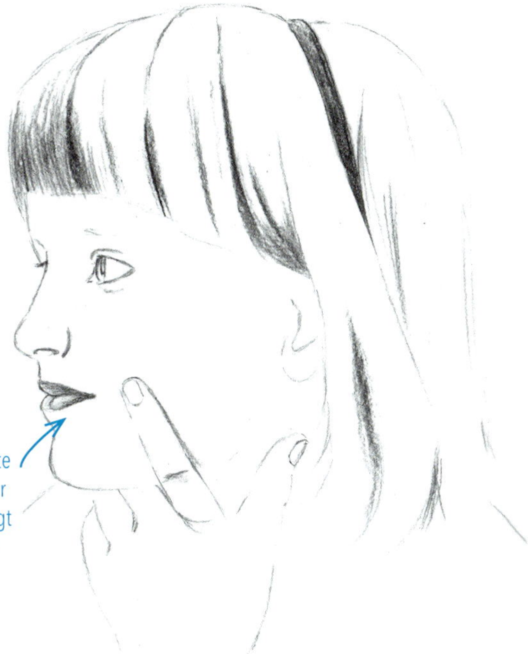

Die gekrümmte Höhenlinie der Unterlippe liegt auf der Mittelachse des Gesichts.

5 Die dunklen Partien der Haare schattieren.

Haarsträhnen und Schatten weich schraffieren, harte Linien vermeiden.

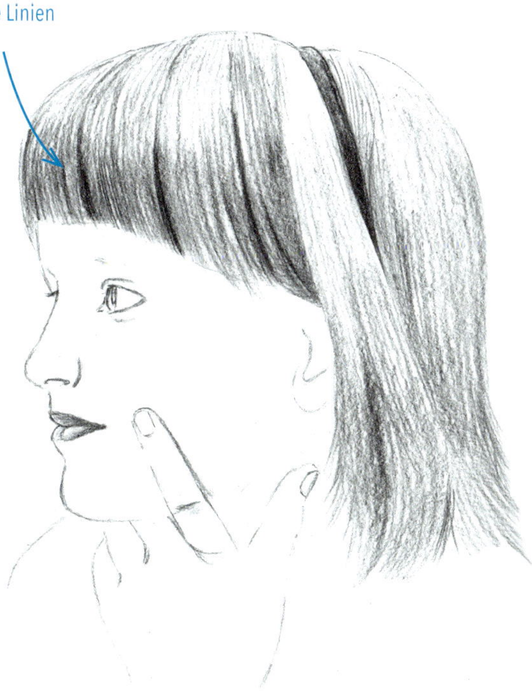

6 Die Haare mit langen, weichen Strichen schattieren, dafür den Bleistift mit der Längsseite aufsetzen. Die Richtung der Striche orientiert sich an der darunterliegenden Schädelform. Zum Oberkopf hin sind die Striche etwas stärker gekrümmt.

7 Um das Auge herum die Mitteltöne und die dunkleren Schatten einfügen. Die dunkle Augenbraue und die tiefen Schatten rechts und links vom Auge begrenzen die Augenhöhle. Die Stirn in einem mittleren Grau schraffieren. Das Unterlid schattieren, dabei auf die sehr dunkle Lidfalte achten.

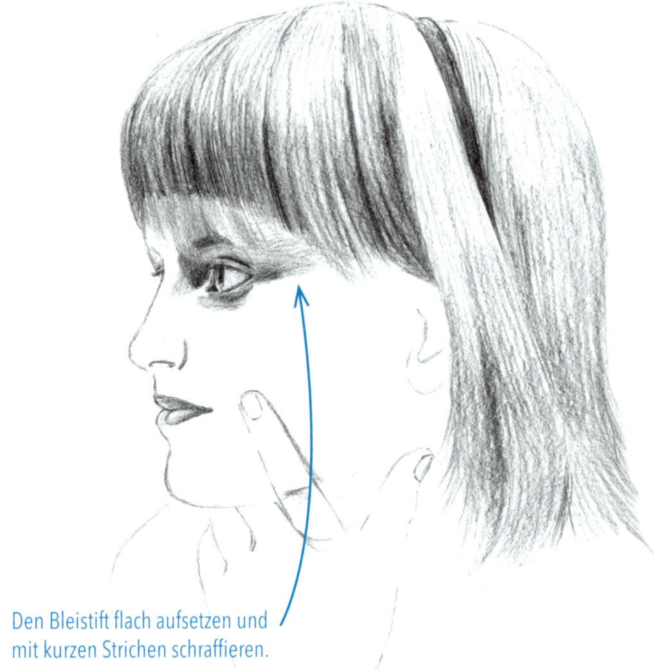

8 Die Mitteltöne um die untere Nase, den Schlagschatten unter der Nase sowie die Schatten unter dem Mund, dem Kinn und dem Unterkiefer einfügen.

Die Umrisse der Fingernägel einzeichnen, dann die Hand zuerst in Mitteltönen schattieren. Danach die sehr dunklen Schatten zwischen den Fingern, am Zeigefingergelenk und oberhalb des Daumens hinzufügen.

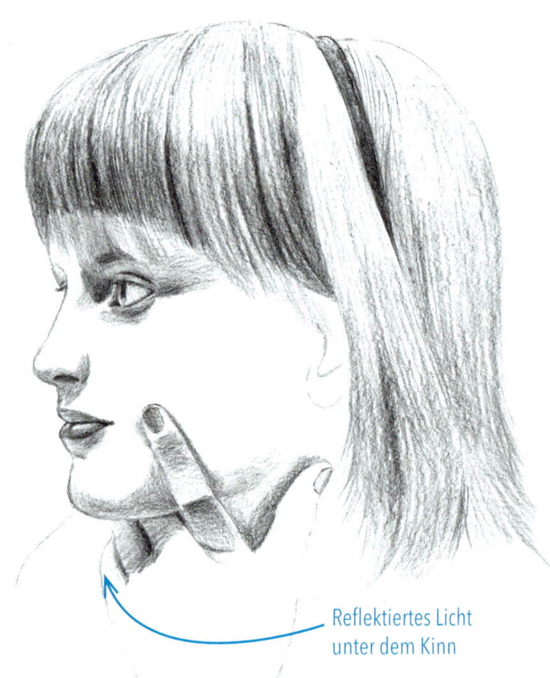

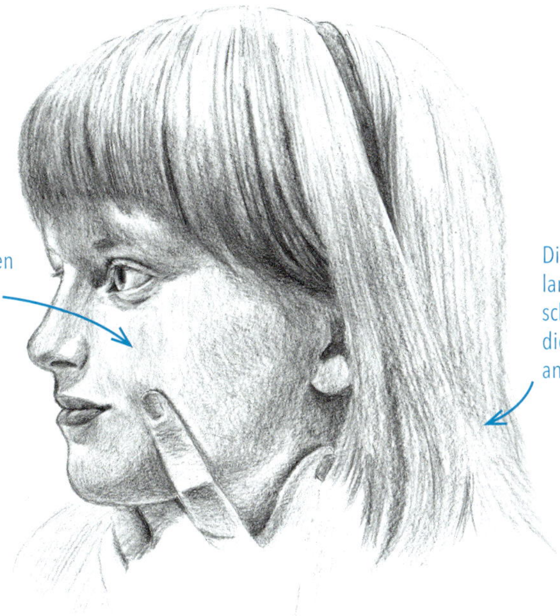

Das Bild zwischendurch immer wieder aus etwas Abstand mit leicht zusammengekniffenen Augen betrachten, um festzustellen, ob die Tonwerte in größeren Bereichen ausgewogen wirken.

9 Die hellen Bereiche des Gesichts mit zarten Strichen schraffieren, die sich an den Rundungen von Wange, Nase und Kinn orientieren. Die weiße Lederhaut des Auges im inneren Bereich ganz blass, im äußeren Bereich etwas dunkler eintönen.

Die Haare noch einmal nacharbeiten, um die Tonwerte anzugleichen. Dabei werden auch die oberen, im Licht liegenden Partien zart eingetönt.

Nicht zu viele einzelne Strähnen zeichnen. Besser ist es, die Form der Haare durch die Tonwerte erkennbar zu machen.

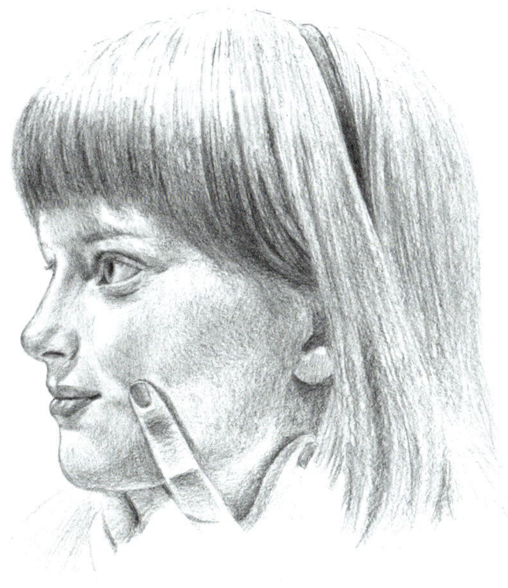

EXTRAAUFGABE

Auge, Nase, Mund und Kinn weiter ausarbeiten, damit sie noch plastischer erscheinen. Dafür die Formen der Schatten behutsam nachschraffieren oder mit einem Knetradiergummi leicht aufhellen. Das Ende des Radiergummis flach zusammendrücken und in die Mitteltöne der Haare drücken, um dort feine Lichtreflexe anzudeuten. Den Schatten des Fingers auf der Wange verfeinern. Er ist an der Spitze dunkler und wird nach unten hin weicher.

KERZE

LEVEL ●●●○○ ANZAHL DER SCHRITTE: 9

Das Thema dieser Übung sind Formen und Konturen, die sich durch das Licht ergeben: die flackernde Tropfenform der Flamme mit ihren glatten, leuchtenden Rändern, der verkohlte Docht, die heruntergelaufenen Wachstropfen und der schmelzende obere Rand der Kerze. Erkennbar wird das Licht durch die Tonwertkontraste.

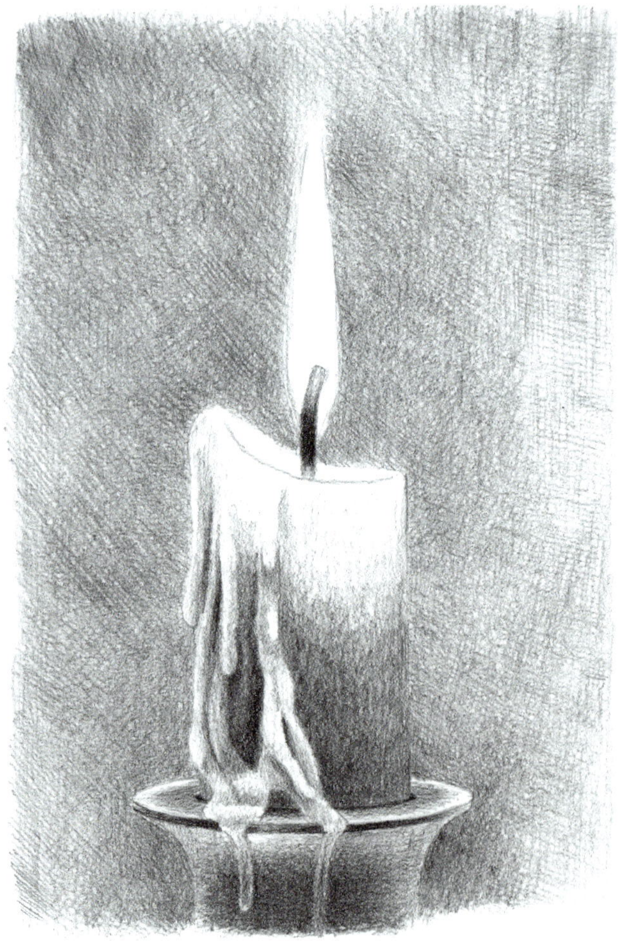

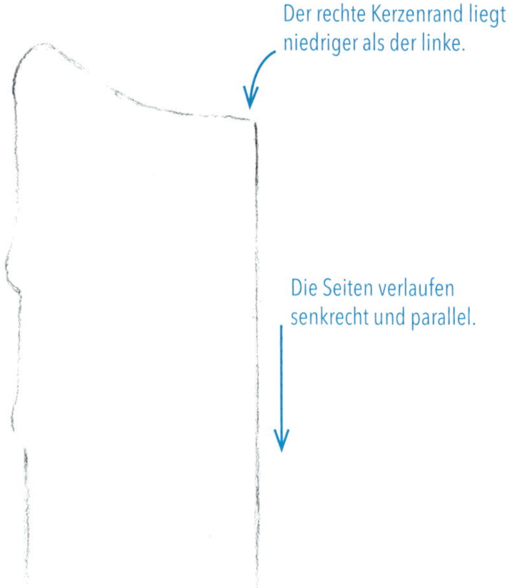

1 Den oberen Rand der Kerze und ihre Seiten zeichnen. An der linken Seite einige herabgelaufene Wachstropfen andeuten. Die Kerze sollte etwa 13 cm hoch sein.

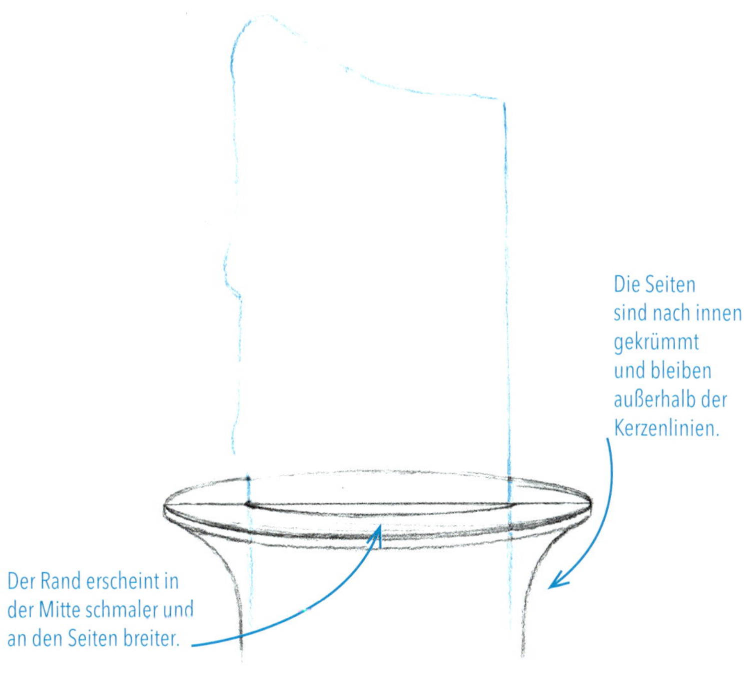

2 Etwa 8 cm unter dem oberen Rand der Kerze befindet sich die Oberseite des Kerzenhalters. Sie sieht aus diesem Blickwinkel elliptisch aus. Zuerst eine waagerechte Hilfslinie zeichnen, die an beiden Seiten gleich weit über die Kerze hinausragt. Dann die elliptischen Rundungen der Öffnung und des Rands zeichnen. Damit die Hälften exakt symmetrisch ausfallen, hilfsweise auch den Teil des Bogens zeichnen, der von der Kerze verdeckt wird.

Die symmetrisch gekrümmten Seitenlinien des Kerzenhalters hinzufügen.

3 Den leicht gekrümmten Docht in gleichmäßiger Stärke zeichnen. Die Rundung der vorderen Kante der Kerze hinzufügen und die Umrisse des heruntergelaufenen Wachses andeuten. Sie sind am Rand des Leuchters leicht nach außen abgewinkelt, knicken dann nach innen ab und setzen sich fast senkrecht am Kerzenhalter fort.

Die kleinen seitlichen Enden in dem Spalt zwischen Kerze und Halter abdunkeln.

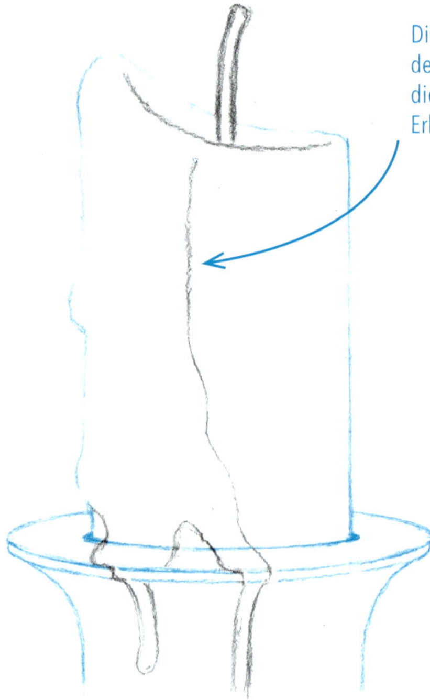

Die Abstände zwischen den Strichen verdeutlichen die ungleichmäßigen Erhebungen.

TECHNIK

Den Bleistift anspitzen und beim Schraffieren immer wieder im Uhrzeigersinn drehen, damit er lange spitz bleibt. Sobald er stumpf wird, wirken die Striche unscharf, und die Strichqualität leidet.

4 Den ganzen Hintergrund mit weichen senkrechten Strichen gleichmäßig schraffieren. Dafür die Bleistiftspitze flach auf das Papier setzen und den Stift nach jeweils fünf bis zehn Strichen im Uhrzeigersinn drehen.

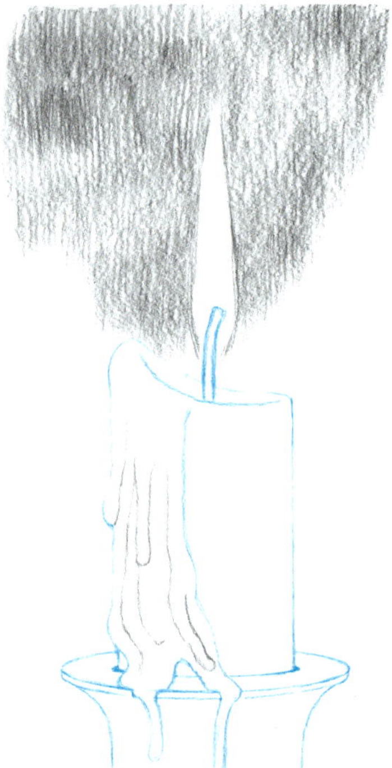

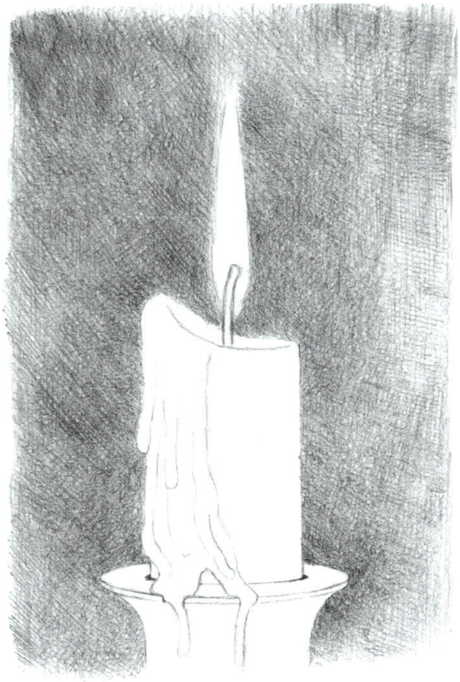

Beim Schattieren ein Stück Kopierpapier unter die Arbeitshand legen, um die Zeichnung nicht versehentlich zu verwischen.

5 Den Hintergrund nochmals schraffieren, diesmal im Winkel von 45 Grad zu den vorherigen. Beim dritten Arbeitsgang die Striche im Winkel von 45 Grad in die andere Richtung ausführen. In einem gleichmäßigen Rhythmus arbeiten und auf gleichmäßigen Druck in allen drei Schichten achten.

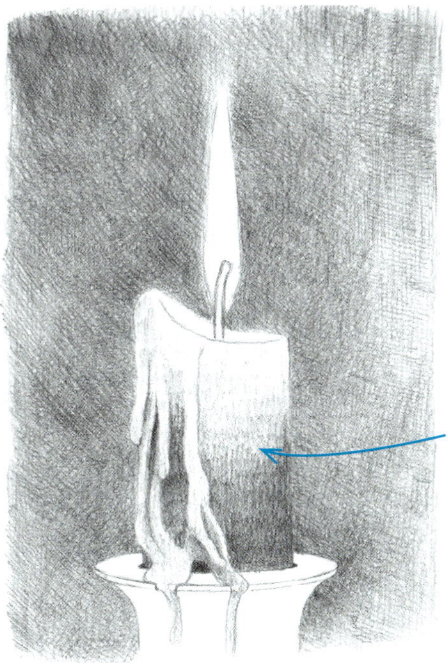

Schraffur mit kurzen senkrechten Strichen

6 Die Kerze mit senkrechten Strichen schraffieren. Im oberen Bereich bleibt sie fast weiß, nach unten hin wird sie allmählich dunkler. Die herabgelaufenen Wachstropfen separat in einem deutlich helleren Ton schraffieren. Dunklere Schatten an den Seiten verstärken den Eindruck, dass Kerze und Halter strangförmig gerundet sind. In engen Zwischenräumen sind die Schatten am dunkelsten.

7 Den unteren Bereich des Kerzenhalters einschließlich der Wachstropfen ebenfalls schraffieren. Hier ist der Verlauf etwas komplexer. Der Tonwert ist am oberen Rand und an den Seiten heller, in der Mitte ist er dunkler.

Auch die Wachstropfen schattieren, aber ihre Ränder hell lassen.

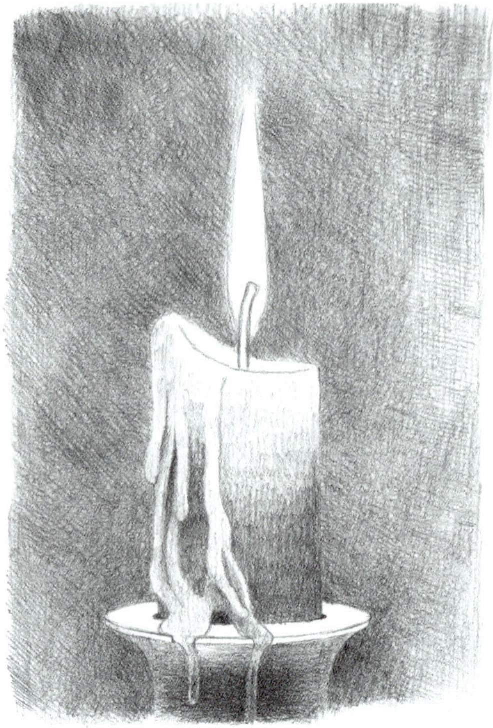

8 Den oberen Rand des Kerzenhalters mit waagerechten Strichen schattieren. Der Schatten wird zur Kerze hin dunkler, sodass der Eindruck entsteht, dass hierher der Schlagschatten der Kerze fällt. Den schmalen senkrechten Rand in der Mitte sehr dunkel und zu den Seiten hin heller schraffieren.

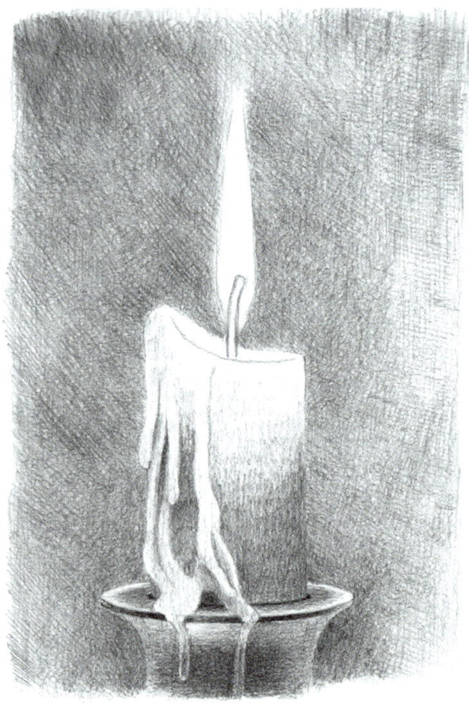

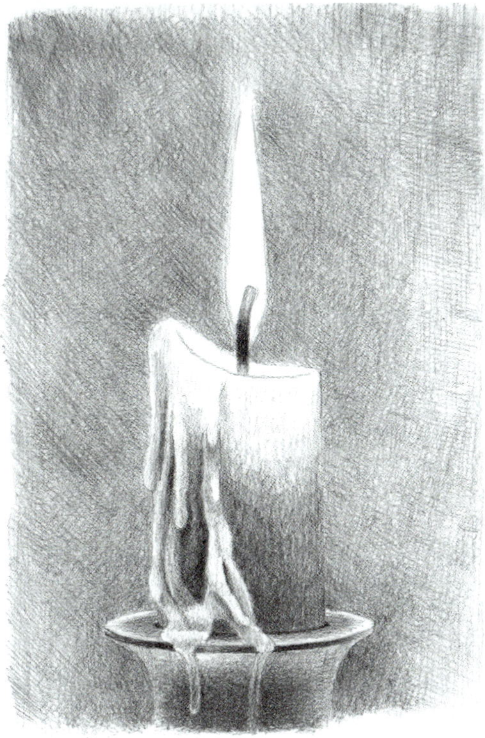

9 Den Docht schraffieren. Er ist innerhalb der Flamme heller als darunter.

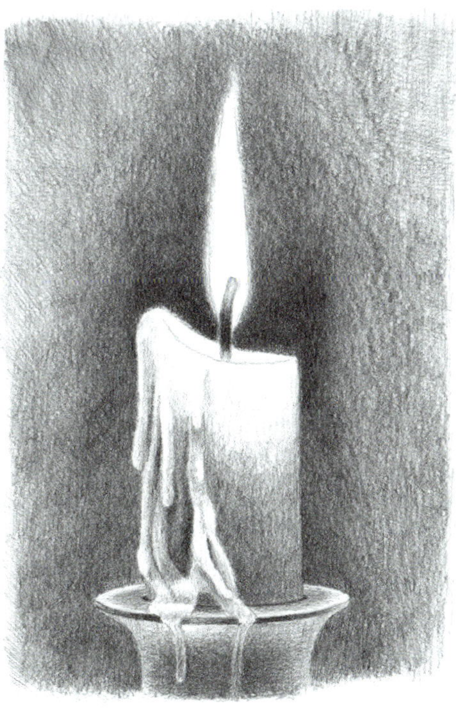

EXTRAAUFGABE

Den Hintergrund nochmals abdunkeln, um durch den Kontrast die Leuchtkraft der Flamme zu verstärken. Er ist in der direkten Umgebung der Flamme sehr dunkel, sodass hier der Hauptblickfang entsteht, und wird zu den Bildrändern hin heller.

ALTE TÜR

LEVEL ●●●●○ ANZAHL DER SCHRITTE: 9

Türen werden normalerweise exakt in ihren Rahmen eingepasst, aber diese hat schon bessere Zeiten gesehen. An diesem Motiv kannst du lernen, ausdrucksvolle lineare Strukturen aus freier Hand zu zeichnen. Zeichne die Tür so verwittert, dass man buchstäblich das Holz knarzen und die Scharniere quietschen hört.

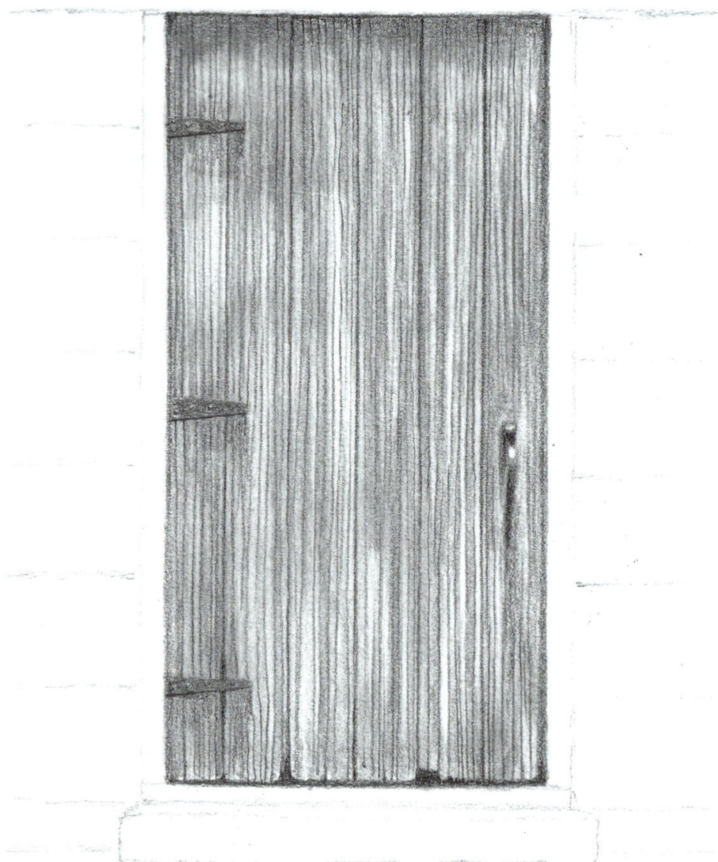

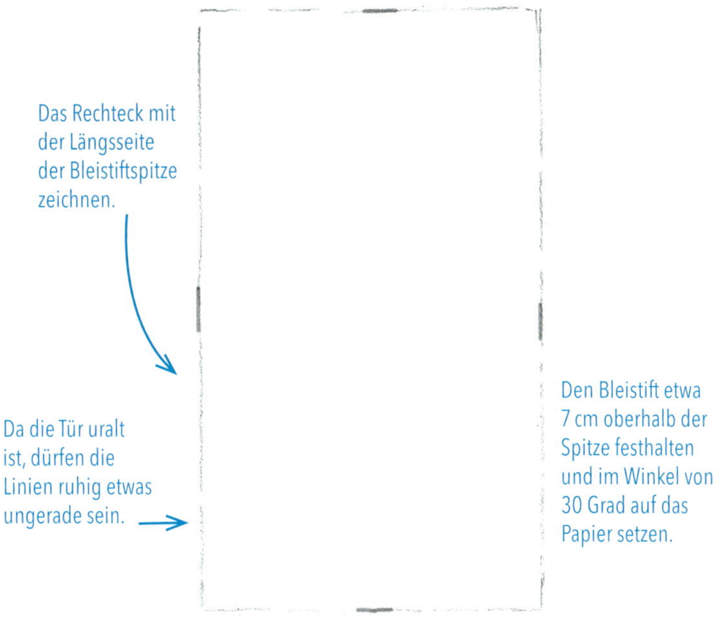

1 Mit einem Lineal kleine, blasse Markierungen für die Größe der Tür vorzeichnen: 17 cm hoch und knapp 10 cm breit. Anhand dieser Markierungen aus freier Hand ein Rechteck zeichnen. Orientiere dich gelegentlich an den Papierrändern, damit die Linien des Rechtecks parallel zu ihnen verlaufen.

2 Den Türsturz und die seitlichen Türkonturen, die Schwelle und die Steinstufe zeichnen. An den seitlichen Türkonturen in Abständen von 2,5 cm Querstriche anbringen. Dies sind die Breiten der Bohlen, aus denen die Wände gebaut sind. Diese Markierungen werden ohne Lineal angezeichnet.

3 Die Scharniere und die Zwischenräume zwischen den Brettern der Tür einzeichnen.

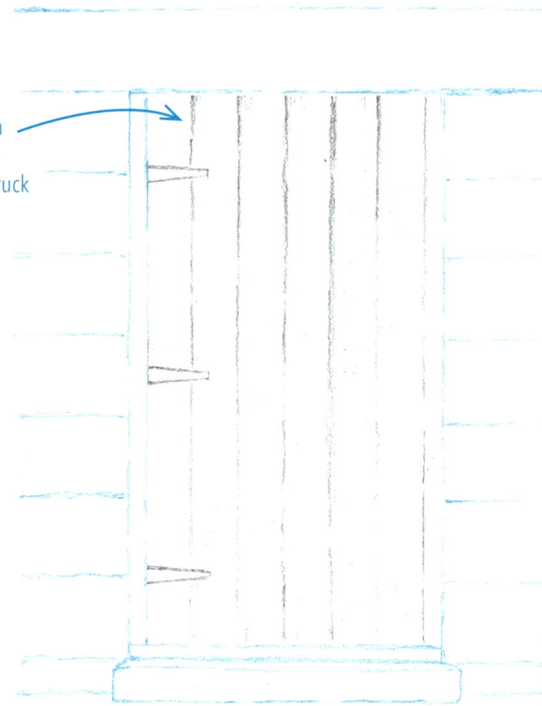

An den Enden der Zwischenräume den Druck auf den Stift verstärken.

BEGRIFF

Beim **Zeichnen aus freier Hand** werden keine Lineale oder andere Hilfsmittel verwendet. Die Striche sind unregelmäßig, wirken sehr lebendig und bieten dem Zeichner individuelle Ausdrucksmöglichkeiten.

4 Den Türgriff so zeichnen, dass seine Krümmung zu ahnen ist. Seine Höhe entspricht ungefähr der Länge der Scharnierbänder, und er ist knapp unterhalb der Höhe des mittleren Scharniers angebracht.

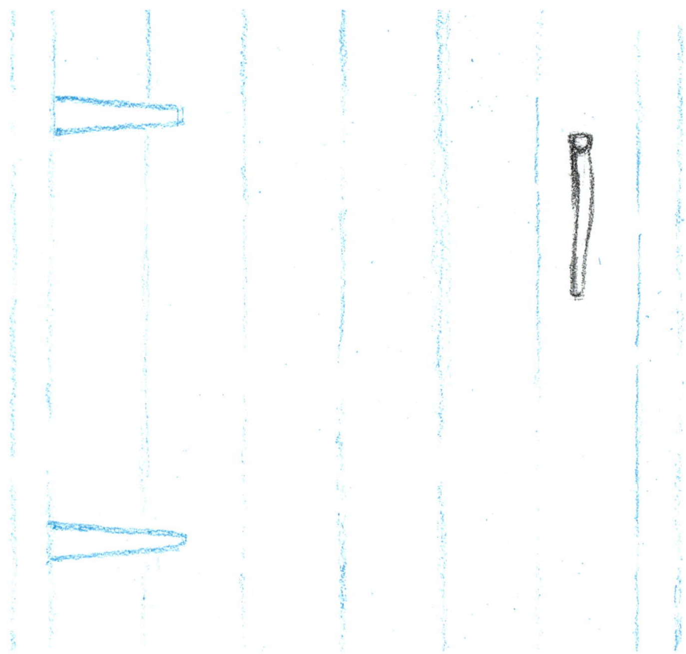

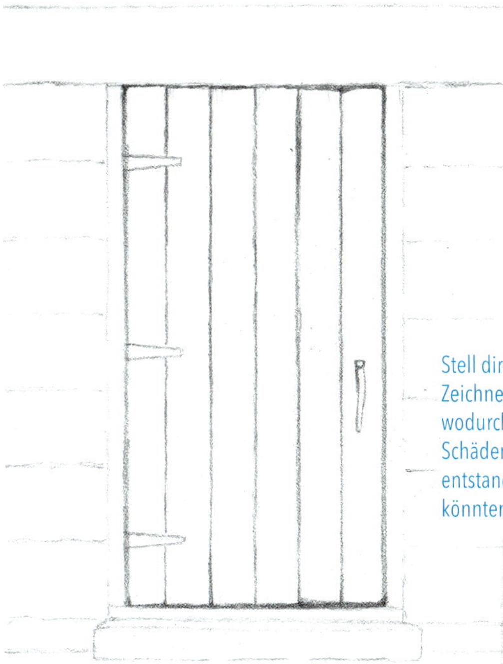

5 Mit dunklen Strichen die unregelmäßigen Defekte an den Enden der Türbretter einzeichnen.

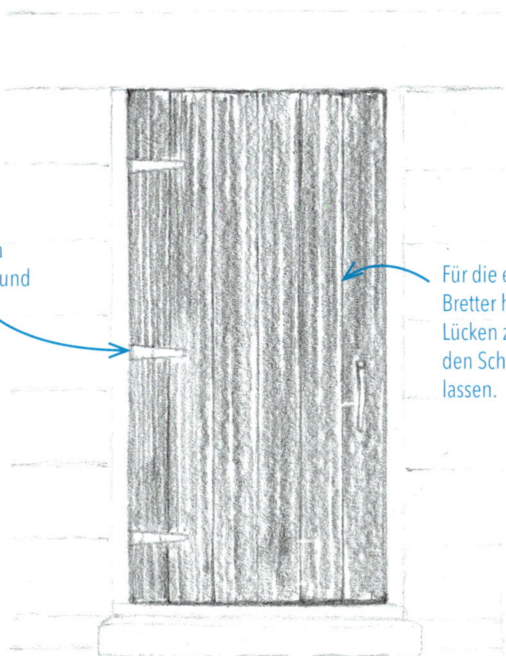

6 Das Blatt um 90 Grad drehen und die Türbretter mit langen Strichen schraffieren, die sich über ihre ganze Länge erstrecken.

7 Die Scharniere mit einem sehr dunklen Grauton ausfüllen. Der Griff hat auf seiner oberen Krümmung einen Lichtreflex. Ein weiterer Reflex befindet sich oben auf dem Griffbeschlag.

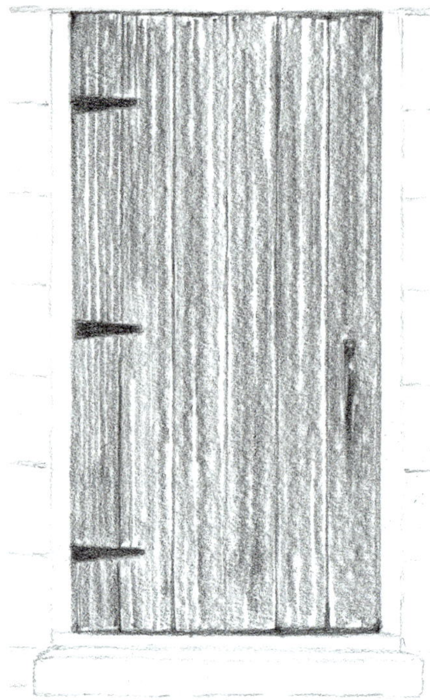

8 Ein Stück Küchenpapier so zusammenfalten, dass es schmaler als die Tür ist. Das Küchenpapier behutsam über die Tür (einschließlich Scharnieren und Griff) ziehen, um die Schraffuren leicht zu verwischen.

Für die Nägel auf den Scharnieren sehr kleine Halbkreise einzeichnen. Am breiten Ende liegen zwei Nägel übereinander, weiter rechts folgen drei Nägel in einer waagerechten Reihe.

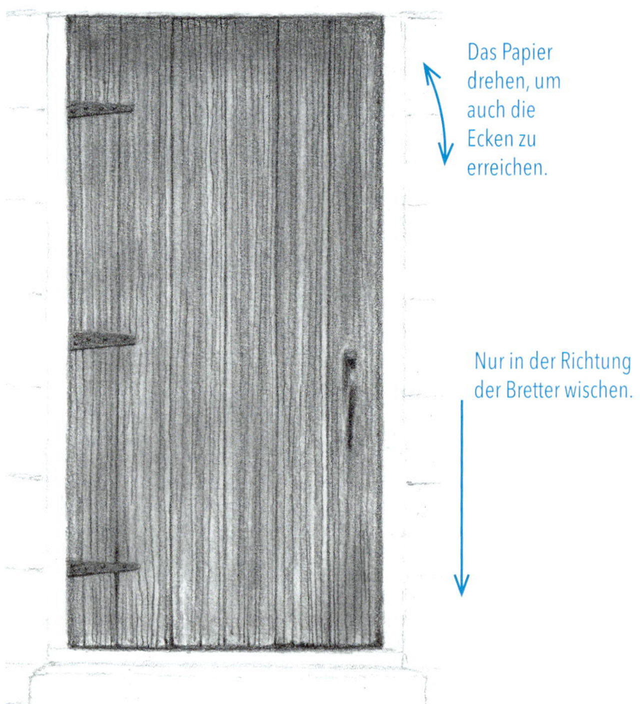

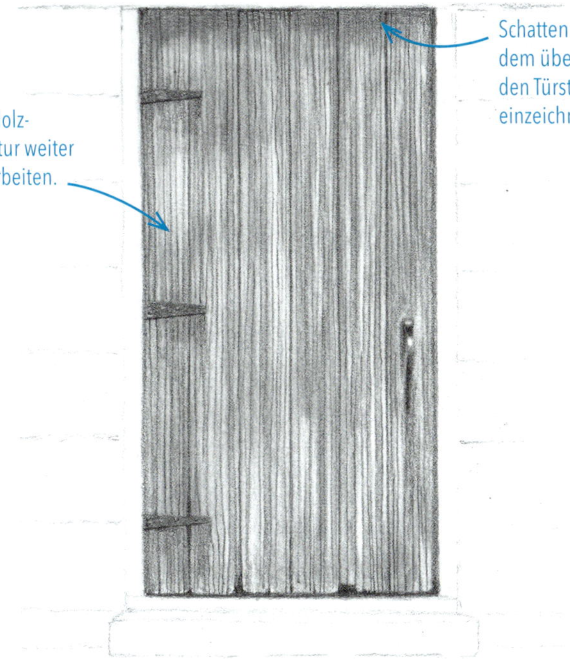

9 Den Knetradiergummi zu einer 1 cm breiten meißelförmigen Spitze formen und damit mit leichtem Druck in Längsrichtung über die Türbretter streichen, um von der Sonne verblichene Bereiche aufzuhellen.

Den Griff, Risse im Holz und die unregelmäßigen Lücken an den Enden der Bretter abdunkeln. Unter den Scharnieren und unter den Nagelköpfen Schatten einfügen. Mit der Spitze des Knetradiergummis die Nagelköpfe aufhellen und die Lichtreflexe auf dem Griff und seinem Beschlag nacharbeiten.

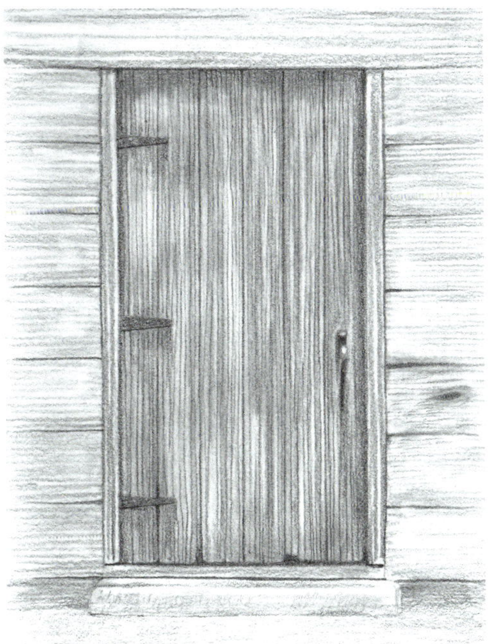

EXTRAAUFGABE

Die Struktur der Holzbohlenwände ebenso ausarbeiten wie die Bretter der Tür. Astlöcher nicht vergessen. Die steinerne Stufe so schattieren, dass man die ausgetretene Mitte erkennen kann. Den Boden vor der Stufe mit blassen waagerechten Strichen schraffieren.

HAUT & HAARE

LEVEL ●●●●○ ANZAHL DER SCHRITTE: 9

Menschliche Haut und Haare lassen sich mit den nuancenreichen Grautönen von Bleistift sehr gut darstellen. Ob das Motiv einfach oder komplex ist: Lebendig wird es durch die Formen und Tonwerte. Zeichne zuerst die Umrisse der größten Elemente und teile das Motiv dann in helle und dunkle Bereiche auf.

Hier geht es primär um die Texturen, darum wird nur ein Ausschnitt des Gesichts gezeichnet.

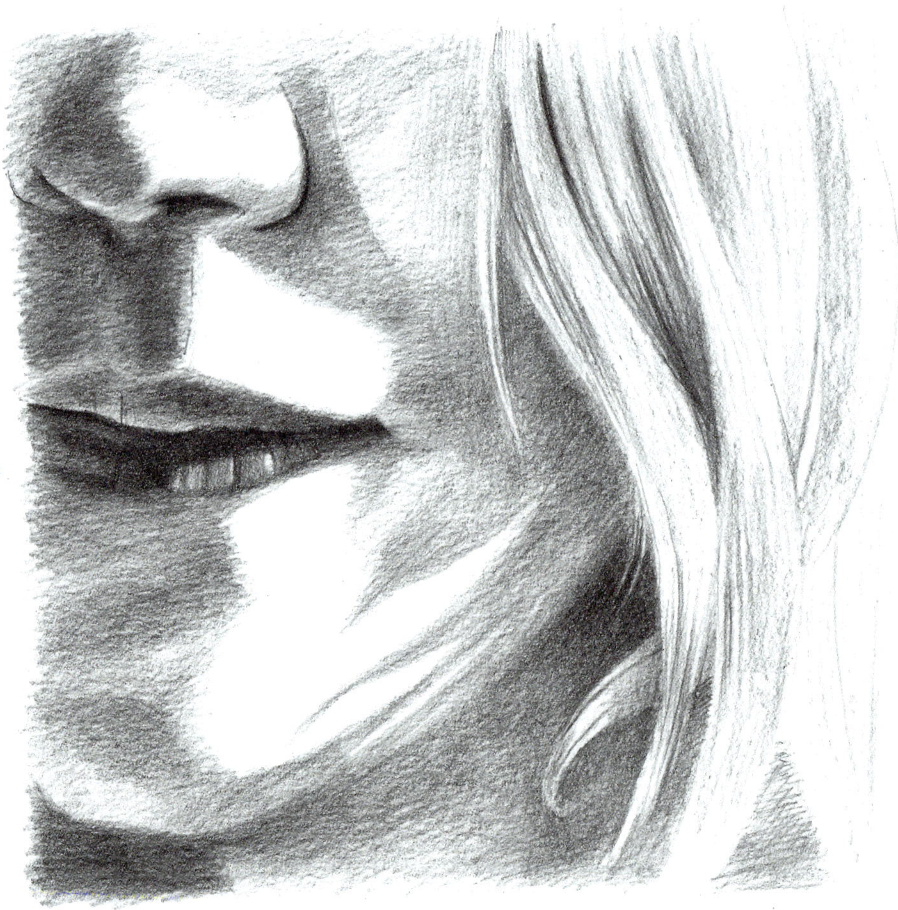

1 Eine blasse, 7 cm lange Konstruktionslinie vorzeichnen, die nach rechts hin minimal abfällt (hier gestrichelt). Unterhalb dieser Hilfslinie die Linie zwischen Ober- und Unterlippe zeichnen. Der tiefste Punkt ist die Wölbung in der Mitte der Oberlippe, der wegen des Teilausschnitts hier jedoch im linken Bereich liegt.

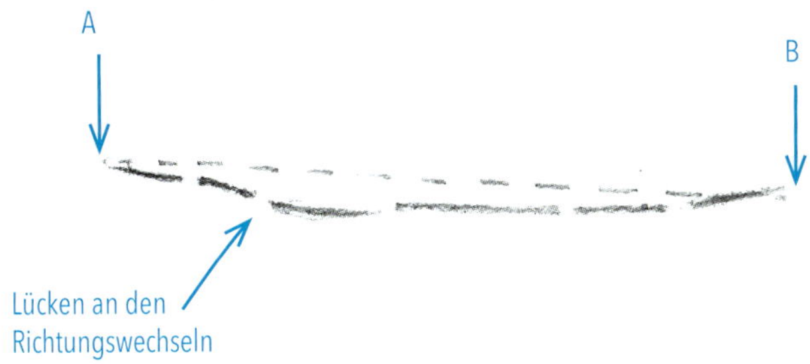

2 Das Kinn und den Unterkiefer mit blassen, lockeren Strichen andeuten.

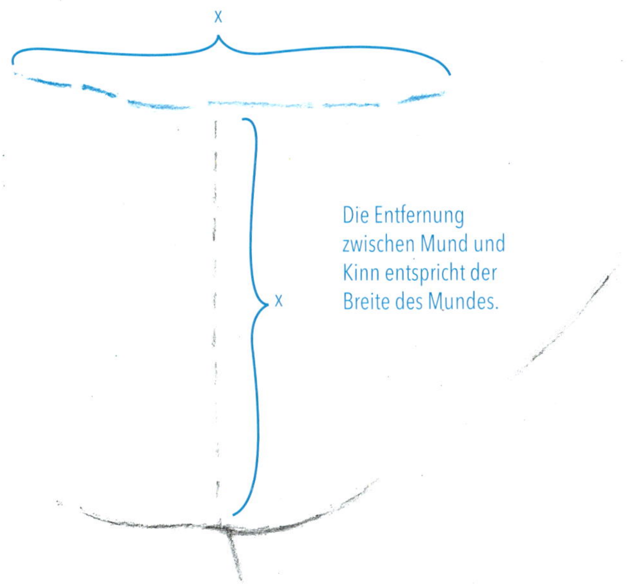

3 Die Konturen der Lippen sehr dünn vorzeichnen. Diese Striche werden später in die Schraffuren integriert. Eine vertikale Hilfslinie zeichnen, sie verläuft vom Kinn durch das äußere Drittel des Mundes bis zur ungefähren Höhe der Nase.

Für die Nase eine gestrichelte Konstruktionslinie zeichnen, die parallel zur Lippenlinie verläuft. Für das Philtrum einen Strich von der rechten Spitze der Oberlippe (A) zum Nasenloch zeichnen. Dann die Umrisse der unteren Nase hinzufügen.

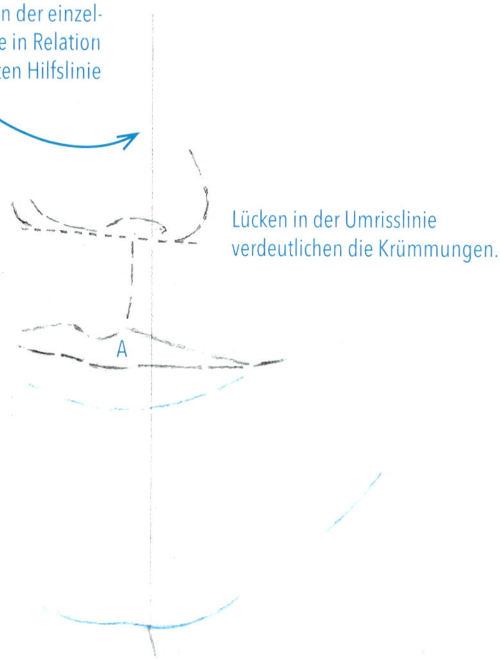

BEGRIFF

Von groß nach klein: Zuerst die Hauptformen ohne Details zeichnen, dann das Bild in helle und dunkle Bereiche unterteilen, anfangs nur mit wenigen Tonwerten.

4 Die Konstruktionslinien ausradieren. Die Lippen liegen auf der (nicht sichtbaren) waagerechten Mittellinie, die senkrechte Mittellinie des gesamten Bildausschnitts (ebenfalls nicht sichtbar) liegt knapp neben dem rechten Mundwinkel. Diese Linien dienen als Orientierung beim Zeichnen einiger gewellter Striche für die Haarsträhnen.

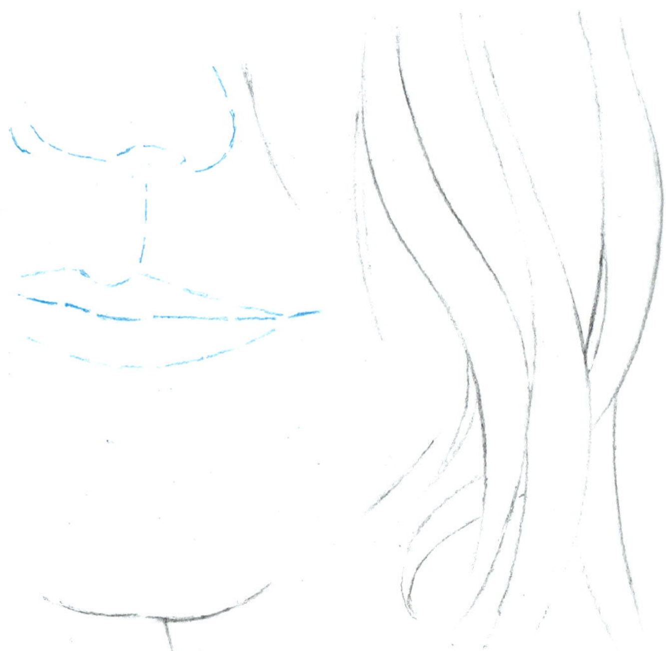

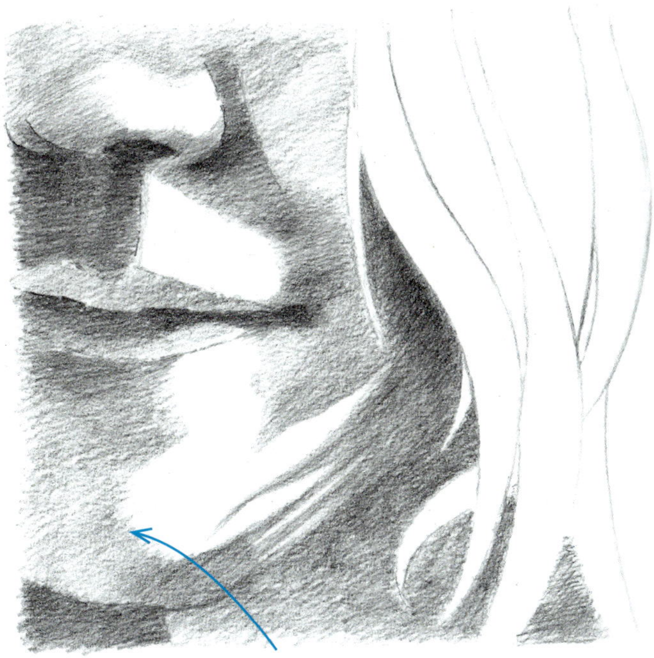

Mit kurzen, überlappenden Strichen schattieren.

5 Die dunklen Teile des Gesichts so schattieren, als würde es sich um eine komplexe, aber zusammenhängende Form handeln. Der Grauton soll gleichmäßig sein und bei etwa 40 bis 60 Prozent liegen. Die welligen Haarsträhnen werfen Schatten, die sich an der Form der Wange orientieren.

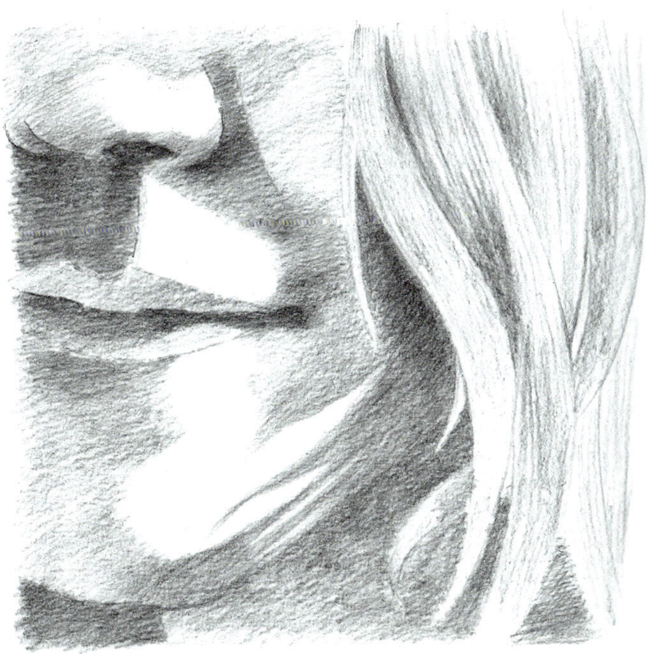

6 Die Haare mit lang gezogenen Strichen schattieren, die den Wellen folgen. Für die räumliche Wirkung sorgen dunklere Grautöne in Bereichen, in denen hinten liegende Strähnen beschattet werden.

TUCH MIT EIERN

LEVEL ●●●●○ ANZAHL DER SCHRITTE: 9

Wie zeichnet man weiße Objekte mit einem Bleistift? Durch geschickten Umgang mit den Tonwerten, denn ein weißes Objekt nimmt man vor allem durch den Kontrast zu anderen, dunkleren Gegenständen wahr. Sind alle Bildelemente weiß, lassen sich die Tonwertnuancen mit leicht zusammengekniffenen Augen und diffusem Blick erkennen.

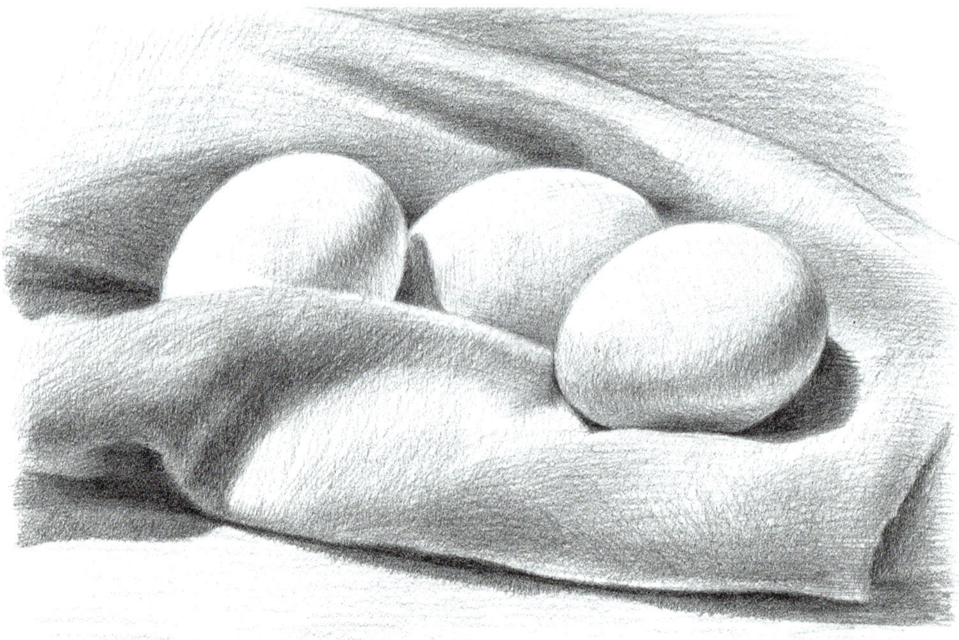

Mit weichen, blassen Strichen beginnen.

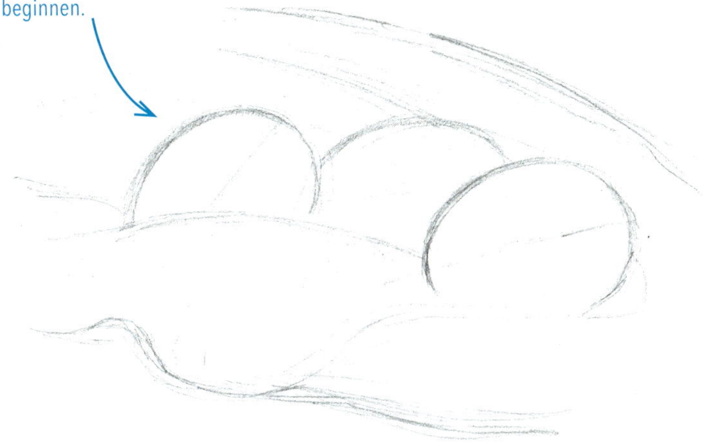

1 Zuerst für das Ei rechts im Bild die Achse zeichnen, dann die Kontur mit einander überlappenden Strichen entwickeln. Ebenso das mittlere und dann das linke Ei zeichnen. Die wichtigsten Linien des Tuchs mit weichen Strichen andeuten.

Die Schattierungen beschreiben den Stoff und bilden den negativen Raum für die Eier.

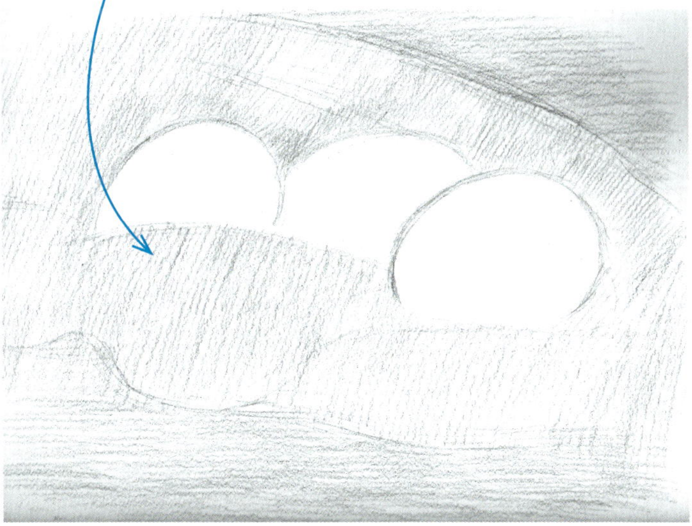

2 Das Tuch ist zwar in der Vorstellung weiß, aber etwas dunkler als die Eier. Darum werden nun Tuch und Hintergrund mit langen, weichen Strichen schraffiert. Die Eier behalten vorerst die Farbe des weißen Papiers.

3 Nun die dunkelsten Bereiche des Motivs mit einem mittleren Grauton schraffieren, um ihre Oberflächenformen festzulegen.

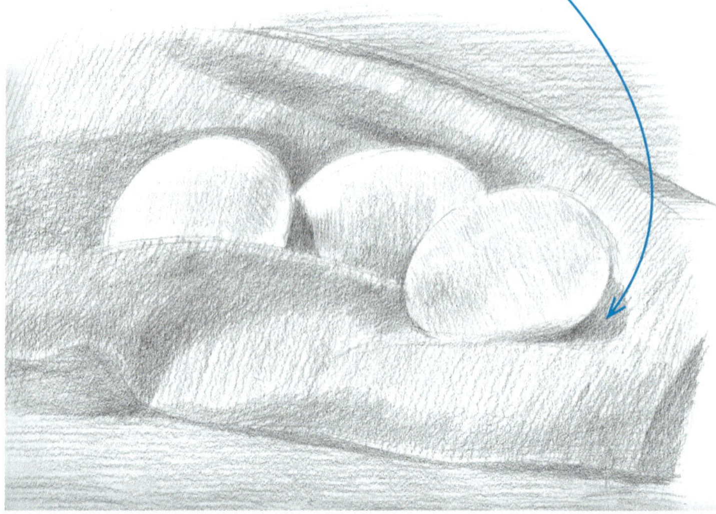

BEGRIFF

Zwei Aspekte bestimmen, wie dunkel etwas ist: sein **lokaler Tonwert**, also seine natürliche Dunkelheit in Relation zu anderen Objekten, und seine Fähigkeit, Licht zu absorbieren oder zu reflektieren.

4 Nun das rechte Ei schattieren. Seine Oberseite ist sehr hell, die vom Licht abgewandte Seite etwas dunkler, und nach unten hin wird der Tonwert wieder heller. Den Schlagschatten mit waagerechten Schraffuren abdunkeln.

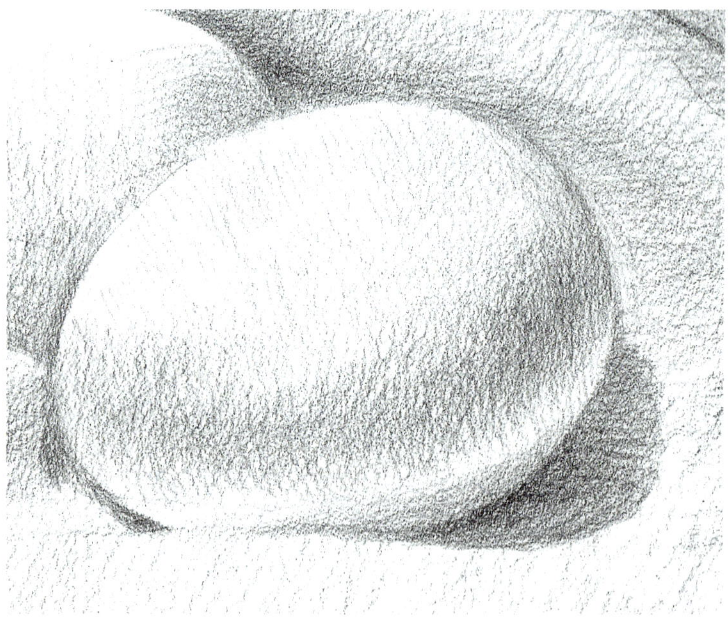

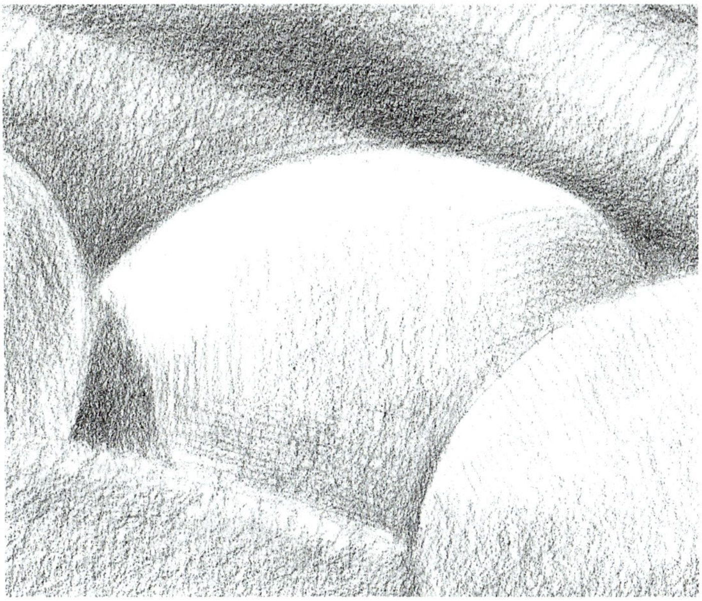

5 Die der Lichtquelle zugewandte Oberseite des mittleren Eis ganz blass schattieren. Der Schatten, den das äußere linke Ei auf seine Oberfläche wirft, ist wesentlich dunkler.

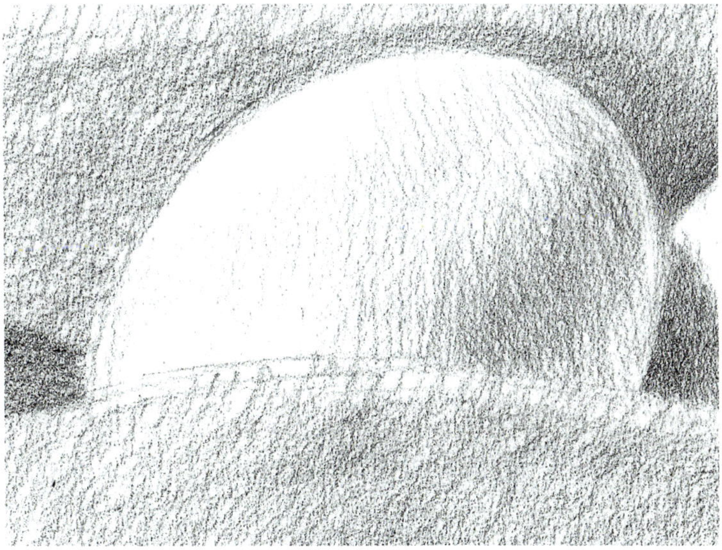

6 Auch das linke Ei wird zart schraffiert. Sein Schattenbereich ist um eine Nuance dunkler als das Tuch.

7 Jetzt die Lichter, Mitteltöne und Schatten auf dem Tuch ausarbeiten. Schlagschatten werden besonders dunkel schraffiert, damit sie deutlich hervortreten, haben aber keine Konturlinien.

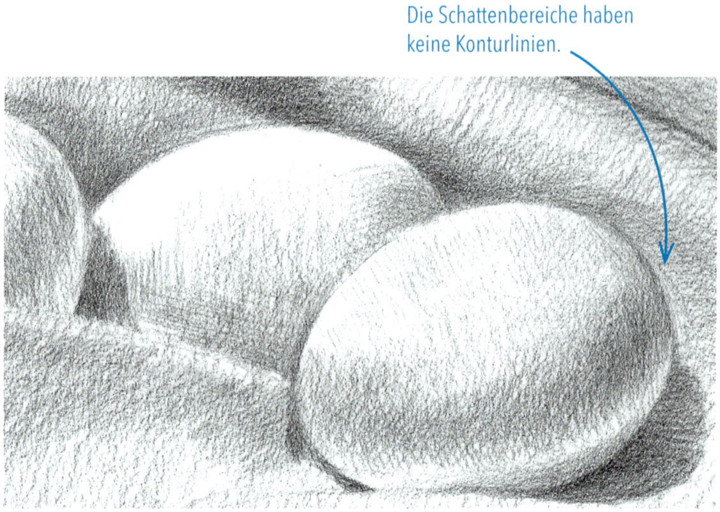

8 Die Tonwertübergänge in den vom Licht angestrahlten Bereichen der Eier und des Tuchs weich und fließend ausarbeiten.

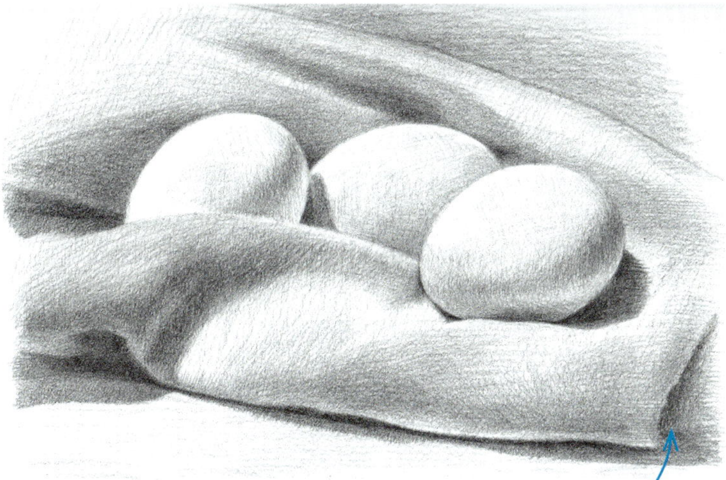

Die Kanten der Schattenbereiche mit geringem Druck und kurzen, hin und her verlaufenden Strichen verfeinern.

9 Die Umrisse der Schatten auf dem Tuch so verfeinern, dass die unterschiedlichen weichen und schärferen Falten gut zum Ausdruck kommen. Eine scharfe Falte befindet sich beispielsweise im Schatten hinter dem linken Ei.

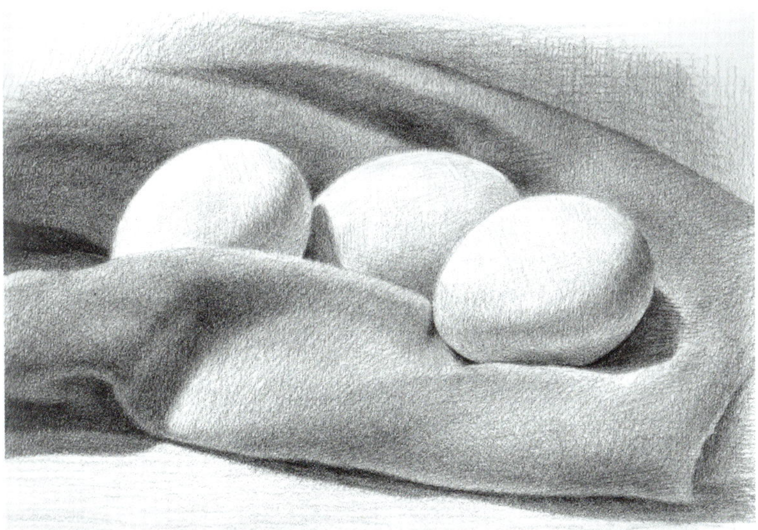

EXTRAAUFGABE

Die Tonwerte des Tuchs noch einmal nacharbeiten, um den Kontrast zu den Eiern weiter zu verstärken. Mit weichen Strichen schraffieren und darauf achten, dass die bereits angelegten Details nicht verloren gehen. Die Augen etwas zusammenkneifen oder das Bild aus größerem Abstand betrachten, um die Tonwertkontraste zu beurteilen. Die Eier sollen blütenweiß wirken, und das Tuch darf nicht zu dunkel erscheinen.

BOOT MIT SEGLER

LEVEL ●●●●○ ANZAHL DER SCHRITTE: 9

Bug und Heck dieses Segelboots sind aus dem gewählten Blickwinkel gerade und parallel. Die Rundungen des Rumpfs erscheinen aufgrund der Perspektive asymmetrisch. Wegen des Blick schräg von hinten ist die genaue Länge des Boots schwer zu schätzen. Wenn es korrekt konstruiert ist, wird aber klar, dass eine oder zwei Personen darin sitzen könnten.

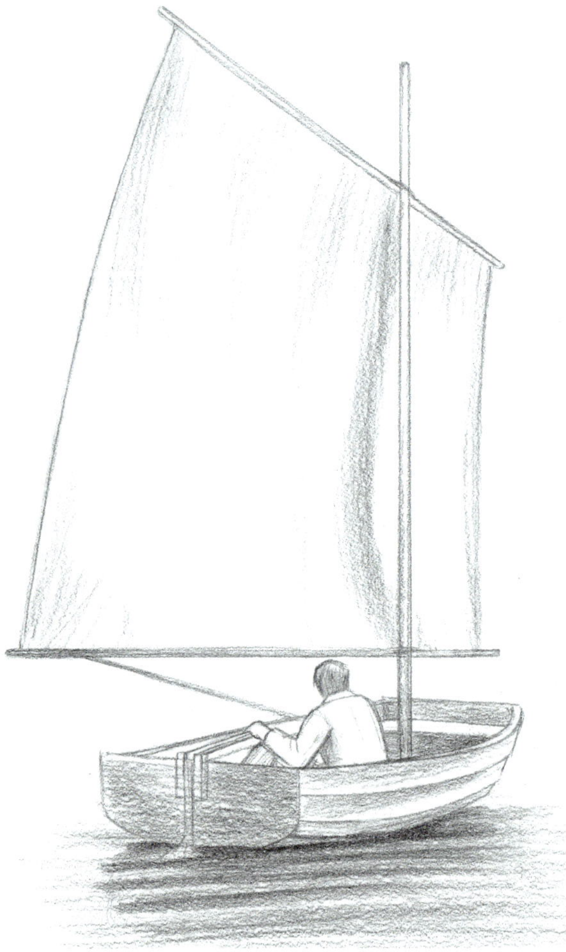

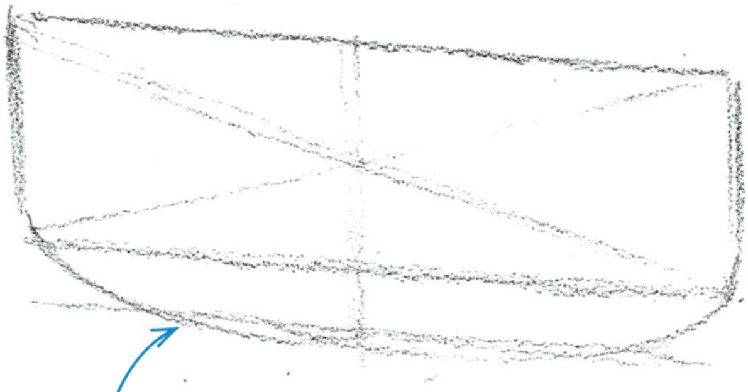

Das Heck des Boots ist 6 cm breit.

1 Zwei parallele Striche zeichnen, die nach rechts leicht abfallen. Diese mit zwei parallelen senkrechten Strichen verbinden, sodass ein Parallelogramm entsteht. Die Ecken mit Diagonalen verbinden, um die Mitte zu finden. Einen senkrechten Strich durch die Mitte ziehen.

Für den Boden des Bootsrumpfs einen weiteren Strich (Wasseroberfläche) parallel zu den beiden längeren ziehen. Zwei Bögen zeichnen, die in der Mitte knapp unter dem Strich zusammentreffen.

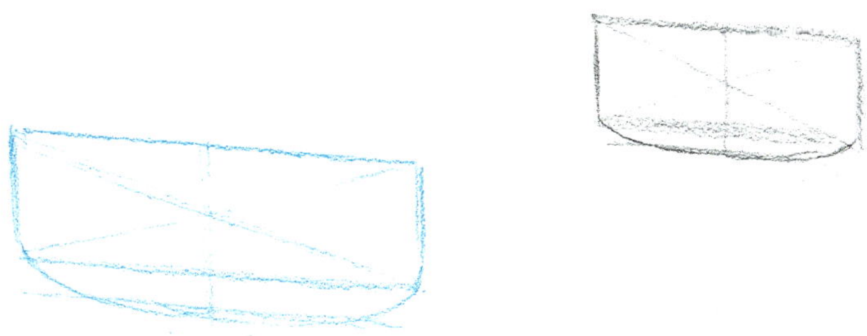

2 Den Bug des Boots versetzt zum Heck ebenso konstruieren, jedoch schmaler. Die Unterkante des Bugs liegt auf derselben Höhe wie die Oberkante des Hecks.

3 Nun folgen die oberen Seitenkanten des Rumpfs. Die linke ist nur minimal gekrümmt. Die rechte ist deutlich stärker gekrümmt. Mit einem zweiten Strich wird die Stärke der Planken angedeutet.

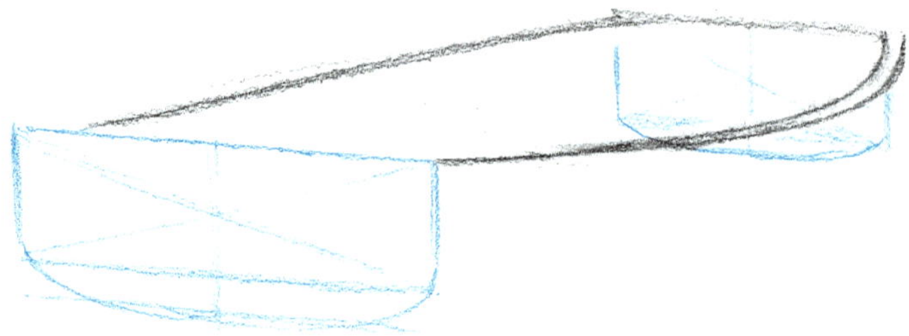

BEGRIFF

Aus bestimmten Blickwinkeln erscheinen Motivelemente kürzer, als sie tatsächlich sind. Das nennt man **perspektivische Verkürzung.**

4 Zuerst die gekrümmten Planken auf der rechten Seite des Bootsrumpfs zeichnen. Die Planken auf der linken Seite (Innenseite) des Rumpfs sind gerader.

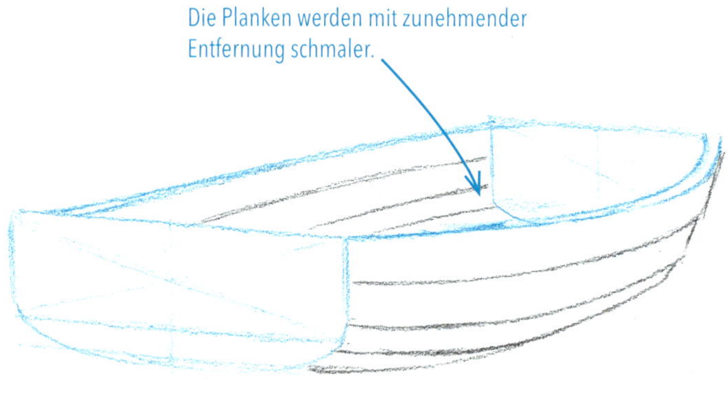

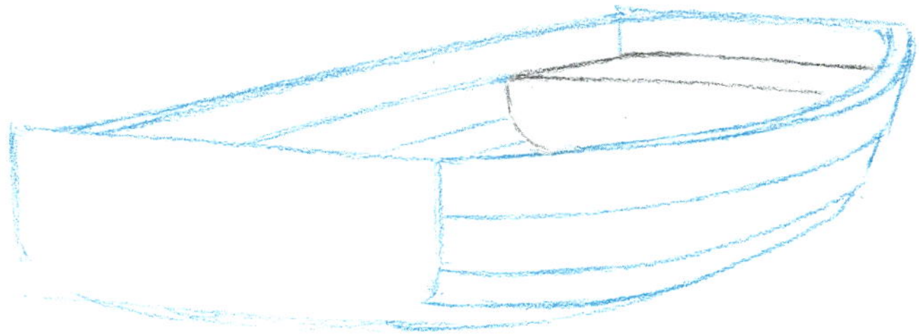

5 Für die Sitzbank im Bug zuerst quer die langen parallelen Striche zeichnen, die die Sitzfläche begrenzen. Dann die kürzeren Striche hinzufügen, die der Form des Bootsrumpfs folgen.

Das Papier um 45 Grad drehen und die Bögen des Segels zeichnen.

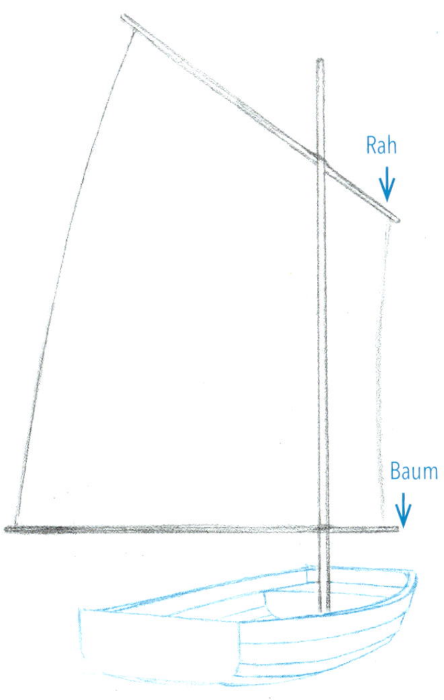

6 Beim Zeichnen des Masts darauf achten, dass beide Konturlinien parallel und exakt senkrecht verlaufen. Den Baum (unten am Mast) waagerecht zeichnen. Die Rah (oben am Mast) hinzufügen. Sie fällt deutlich nach rechts ab.

7 Das Ruderblatt, seine senkrechte Halterung am Heck und die Pinne zeichnen.

Dann folgt die Figur im Boot. Zuerst Rumpf und linken Arm mit einfachen Rechtecken skizzieren, den Kopf als Oval. Die Falten der Kleidung, das Ärmelbündchen und den Kragen andeuten. Die Haare schattieren. Sie sind oben heller als am Hinterkopf. Das Bein ist angewinkelt und wird teilweise vom linken Arm verdeckt.

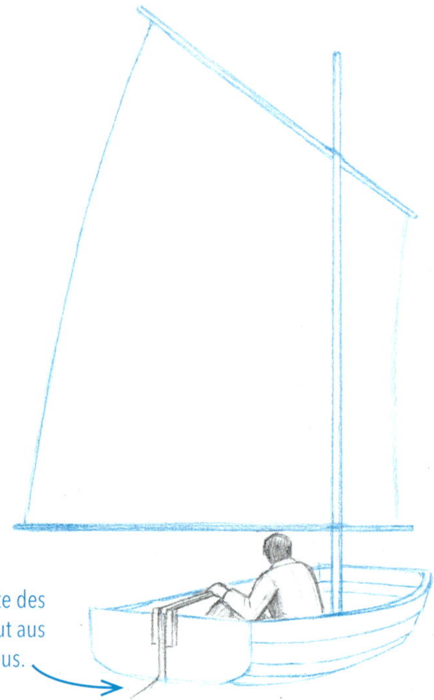

8 Das Heck des Boots mit waagerechten Strichen schattieren. Die Schraffuren an den Seiten des Rumpfs folgen der Ausrichtung der Planken.

Für die Wellen das Wasser zuerst mit waagerechten Strichen in einem hellen Ton schattieren. Um den Schatten des Boots zu bestimmen, zwei ganz blasse senkrechte Striche von den äußersten Enden des Boots abwärts zeichnen. Zwischen diesen Strichen ein leicht schräg liegendes Muster aus hellen und dunklen Streifen schraffieren.

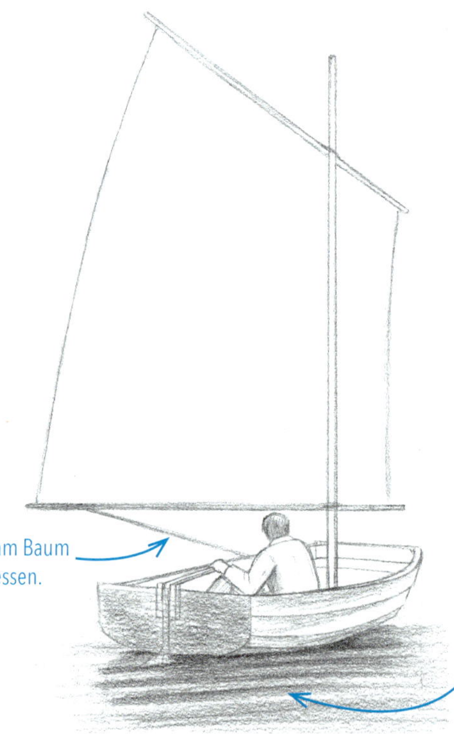

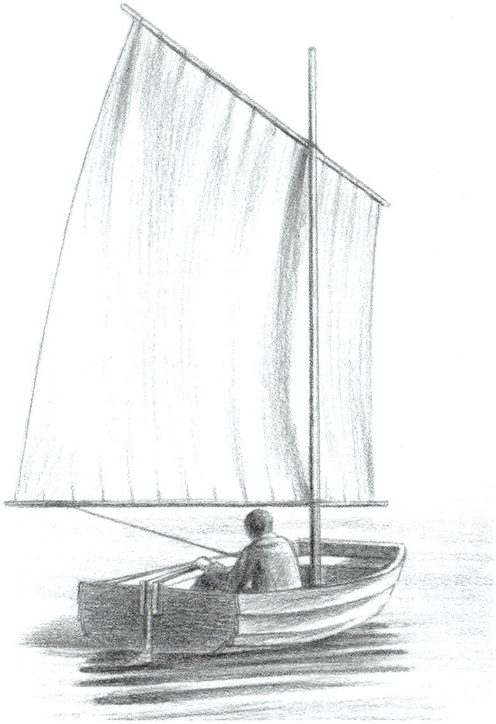

9 Jetzt das Innere des Boots und die Figur schattieren. Der Schatten des Masts folgt der Wölbung des Segels. An den Punkten, an denen das Segel an Baum und Rah befestigt ist, dünnere Schattierungen einfügen. Einige der dunklen Schatten intensivieren, um das Graustufenspektrum der Zeichnung zu erweitern.

Das Wasser bis zur Horizontlinie, die sich knapp oberhalb der Segelunterkante befindet, blass schraffieren.

EXTRAAUFGABE

Nur die wichtigsten Konturen durchpausen und übertragen, damit der Hund nicht zu dominant wirkt.

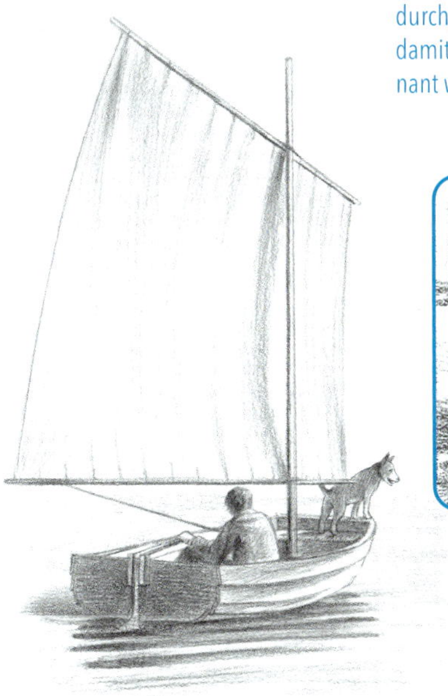

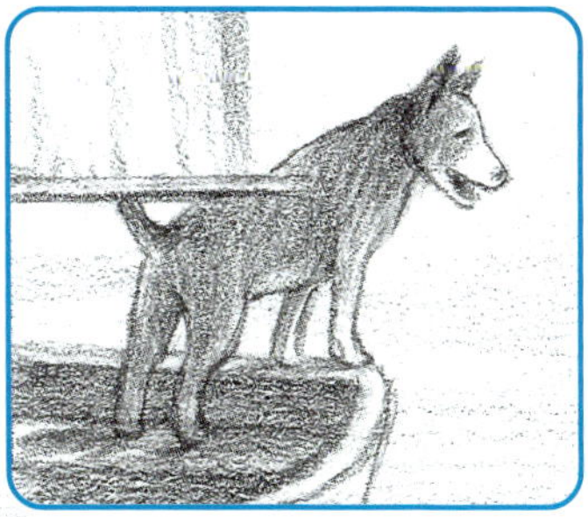

Den Hund von der vergrößerten Abbildung durchpausen, dann das Papier umdrehen und die Striche mit weichem Bleistift nachzeichnen. Das Papier wieder umdrehen und so auf die Zeichnung legen, dass die Vorderbeine des Hundes auf dem Bug des Boots stehen. Die Konturen mit einem spitzen Bleistift 2B übertragen. Das Transferpapier abnehmen und alles innerhalb der Kontur (Teil des Bootes und Wasseroberfläche) ausradieren. Die Kontur des Hunds sauber nachzeichnen, dann das Fell schattieren.

BECHER IM LICHT

LEVEL ●●●●○ ANZAHL DER SCHRITTE: 9

Im direkten Sonnenlicht fallen Details dieses Bechers ins Auge, die man sonst leicht übersehen würde. Am Rand und am Fuß sind interessante Übergänge und Lichtreflexe zu erkennen. Die Konturen am Rand und an der rechten Seite sind sehr klar, während die linke Seite fast fließend in den Hintergrund übergeht. Das Licht bestimmt die Tonwerte.

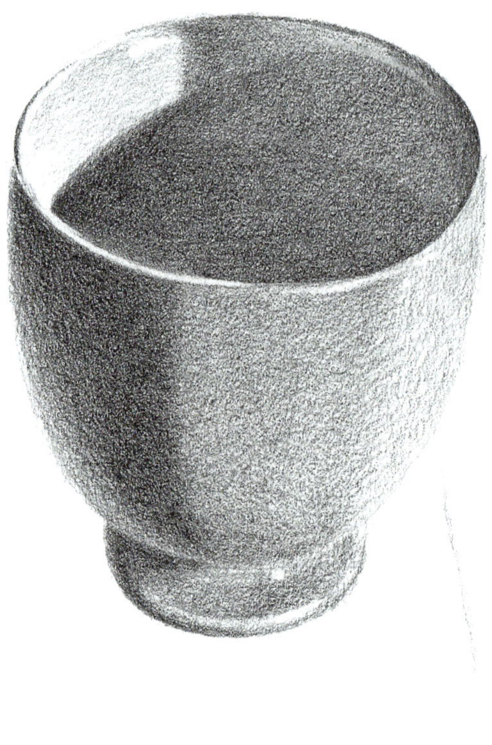

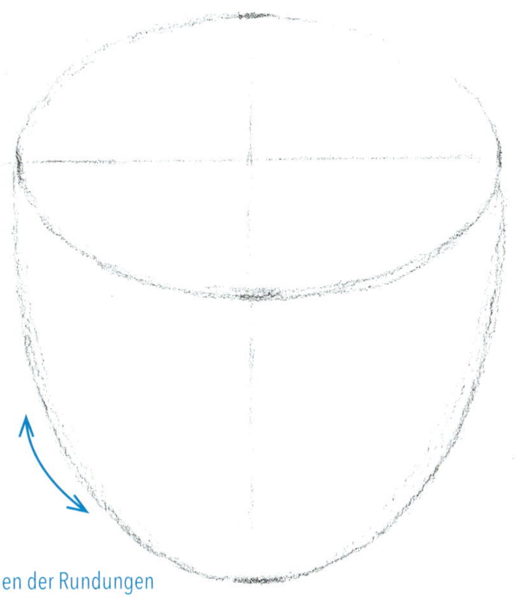

Beim Zeichnen der Rundungen den Bleistift senkrecht aufsetzen und das Papier drehen.

1 Eine Ellipse mit einer 8 cm langen waagerechten Achse und einer 4,5 cm langen senkrechten Achse zeichnen. Die sichtbare Vorderseite des Bechers ohne Fuß ist ebenfalls 4,5 cm hoch. Zwei symmetrische Bögen für den Becherrand hinzufügen, die sich in dem unteren Markierungspunkt treffen.

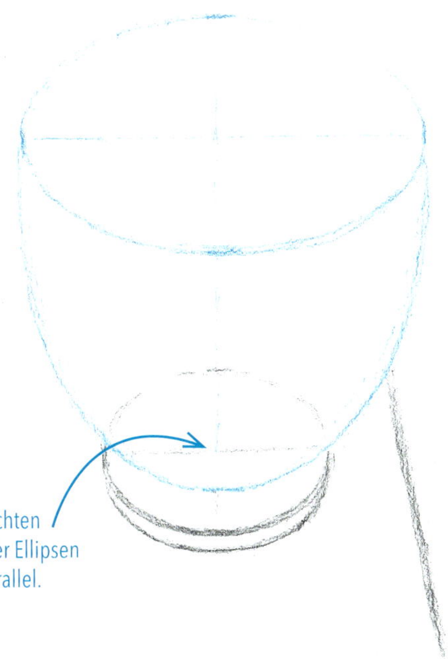

Die waagerechten Achsen beider Ellipsen verlaufen parallel.

2 Für den Fuß des Bechers eine ähnliche, aber kleinere Ellipse zeichnen. Ihre waagerechte Achse verläuft parallel zur Achse der oberen Ellipse, liegt 8 mm über der tiefsten Stelle der Bögen und ist 4 cm lang. Die senkrechte Achse der kleineren Ellipse ist knapp 3 cm lang. Um die Stärke des Bodens darzustellen, wird unter der unteren Ellipse ein weiterer Boden eingefügt.

3 Für den Schattenverlauf im Inneren einen Bogen zeichnen, der zunächst dem vorderen Rand folgt (**A**), dann abknickt und schräg aufwärts verläuft (**B**) und kurz vor dem oberen Rand endet. Darunter einen Bogen zeichnen, der parallel zum oberen Rand verläuft (Oberfläche des Inhalts). Den senkrechten Übergangsbereich mit kurzen waagerechten Strichen schraffieren (**C**).

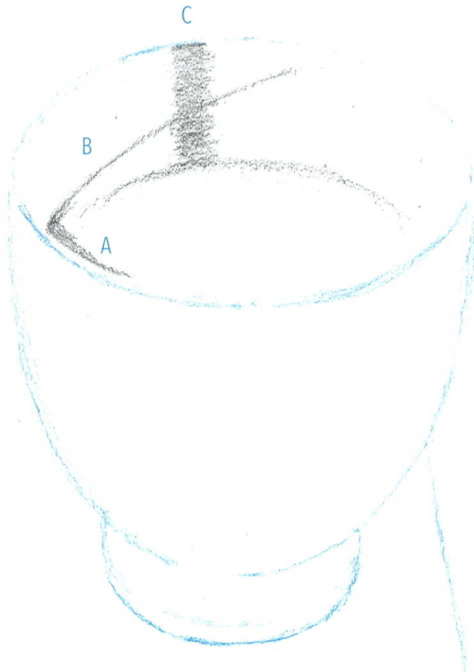

BEGRIFF

Von **verlorenen Konturen** spricht man, wenn die Tonwerte der Kontur eines Objekts und des Hintergrunds identisch sind, sodass man beide als eine Form wahrnimmt.

4 Den unteren Bereich (Oberfläche der Füllung) in einem dunklen Grauton (70 Prozent) schattieren, wobei die linke Seite geringfügig dunkler ist. Die Umrisse entstehen nur durch die Schraffur, eine Konturlinie wird nicht gezeichnet. Einen kleinen keilförmigen Bereich am aufsteigenden Bogen schraffieren.

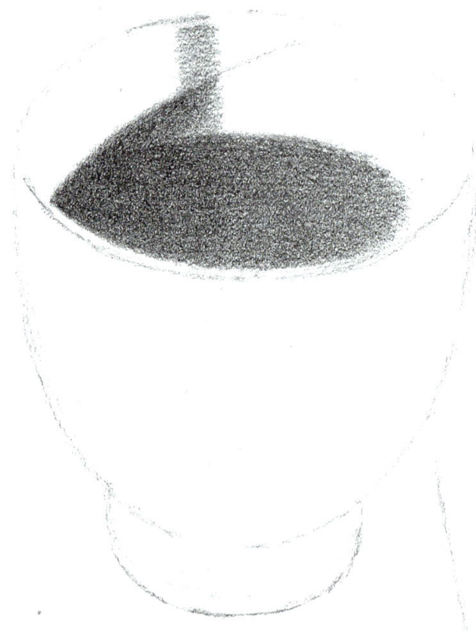

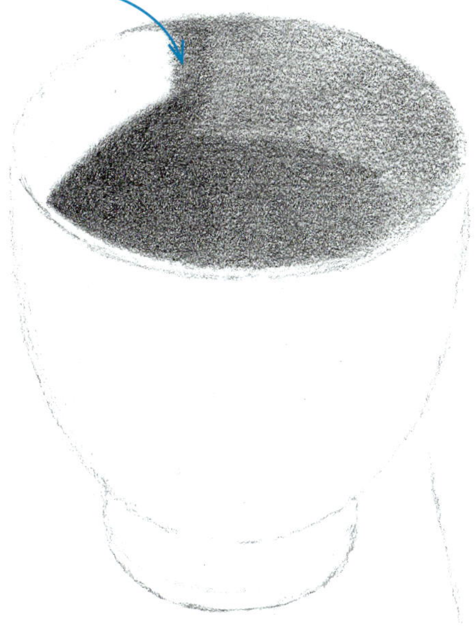

5 Der rechte innere Rand des Bechers wird etwas heller schraffiert.

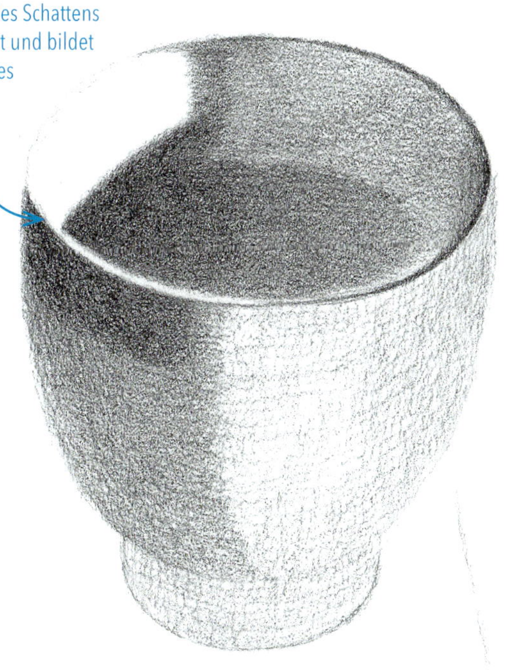

6 Das gesamte Äußere des Bechers zuerst mit kurzen senkrechten Strichen hell schattieren. Dann mit kurzen waagerechten Strichen schraffieren, die der Form des Bechers folgen. Dabei soll ein Tonwert von etwa 30 Prozent entstehen. In einem zweiten Arbeitsgang die linke Seite abdunkeln. Dann die linke Seite in einem dritten Arbeitsgang auf etwa 80 Prozent abdunkeln (am Rand erkennbar, aber noch unvollständig).

Den rechten Becherrand sehr dunkel eintönen. Der linke Becherrand bleibt sehr hell.

7 Beim Schattieren der linken Seite des Bechers bleibt der untere linke Bereich etwas heller, um das Licht darzustellen, das von der Tischplatte reflektiert wird.

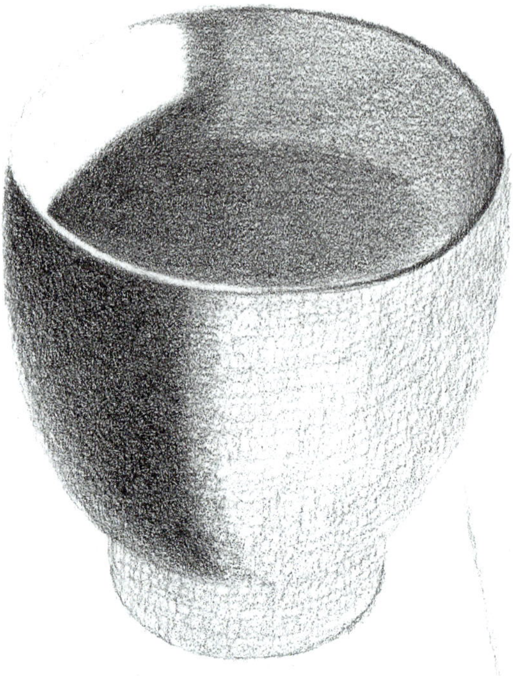

8 Den Fuß ebenfalls in mehreren Arbeitsgängen schattieren. Zuerst die gesamte Fläche hell ausfüllen. Die Mitteltöne entstehen, indem die hellen Bereiche im zweiten Arbeitsgang ausgespart werden. Die tiefsten Schatten in einem dritten Arbeitsgang abdunkeln.

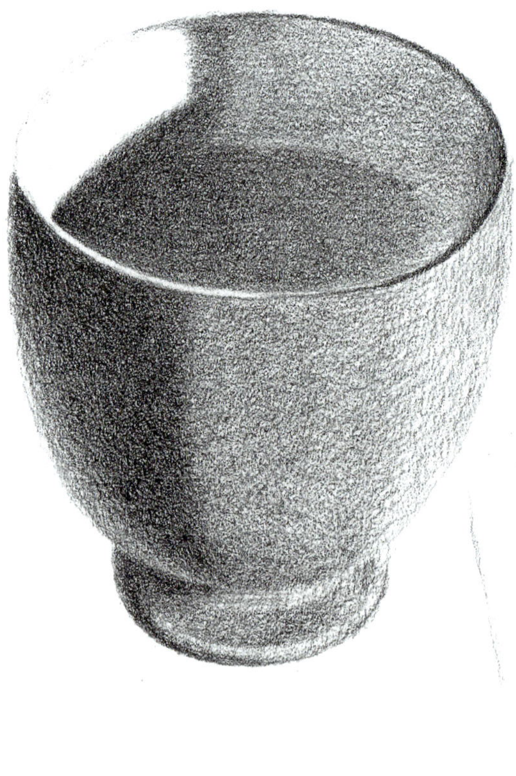

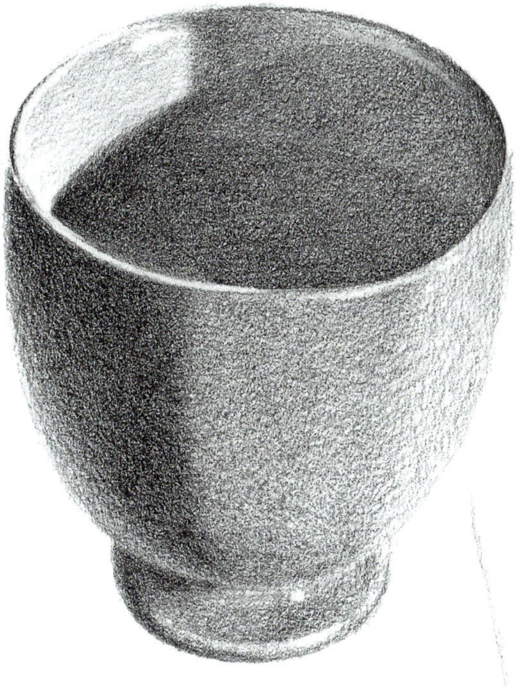

9 Den linken inneren Rand blass schattieren (10 Prozent), dann mit einem Knetradiergummi einen kleinen tropfenförmigen Lichtreflex aufhellen.

Den langen Lichtreflex direkt unter dem rechten Rand aufhellen. Zuletzt den punktförmigen Reflex in der Rille des Fußes und den länglichen Reflex unten am Rand des Fußes radieren.

Den oberen rechten Bereich nochmals überarbeiten. Sein Grauton soll die schräg aufwärts verlaufende Kurve fortsetzen.

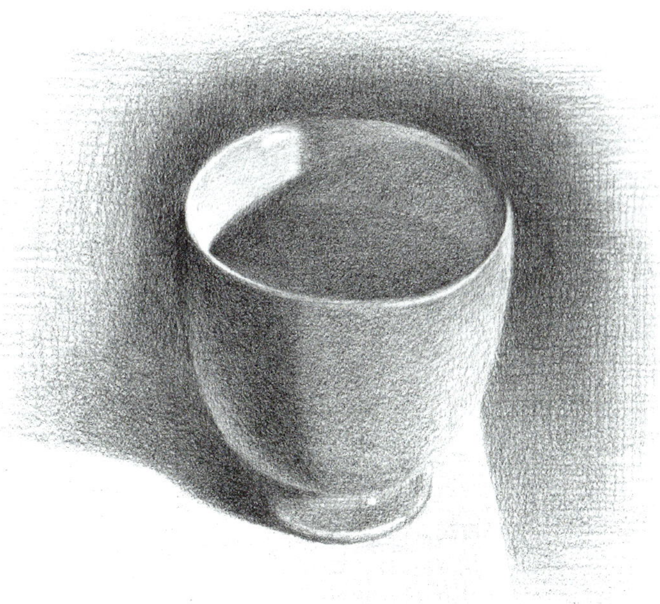

EXTRAAUFGABE

Den Hintergrund zuerst mit langen waagerechten Strichen mit einem flach aufgesetzten Bleistift schraffieren. Dann die dunkleren Bereiche mit dünneren senkrechten Strichen nochmals schraffieren. Den Tisch mit einem Bleistift HB in einem hellen Grauton (20 Prozent) schattieren.

HUND VON SCHRÄG VORN

LEVEL ●●●●○ ANZAHL DER SCHRITTE: 9

Durch den schrägen Blickwinkel wirkt diese Zeichnung sehr dynamisch. Die Überlappung der vorderen und hinteren Beine sowie die perspektivische Verkürzung verstärken die dreidimensionale Wirkung. Motive im Halbprofil haben eine sehr lebendige, interessante Ausstrahlung.

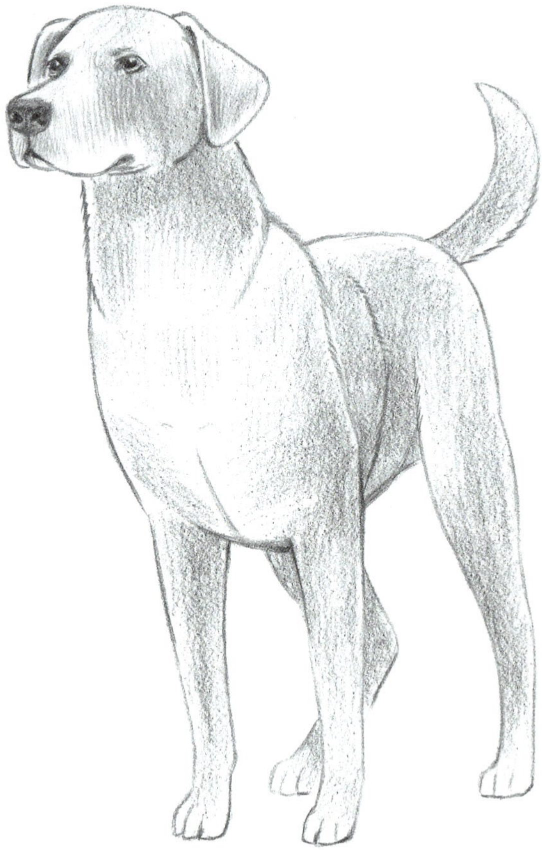

Die Markierungsstriche nur dünn zeichnen. Sie werden später ausradiert.

1 Für den Kopf des Hunds einen Kreis mit 4 cm Durchmesser vorzeichnen. Er dient als Maßeinheit für den restlichen Körper. Dieser hat eine Gesamthöhe von 4 ⅓ Kopfhöhen. Entsprechend diesen Maßen unter dem Kreis vier Markierungsstriche anzeichnen: nach 4, 8, 12 und 13,5 cm.

Die Umrissform mit durchbrochenen Strichen zeichnen.

2 Den Kopf zuerst mit durchbrochenen Strichen skizzieren. Das ist wichtig, um die Formen zu vereinfachen. Details sind in diesem Stadium noch nicht nötig. Die Schnauze sitzt links unterhalb des Kreises. Das Ohr als Dreieck andeuten, dann zwei gerade Striche für den muskulösen Hals anfügen.

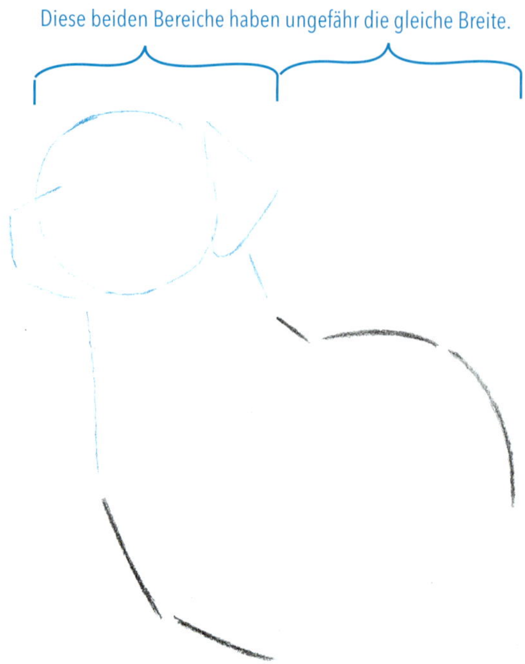

3 Die Brust- und Schulterpartie verdeckt einen großen Teil des Körpers, und das Hinterteil scheint sich direkt an den Hals anzuschließen. Das ist extrem, ergibt sich aber aus dem schrägen Blickwinkel. Rechts vom Hals zwei Bögen anfügen, dann unten links die Brust mit zwei Strichen skizzieren. Kreis und Dreieck (Kopf) sind zusammen etwa so breit wie der Hinterleib.

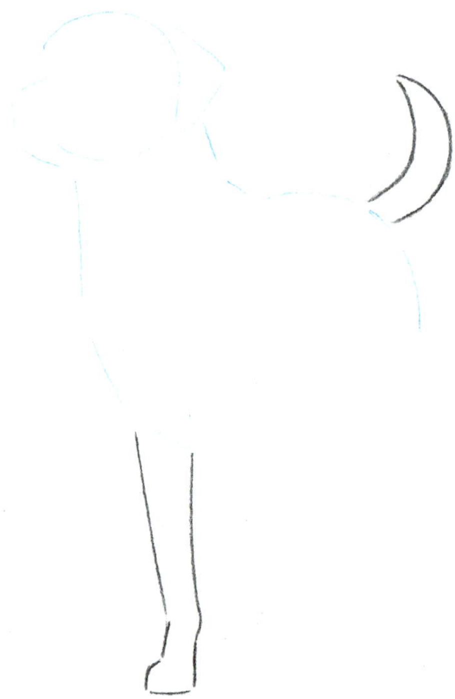

4 Der Schwanz besteht aus zwei Bögen, die aufwärts und halbmondförmig gekrümmt sind. Die äußere Kontur des rechten Vorderbeins ist gerade und verläuft leicht schräg. Die Innenseite hat dort eine kleine Wölbung, wo die Muskeln am Knochen ansetzen. Die Pfote grob skizzieren.

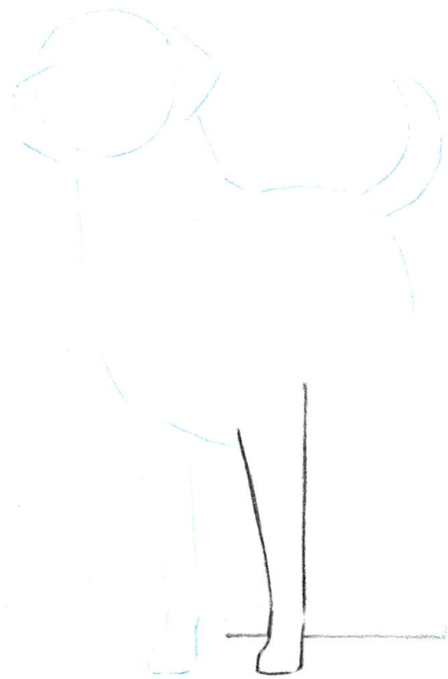

5 Beim linken Vorderbein darauf achten, dass die rechte, äußere Konturlinie senkrecht verläuft. Eine waagerechte Konstruktionslinie zeichnen, auf der im nächsten Schritt die Hinterpfoten platziert werden. Die Länge dieser Hilfslinie entspricht der Kopfbreite (siehe Schritt 3).

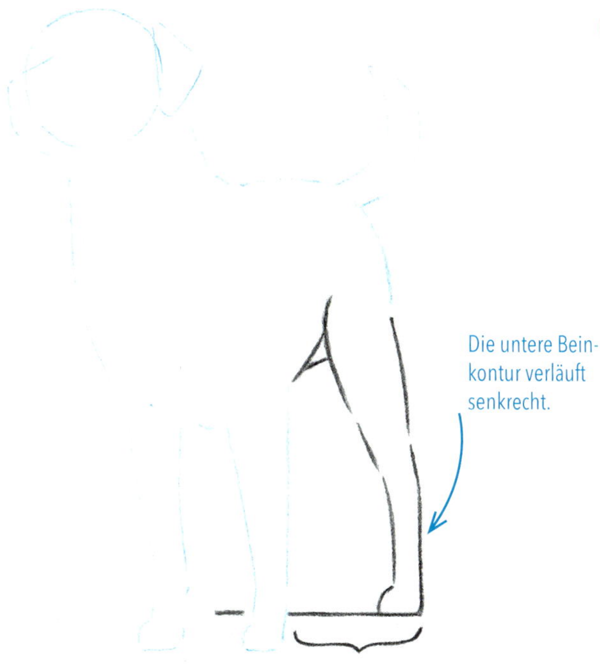

6 Beim linken Hinterbein bewirken die Knochen und Muskeln, dass die Kontur sich aus geraden Strichen und weichen Bögen zusammensetzt. Grundsätzlich sind die oberen Beine muskulöser und die unteren Beine eher knochig und sehnig. Der Bauch schließt in einem kurzen Bogen ans Hinterbein an. Weil dieses Bein von vorn gesehen wird, erscheint es komprimiert und schmal.

7 Die schrägen Linien der Brust und des rechten Hinterbeins sorgen – korrekt gesetzt – für die dreidimensionale Wirkung und bilden einen Kontrast zu den vielen senkrechten Strichen. Auch durch die leichten Krümmungen dieser Linien und dadurch, dass die Brustpartie einen Teil des hinteren Körpers verdeckt, wirkt die Zeichnung plastisch und fesselt den Blick.

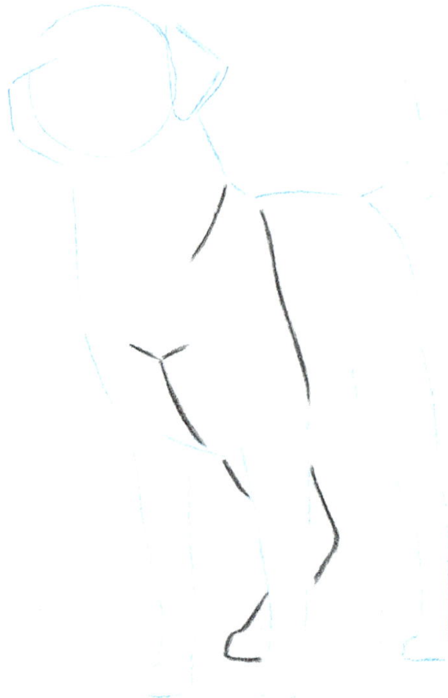

8 Jetzt folgt das Gesicht. Durch gebrochene Konturen wird dafür gesorgt, dass die Augen weder schwer noch flach wirken. Die Augen liegen auf einer gedachten Linie, die sich von den Nasenlöchern zu den Ohransätzen erstreckt. Die Schnauze und die Unterseite der Ohren schattieren.

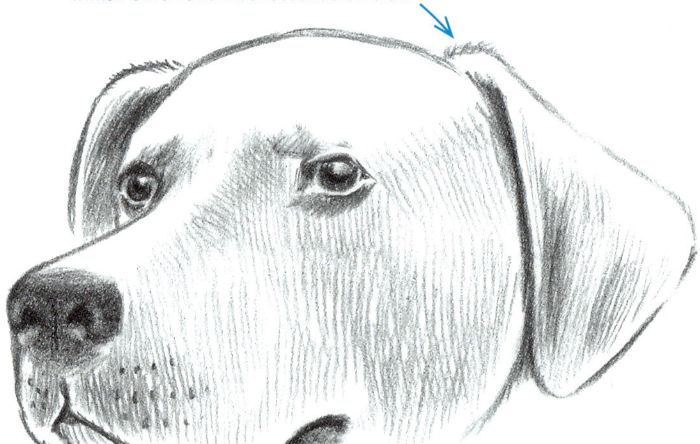

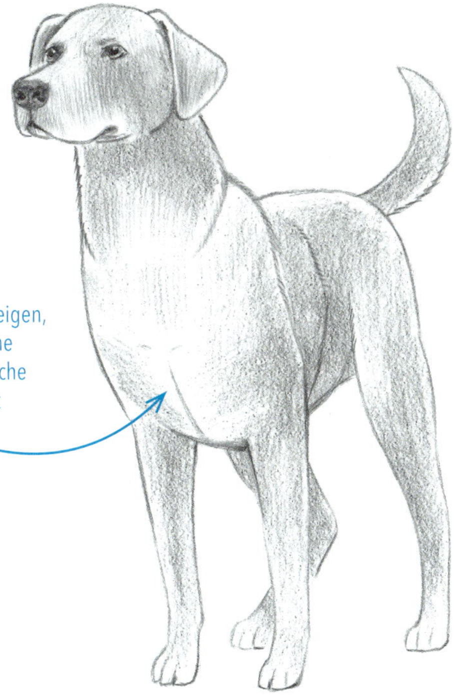

9 Nun die durchbrochenen Umrisse verbinden, um die Konturen zu verfeinern. Durch Höhenlinien die Rundung des Rückens erkennbar machen. Die Pfoten ausarbeiten. Alle noch sichtbaren Konstruktionslinien ausradieren. Beim Schraffieren Bereiche, die im Schatten liegen, stärker abdunkeln als Bereiche, die der Lichtquelle zugewandt sind. Die Schraffurstriche folgen den Körperformen.

BEGRIFF

Das **Halbprofil** ist die Ansicht schräg von vorn, bei der man Front und Seite des Motivs sieht. Es ist vor allem für Porträts sehr beliebt.

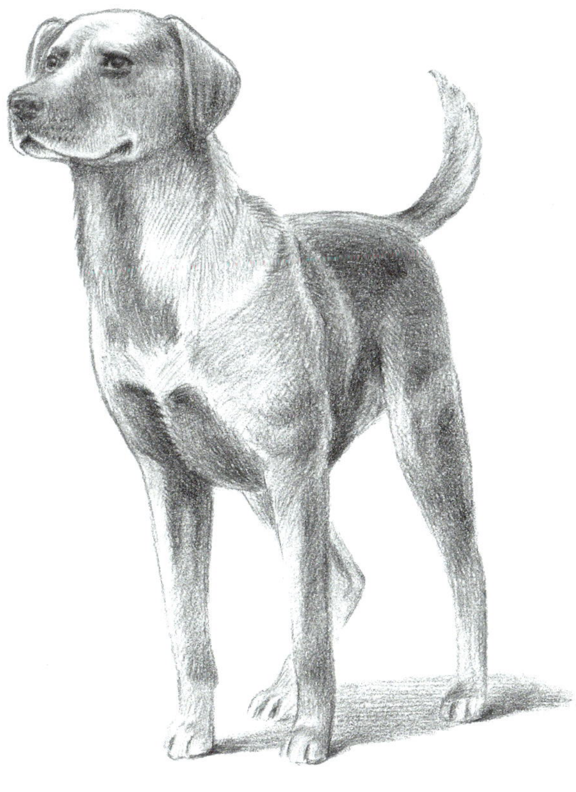

EXTRAAUFGABE

Um dunklere Tonwerte und eine lebendige Fellstruktur zu gestalten, einige Bereiche nochmals in einer anderen Richtung schraffieren. Die Lichter auf Stirn und Nase mit einem spitz geformten Knetradiergummi aufhellen. Den Schatten auf dem Boden ergänzen.

LÄUFER

LEVEL ●●●●○ ANZAHL DER SCHRITTE: 9

Läufer brauchen ein großes Lungenvolumen, damit ausreichend Sauerstoff ins Blut gelangt. Für den Zeichner sind allerdings die Asymmetrie des Körpers und die Darstellung der Bewegung die interessanteren Aspekte. Die menschliche Anatomie ist leichter zu verstehen, wenn man den Körper in einfache zwei- und dreidimensionale Grundformen unterteilt.

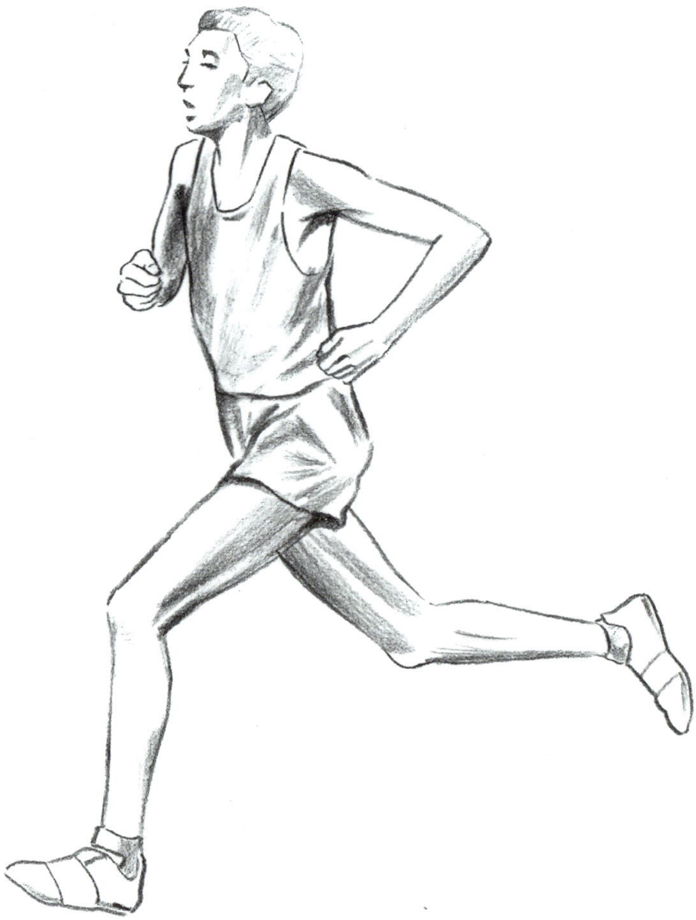

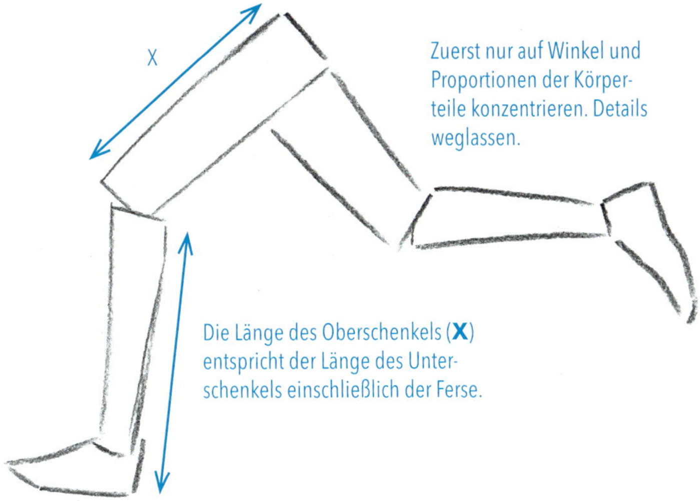

1 Zuerst die Ober- und Unterschenkel als längliche, nach unten etwas schmaler auslaufende Rechtecke vorzeichnen, die Füße fast dreieckig mit leicht gebogenen Konturen anlegen. Die Länge der Oberschenkel (**X** = 6,5 cm) dient in dieser Zeichnung als Maßeinheit, an der sich alle anderen Körperteile orientieren.

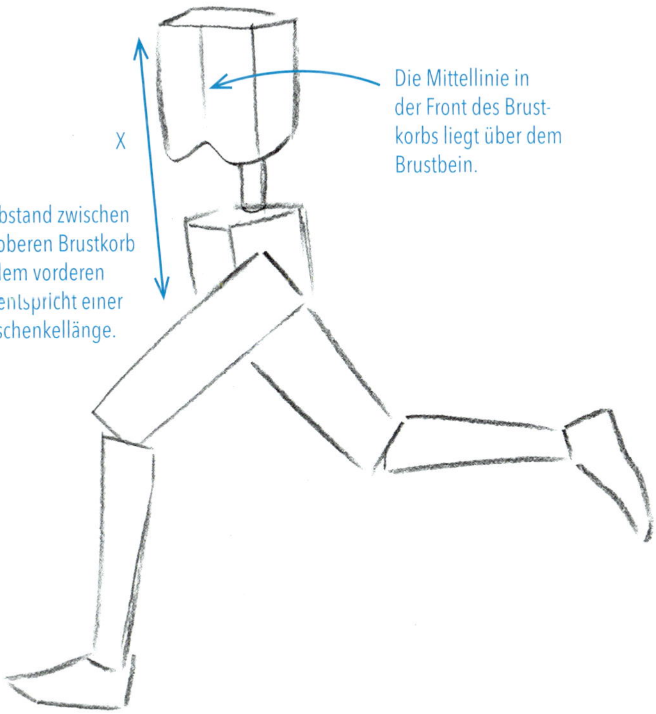

2 Becken und Brustkorb sind modifizierte Kästen. Ihre Oberkanten und die Drehung ihrer Seiten legen die Neigung von Schultern und Hüften fest. Als Wirbelsäule einen Zylinder vorzeichnen, der hinten am »Beckenkasten« ansetzt. Wegen der Drehung erscheint die Vorderseite des Beckens relativ schmal. Der Brustkorb ist dem Betrachter stärker zugewandt als das Becken.

3 Der rechte Arm der Figur wird teilweise vom Brustkorb verdeckt, die rechte Hand liegt vor dem Unterarm und verdeckt diesen komplett.

Zuerst den linken Oberarm der Figur bis zum Ellenbogen zeichnen, dann den abgewinkelten Unterarm.

Im Bereich der Überlappung überflüssige Striche ausradieren.

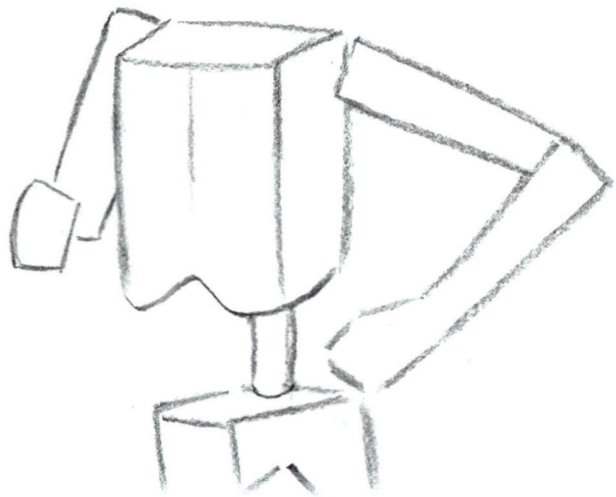

BEGRIFF

Eine **Formfigur** ist eine Darstellung des menschlichen Körpers, die nur aus einfachen zwei- und dreidimensionalen Grundformen besteht. Sie definiert Proportionen und Positionen ohne weitere Details.

4 Kopf und Hals vervollständigen die Figur. Der Kopf ist ein nach rechts geneigtes Oval, das am Kinn spitzer ausläuft. Der Hals ist ein Zylinder mit elliptischer Basis.

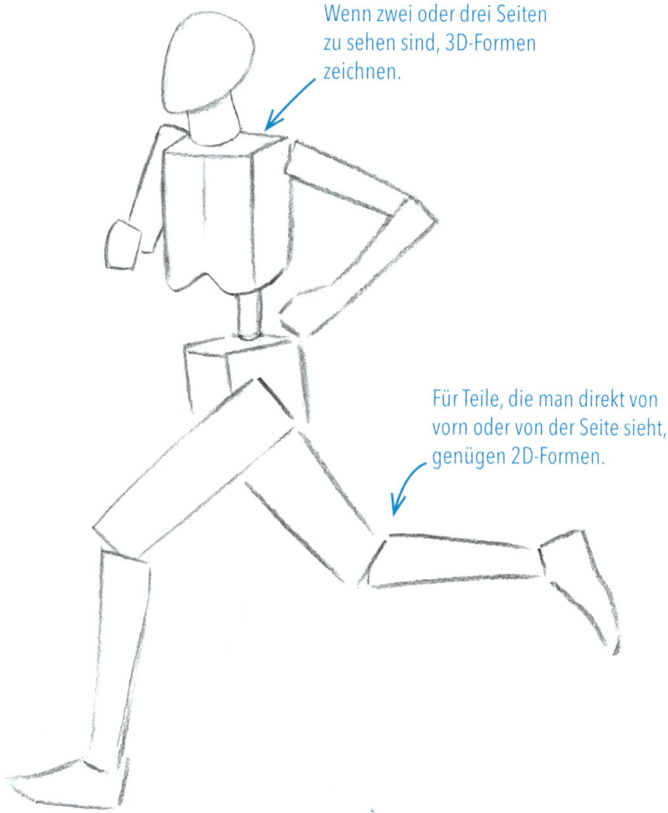

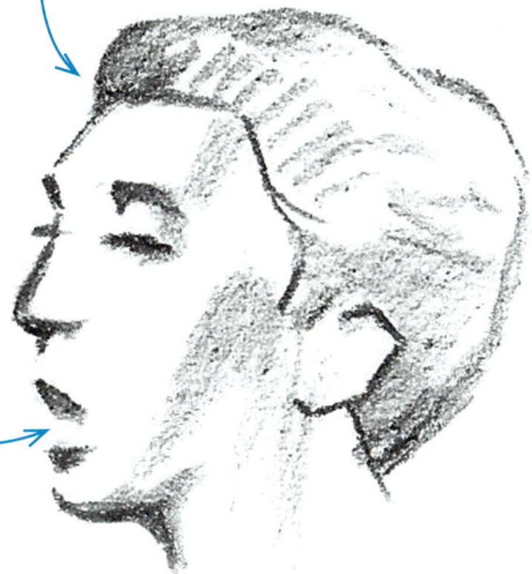

5 Die ganze Formfigur mit einem Knetradiergummi aufhellen.

Die schräge Augenlinie dünn auf der waagerechten Mittellinie des Kopfs einzeichnen. Für das zugewandte Auge genügt ein schräger Strich mit einer Verdickung in der Mitte, vom abgewandten Auge nur die Wimpern zeichnen. Die Augenbrauen einfügen. Mit Stirn und Haaren, Ohr, Nase, Mund und Kiefer fortfahren.

Schatten auf Schläfe und Wange sowie Unterbrechungen der Konturlinien verstärken die dreidimensionale Wirkung.

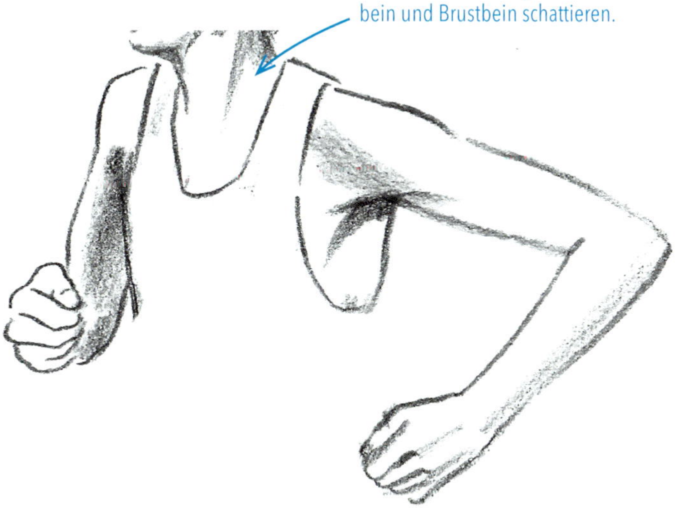

6 Die Konturen der Arme ausarbeiten.

Bei den Händen darauf achten, dass Daumen, Zeige- und Mittelfinger leicht schräg nach unten verlaufen und breiter sind als die beiden anderen Finger.

7 Die Konturen von Rumpf, Hüften und oberen Beinen ausarbeiten. Auf der Kleidung dreieckige Schatten einfügen, um den Fall des Stoffs zu verdeutlichen.

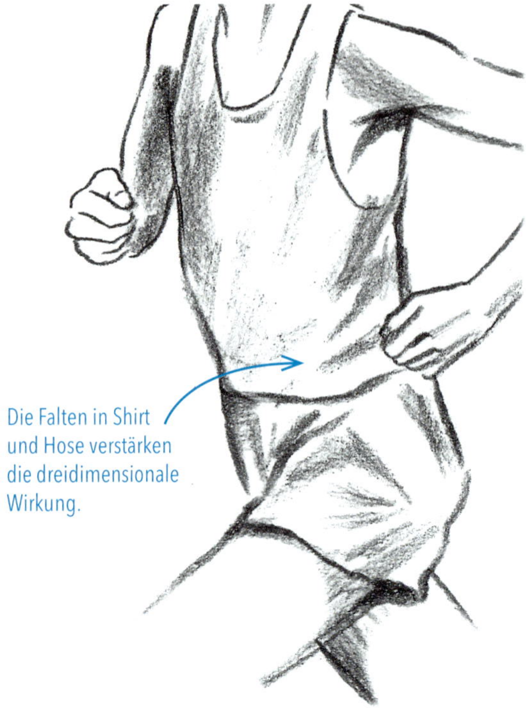

8 Beim Zeichnen der Beine die Bleistiftspitze flach aufsetzen, damit der Strich weich erscheint und von oben nach unten dünner wird. Für die schräg verlaufenden Schatten der Muskeln das Papier drehen, sodass es günstig liegt.

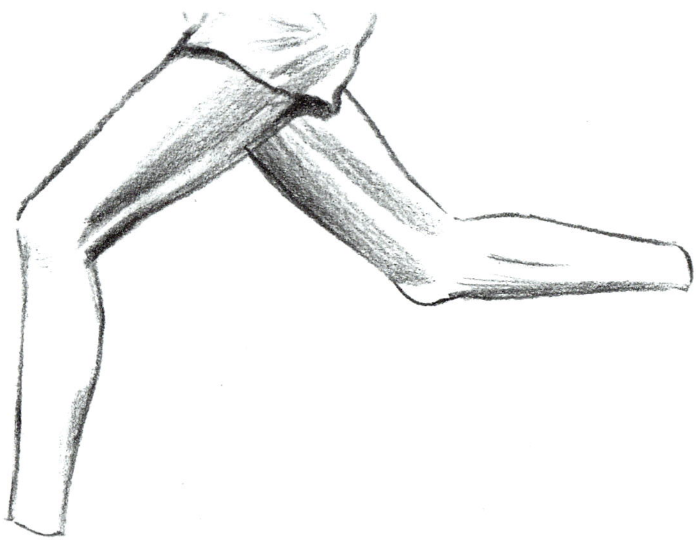

9 Die Umrisse von Socken und Schuhen zeichnen. Das Gras unter dem Läufer mit der Bleistiftspitze schraffieren. Direkt unter dem vorderen Fuß ist es am dunkelsten.

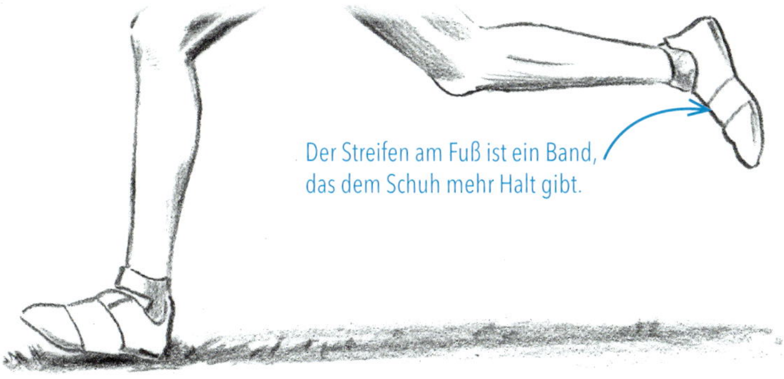

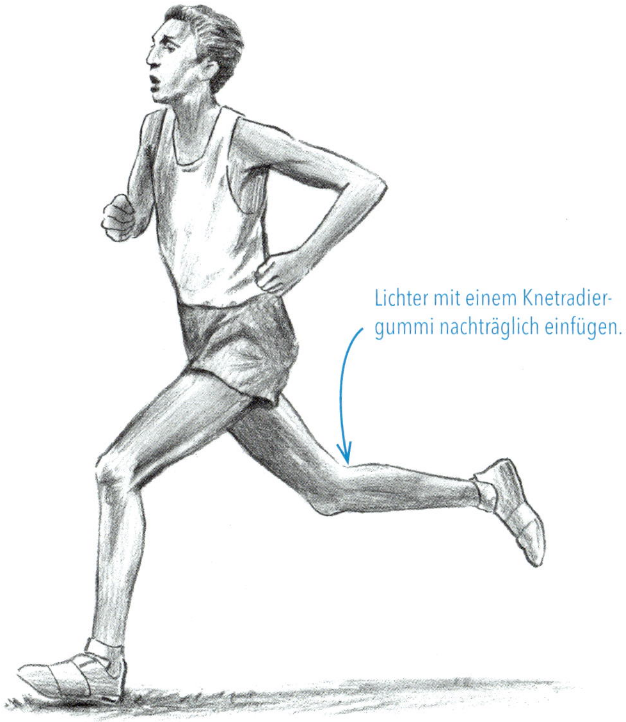

EXTRAAUFGABE

Das Gesicht detailliert ausarbeiten. Die Schattierungen der Gliedmaßen verstärken, sodass sie plastischer erscheinen. Dafür weiche Tonwertübergänge in Längsrichtung der Beine gestalten und die Schattierung abdunkeln, wo die Formen sich nach unten oder vom Betrachter abwenden.

VASE & ZITRONE

LEVEL ●●●●○ ANZAHL DER SCHRITTE: 9

Dieses Motiv zeigt zwei teils runde Objekte im hellen Sonnenlicht: ein transparentes und ein undurchsichtiges. Die Zitrone hat eine Licht- und eine Schattenseite. Die Vase erscheint als dunkle Form mit vielen deutlichen Lichtreflexen. Der Schatten der Zitrone ist einfach, während die Vase einen komplexen Schatten mit verschiedenen Formelementen wirft.

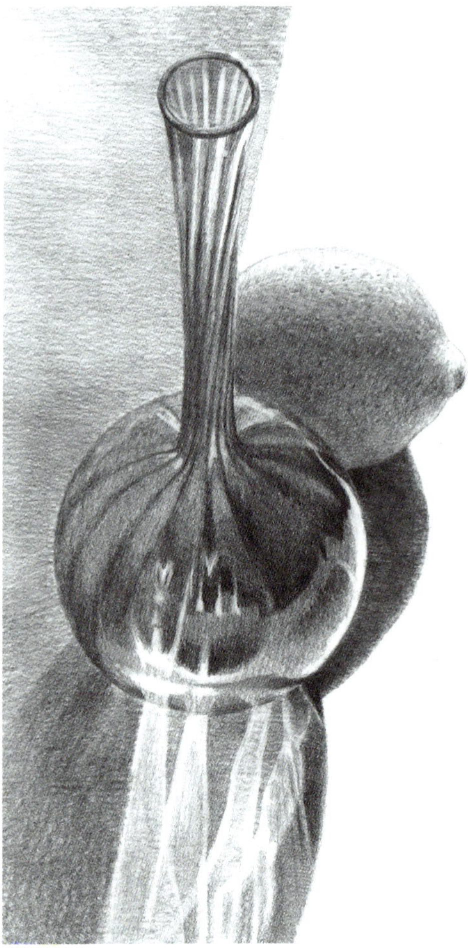

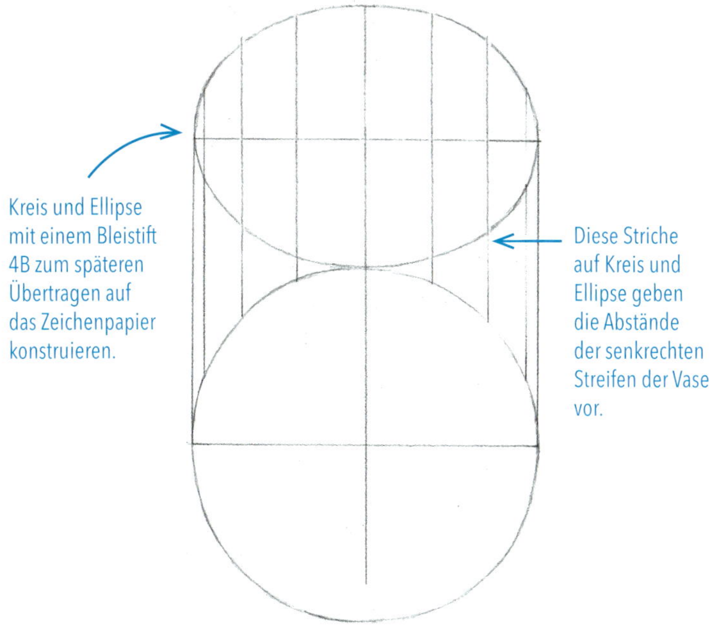

1 Auf Transparentpapier einen Kreis mit 9 cm Durchmesser zeichnen. An seiner oberen Kontur in Abständen von 1,75 cm Markierungen anzeichnen.

Zwei senkrechte Striche von 7,5 cm Länge zeichnen, die an der waagerechten Mittelachse des Kreises beginnen. An deren Enden die waagerechte Mittellinie der Ellipse zeichnen. Für die senkrechte Mittellinie der Ellipse die senkrechte Mittelachse des Kreises um 6,5 cm nach oben verlängern.

Senkrechte Striche von den Markierungen auf dem Kreis durch die Ellipse hindurch ziehen.

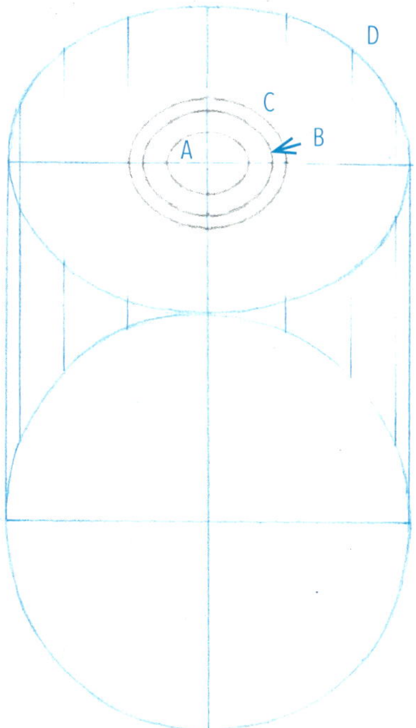

2 In die Mitte der Ellipse drei kleinere Ellipsen zeichnen. Die kleinste Ellipse (**A**) ist 1,5 cm hoch und 2 cm breit. Ellipse **B** ist 2,25 cm hoch und 3 cm breit. Ellipse **C** ist 2,75 cm hoch und 3,5 cm breit. Die größte Ellipse (**D**) wurde bereits in Schritt 1 gezeichnet.

3 Auf einem A4 großen Stück Bristolpapier die senkrechte Achse für die Vase zeichnen. Sie ist 18 cm lang und beginnt 9 cm über der unteren Papierkante.

Das Transparentpapier (mit Schritt 1 und 2) umdrehen (Zeichnung unten) und die Kreisform unten bündig auf die senkrechte Mittelachse (auf dem Zeichenpapier) legen. Das Transparentpapier mit Malerkrepp fixieren. Mit einem Papierwischer kräftig über den Kreis streichen.

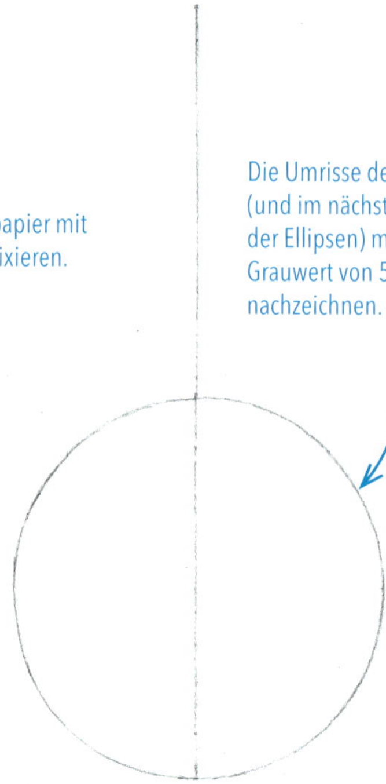

BEGRIFF

Die **Anatomie des Lichts** ist ein Modell der Lichtverhältnisse. Es setzt sich zusammen aus angestrahlter Seite, Lichtreflex, Mitteltönen, im Schatten liegender Seite (oder Seiten), reflektiertem Licht und Schlagschatten.

4 Die obere Kontur von Ellipse **A** ans obere Ende der Vasenachse legen und übertragen. Die obere Kontur von Ellipse **B** 1,5 cm unter der Kreisoberkante anlegen und übertragen. Dann Ellipse **C** 1,5 cm über der Kreisunterkante anlegen und übertragen.

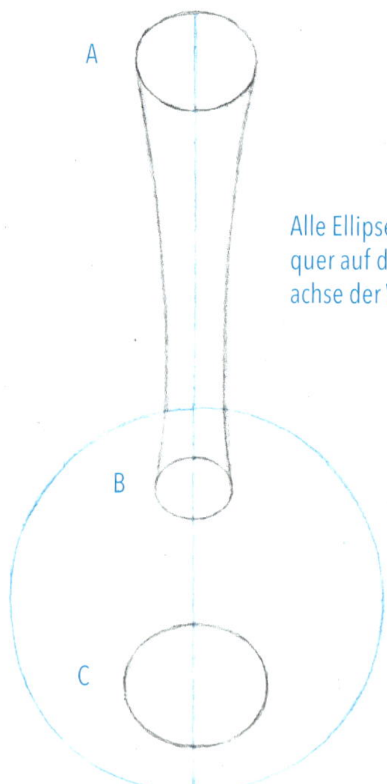

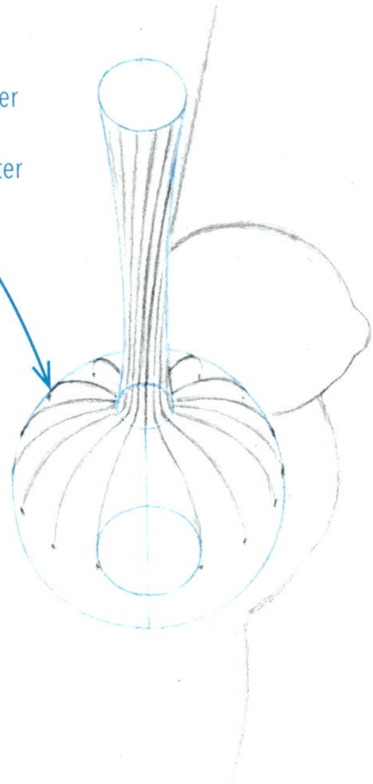

5 Die waagerechte Mittelachse von Ellipse **D** auf die waagerechte Mittelachse des Kreises legen und die Ellipse inklusive der Markierungen auf der Kontur übertragen.

Die Bögen für die Streifen der Vase zeichnen: Sie beginnen auf den übertragenen Markierungen auf Ellipse D und krümmen sich zum Ansatz des Vasenhalses hin.

Die Kontur der Zitrone aus der Hand vorzeichnen.

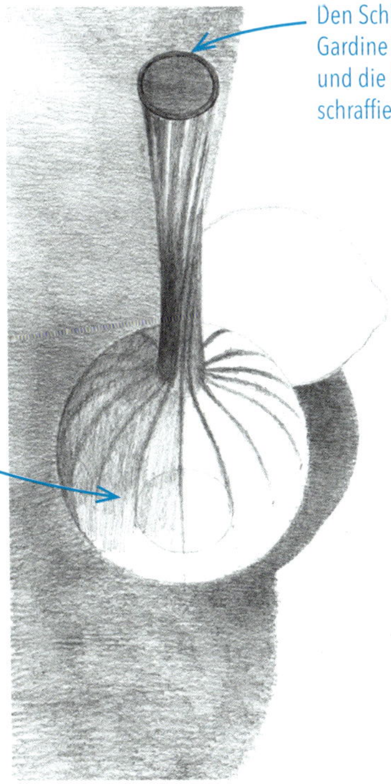

6 Mit kurzen überlappenden Strichen die Übergänge des Schlagschattens schraffieren. Am dunkelsten ist er unter der Zitrone.

Beim Schattieren der Vase die Streifen beachten. Am dunkelsten ist die untere Hälfte des Halses. Am oberen Hals bleiben zwischen den Streifen lange weiße Lichter frei. Den oberen Rand sehr dunkel schattieren, die Öffnung selbst mit einem Grauwert von etwa 70 Prozent. Die linke Seite des unteren Teils mit dunklen bis mittleren Mitteltönen schraffieren.

7 Das Streifenmuster auf dem Vasenbauch mit dunkleren und helleren Schattierungen weiter ausarbeiten. Die dunkelsten Tonwerte befinden sich unter der Zitrone, die hellsten oben und unten an der Vase. Den elliptischen Boden der Vase mit senkrechten Strichen schraffieren, sodass er dunkler erscheint, aber eine weiche Kontur behält.

Die Oberseite der Zitrone mit einem Bleistift HB blass schattieren (20 Prozent). Der darunterliegende Teil ist dunkler, hat aber durch das reflektierte Licht vom Tisch einen hellen Rand.

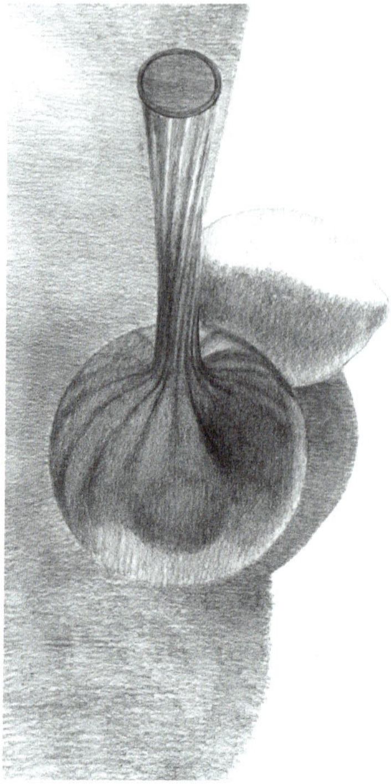

8 Mit einer breiten, runden Spitze des Knetradiergummis die Lichter gestalten, die unterhalb der Vase auf dem Tisch zu sehen sind. Dann die Spitze dünner formen und die Lichter im oberen, rechten und unteren Bereich des Vasenbauchs aufhellen. Zuletzt die länglichen Lichtreflexe am oberen Hals verfeinern.

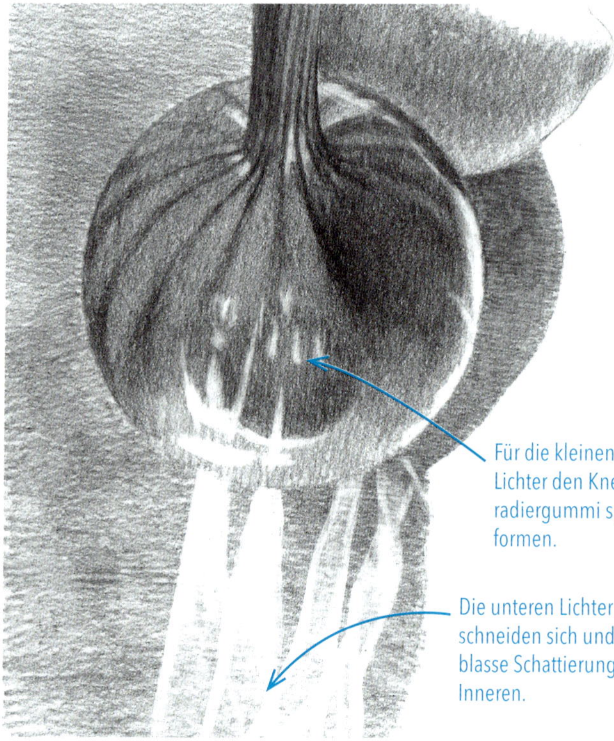

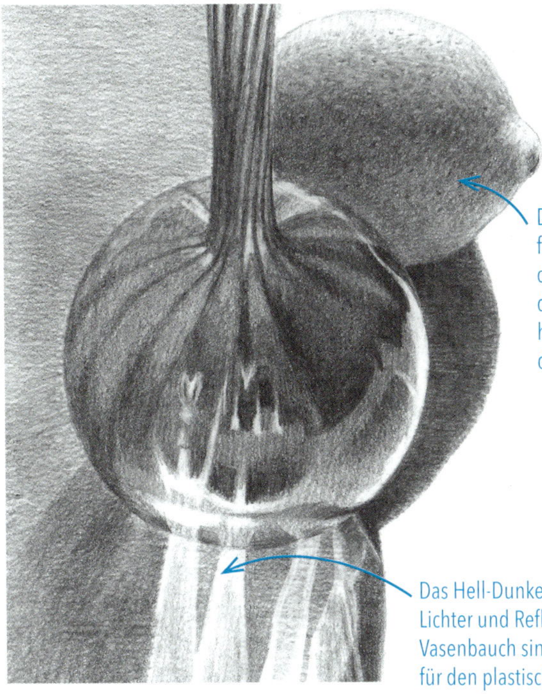

Die narbige Oberfläche entsteht durch winzige dunkle Formen und hellere Lichter direkt darunter.

Das Hell-Dunkel-Muster der Lichter und Reflexionen auf dem Vasenbauch sind entscheidend für den plastischen Eindruck.

9 Die dunkelsten Schlagschatten der Vase und der Zitrone eintönen. Den oberen Vasenrand nochmals abdunkeln, ebenso Bereiche zwischen den Streifen am Hals und um einige der kleinen Lichtreflexe herum.

Für die Oberfläche der Zitrone zuerst einige winzige unregelmäßige Flecken mit einem Bleistift HB schraffieren, dann die Vertiefungen mit einem Bleistift 6B andeuten. Unter einigen der Vertiefungen winzige Lichter einfügen.

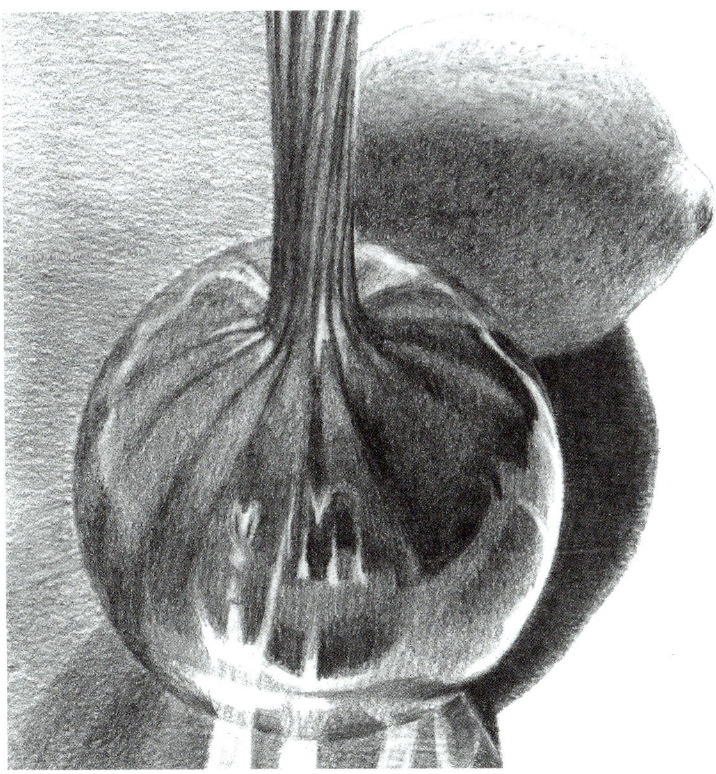

EXTRAAUFGABE

Die Oberfläche der Zitrone weicher gestalten. Zuerst die Fläche mit der Spitze eines Knetradiergummis betupfen, um sie aufzuhellen und die Striche etwas zu verwischen. Die Schattenzone oberhalb der Mitte abdunkeln, dabei auf weiche Übergänge achten. Die Lichter auf der Vase mit einem Knetradiergummi weiter ausarbeiten. Zuletzt den Schatten unter der Zitrone mit einem Bleistift 8B schwärzen (100 Prozent), nur sein Rand bleibt etwas heller (80 Prozent).

TIEFSEEFISCH

LEVEL ●●●●○ ANZAHL DER SCHRITTE: 9

Solche geheimnisvollen Lebewesen findet man in der Tiefsee. Für die plastische Wirkung kommen verschiedene Techniken zum Einsatz, beispielsweise helle Figur auf dunklem Grund, Überlappung, Fluchtlinien sowie Veränderungen des Detailreichtums und der Größe. Die Körperform folgt grob einer unvollständigen Acht: Sie beginnt und endet am Kopf.

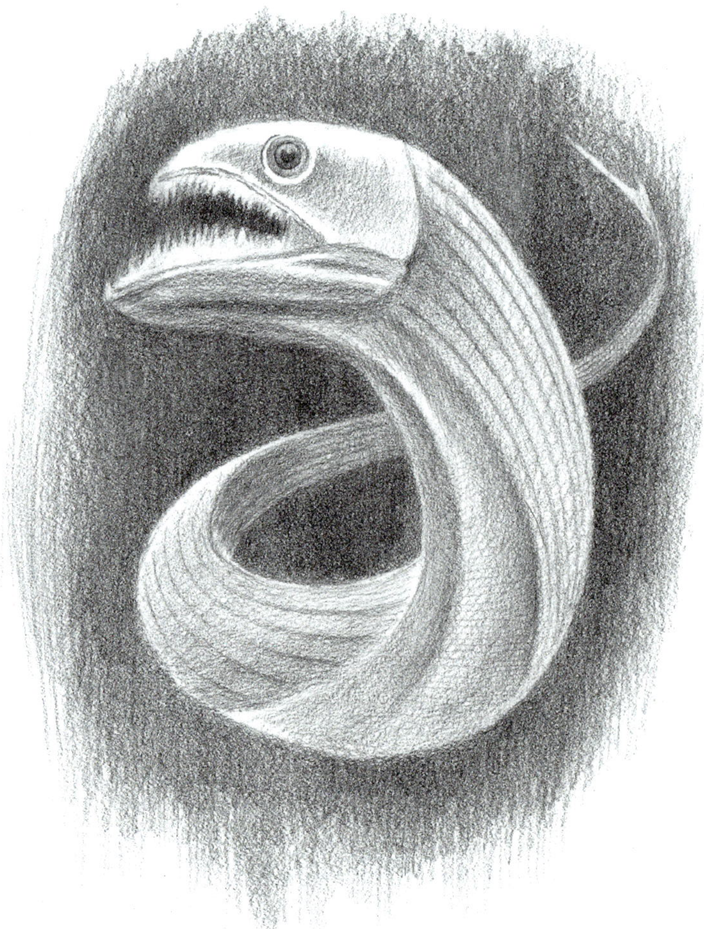

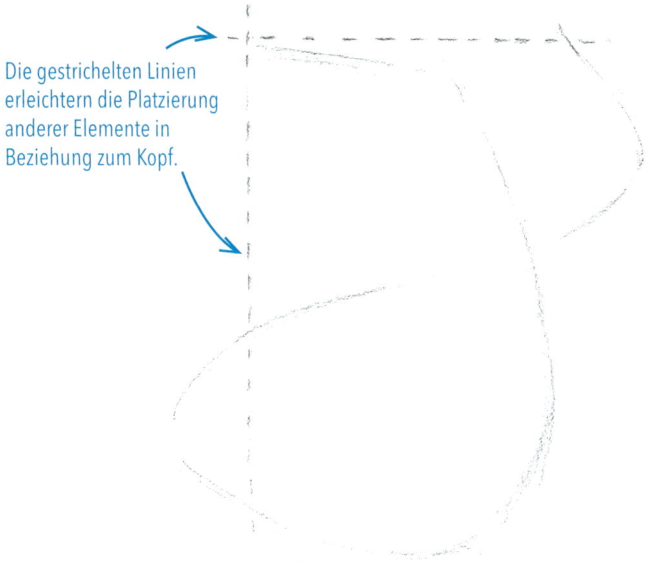

1 Die geschwungene Bewegungslinie in mehreren Abschnitten skizzieren. Oben links mit einer nur leicht abfallenden Linie für den Kopf beginnen. Daran schließt sich die steile Schrägung des vorderen Körpers an, die in einem Bogen zum tiefsten Punkt führt. Von dort verläuft sie schräg aufwärts zum äußersten linken Punkt, dann schräg aufwärts nach rechts und weiter schräg nach links oben bis zur Schwanzspitze.

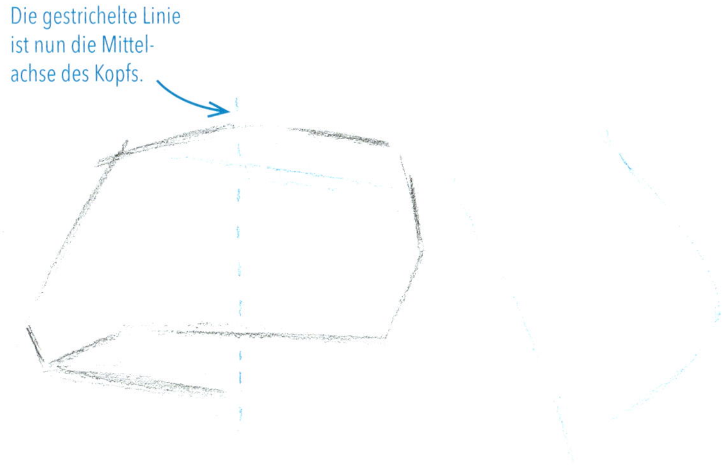

2 Der Kopf ist von schräg unten zu sehen und hat eine grobe Kastenform. Die waagerechte Linie unten steht für die dem Betrachter zugewandte Seite des Unterkiefers, die schräge Linie darunter für die abgewandte Seite.

3 Der obere Teil des Kopfs ist weiter vom Betrachter entfernt als das Maul. Die Maulöffnung skizzieren und einen Kreis für das Auge einzeichnen.

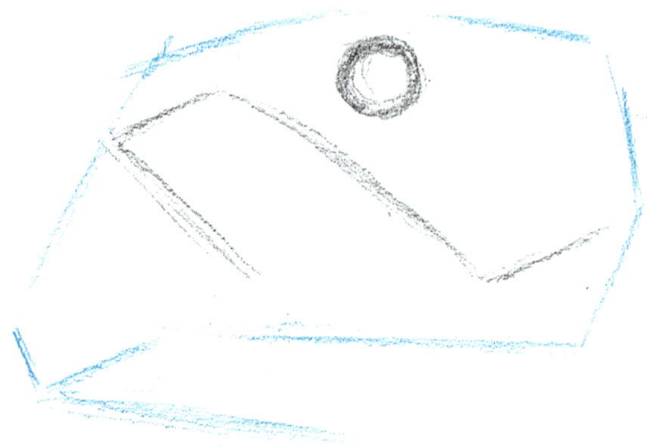

BEGRIFF

Eine räumliche Tiefenwirkung kann durch eine **Verringerung der Größe** entstehen: Gleichartige Elemente erscheinen mit zunehmender Entfernung kleiner, oder ein großes Objekt wird nach hinten schmäler.

4 Jetzt mit geschwungenen Linien die linke und rechte Körperseite sowie die Unterseite skizzieren.

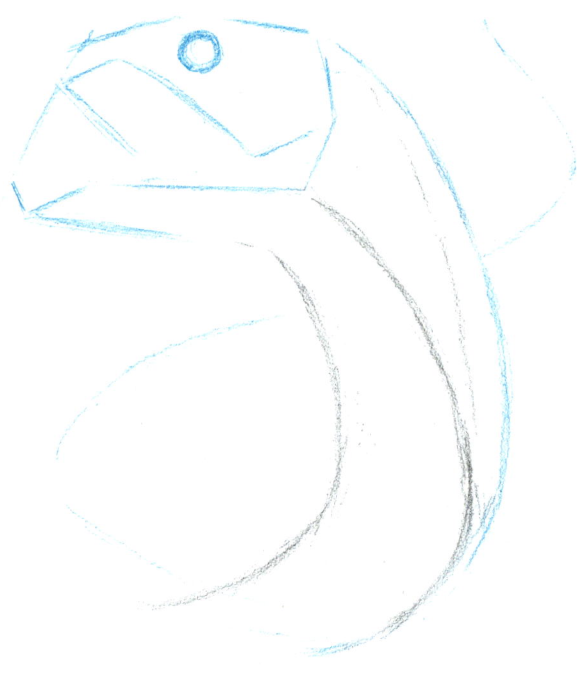

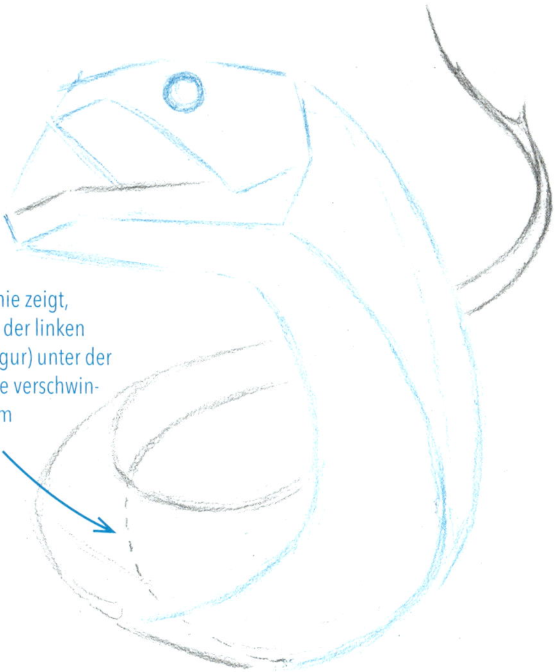

Die gestrichelte Linie zeigt, wo die Unterkante der linken Körperseite (der Figur) unter der rechten Körperseite verschwindet und wieder zum Vorschein kommt.

5 Den restlichen Körper ebenso mit geschwungenen Linien zeichnen. Die Zacken an der Schwanzspitze hinzufügen.

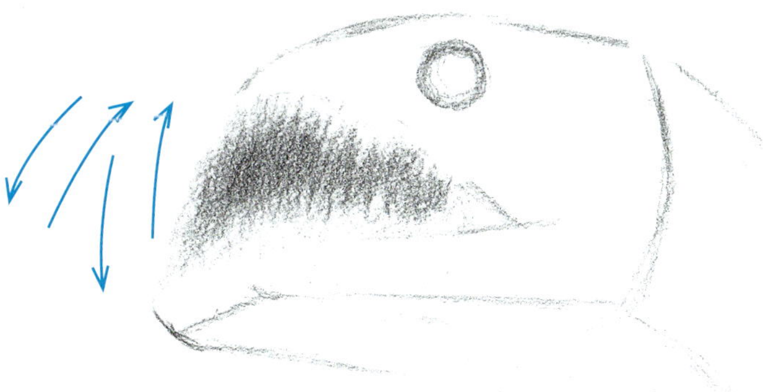

6 Das Innere des Mauls schattieren. Dabei mit nahezu geraden, aber leicht nach rechts geneigten Strichen arbeiten, sodass oben und unten bereits die zahlreichen spitzen Zähne angedeutet werden. Den Oberkopf und den Übergang zwischen Kopf und Körper abrunden.

7 Den Kopf schattieren, dabei die Ränder und die Augenumgebung heller lassen. Beim Schattieren des Kiefers die Lichtreflexe und das reflektierte Licht in den Schattenbereichen beachten.

An der Körperseite in Längsrichtung fünf Linien einzeichnen, deren Abstände sich mit zunehmender Entfernung vom Kopf verringern. Die Linien erstrecken sich über die ganze Körperlänge und enden vor dem gezackten Schwanz.

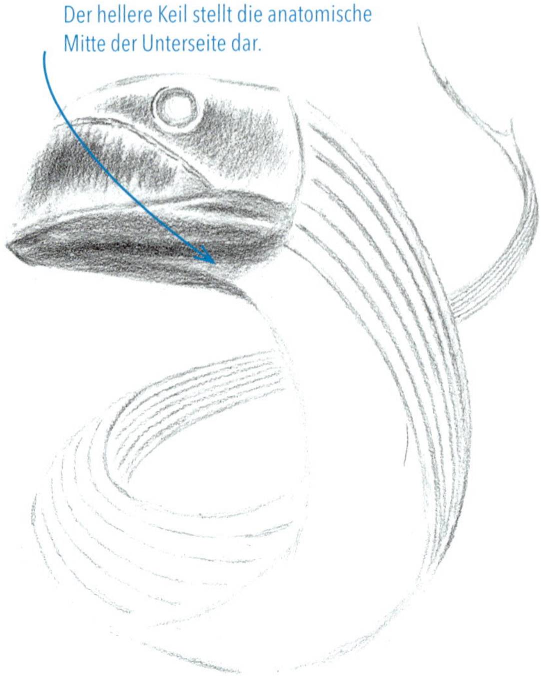

8 Beim Schattieren der Unterseite zwischen einfachen Schraffuren und Kreuzschraffuren abwechseln, um die Oberfläche zu modellieren. Die kielähnliche anatomische Mitte der Unterseite bleibt insgesamt heller.

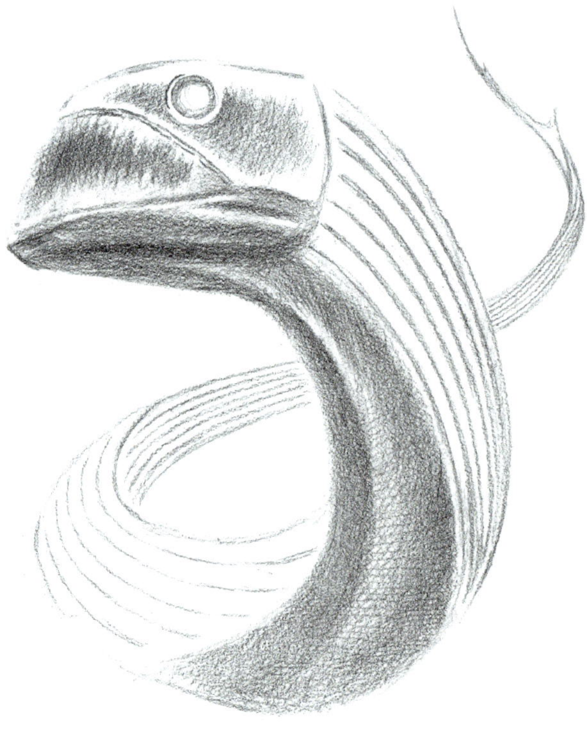

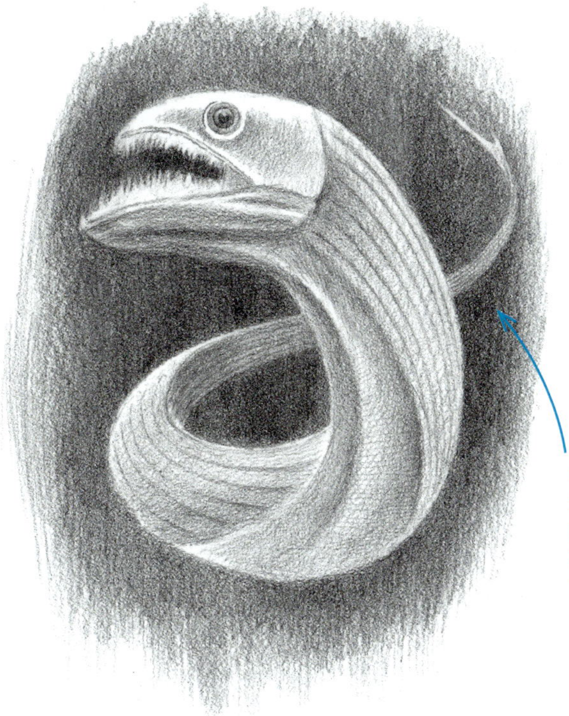

Den Hintergrund mit senkrechten Strichen schraffieren. Der Grauwert liegt bei 80 bis 100 Prozent.

9 Die rechte Körperseite (der Figur) dort etwas dunkler schattieren, wo sie an den hellen Rand der Unterseite grenzt. Die linke Körperseite schraffieren. Sie ist dort am dunkelsten, wo sie an den hellen Rand der rechten Seite angrenzt. Den Schwanz bis zu den Zacken schattieren.

Das Auge deutlich abdunkeln, aber einen Lichtreflex aussparen.

Den Hintergrund mit senkrechten Strichen mit einem Bleistift 6B dunkel eintönen. Die äußeren Ränder des Papiers und die Ecken bleiben weiß.

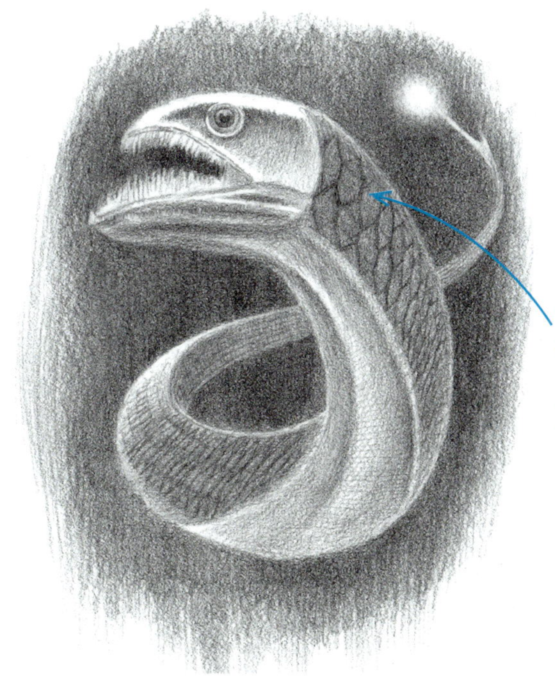

Wenn die Sechsecke zu schmal werden, mit einem Muster aus Höhenlinien fortfahren.

EXTRAAUFGABE

Auf den Körperseiten des Fischs sechseckige Schuppen ausarbeiten, die allmählich immer kleiner werden. Dabei können die Konturen der rechten und linken Körperseite als Orientierung dienen. Die Konturen der Sechsecke abdunkeln und ihre Flächen schattieren.

Den Schatten am Kopf abdunkeln, das lässt den Kopf kantiger erscheinen. Dann mit einem Knetradiergummi den Leuchtpunkt am Schwanz gestalten. Du kannst dir auch eine eigene Tiefseekreatur ausdenken.

HAND

LEVEL ●●●●● ANZAHL DER SCHRITTE: 9

Die menschliche Hand ist vor allem dann sehr ausdrucksvoll, wenn sie mit einer besonderen Tätigkeit beschäftigt ist. In dieser Übung wird eine Hand gezeichnet, die eine Schere bedient. Die Haltung mit drei gestreckten und zwei gekrümmten Fingern sieht interessant aus. Die Schere hat wegen ihrer ästhetischen Form auch zeichnerisch durchaus ihren Reiz.

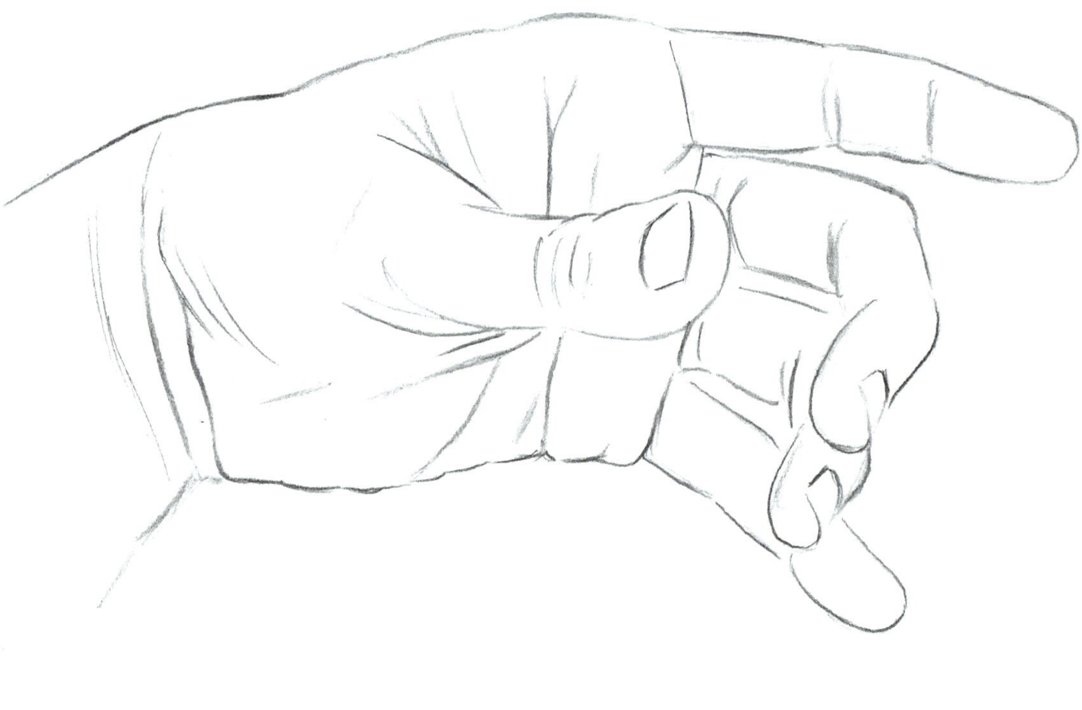

Die gestrichelte Linie zeigt, dass Anfang und Ende der oberen Handkontur auf gleicher Höhe liegen.

1 Mit dünnen Strichen ein Rechteck von 7,5 cm Höhe und 15 cm Breite vorzeichnen (realistische Größe einer eher kleinen Frauenhand). Für die Zusatzaufgabe über dem Rechteck 10 cm Platz lassen.

Die senkrechte Mittellinie des Rechtecks einzeichnen, dann die gestrichelte Linie wie in der Abbildung hinzufügen. Sie liegt etwa an der Grenze des oberen Drittels.

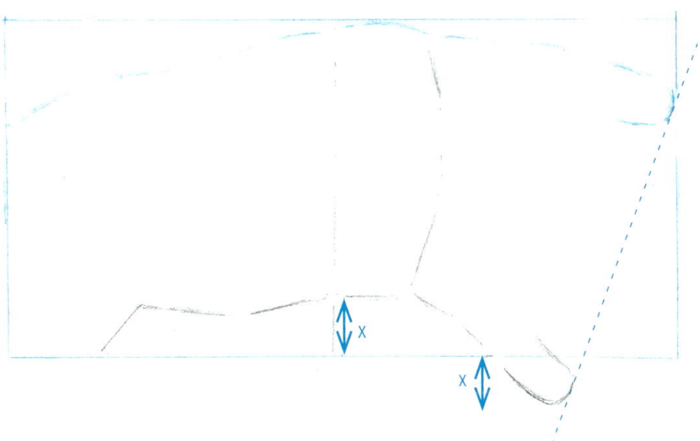

2 Die untere Kontur der Handfläche ins Rechteck zeichnen und den vertikalen Bogen am Ansatz der Finger anfügen. Die beiden ausgestreckten Finger skizzieren, dabei genau auf ihre Winkel achten. Der Abstand **X** gibt an, wie weit der kleine Finger über die untere Kontur des Rechtecks hinausragt.

3 Die waagerechte Mittellinie (**A**) einzeichnen. An ihr orientieren sich die Umrisse des Daumens. Die Hautfalte am Handgelenk (**B**) verläuft schräg aufwärts zum Ansatz des Daumens. Bei **C** liegt das zweite Daumengelenk.

Die Spitze des Daumens ist nach oben gerichtet und überlappt die Linie am Ansatz der Finger.

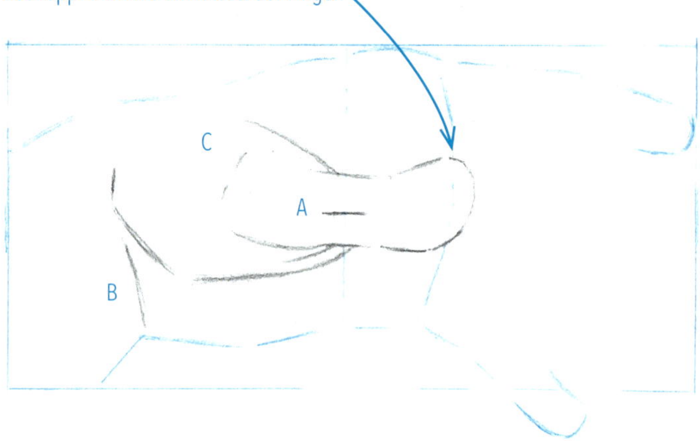

TECHNIK

Bei Überlappungen zuerst das am weitesten entfernte Teil vollständig zeichnen, danach die näher liegenden. So gelingt es leichter, den kontinuierlichen Verlauf von teilweise verdeckten Konturen korrekt darzustellen.

4 Den Mittelfinger zeichnen: Die Außenseite seines mittleren Gelenks liegt auf gleicher Höhe wie die vordere Falte des Zeigefingers (**B**). Das vordere Gelenk liegt auf gleicher Höhe wie die Unterseite des Daumens (**A**).

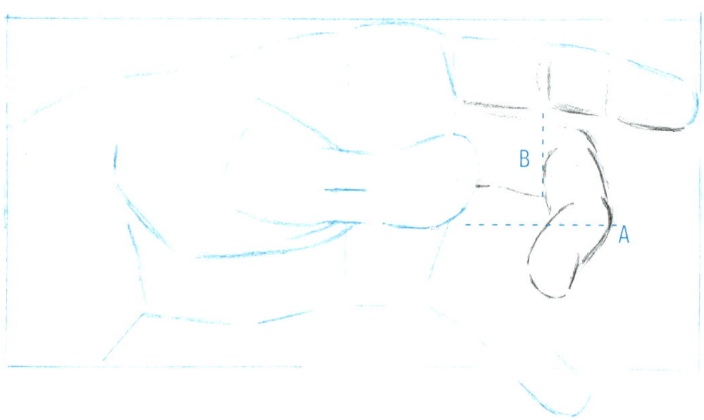

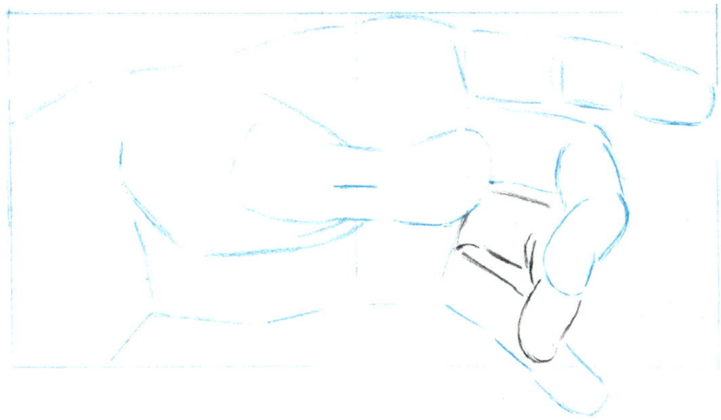

5 Den Ringfinger zeichnen und den kleinen Finger vollenden.

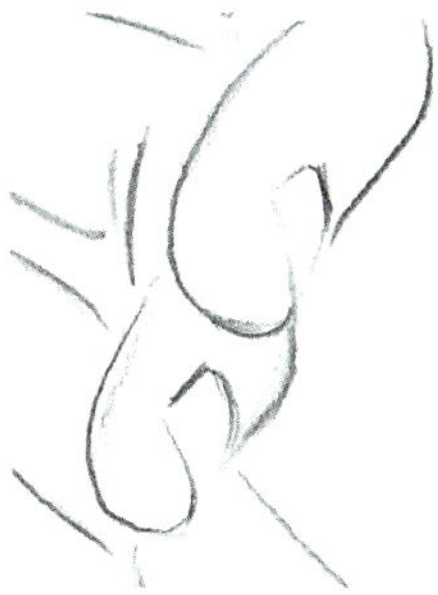

6 Die Nägel von Mittel- und Ringfinger hinzufügen. Der Bogen am Nagelbett ist eine Höhenlinie und beschreibt die Rundung des Fingers.

7 Den Daumennagel zeichnen. Seine Seiten verlaufen nicht parallel. Der Bogen an der Nagelspitze ist flacher als der Bogen am Nagelbett.

8 Nun die Hautfalten am Handgelenk, in der Handfläche und am Daumen einfügen.

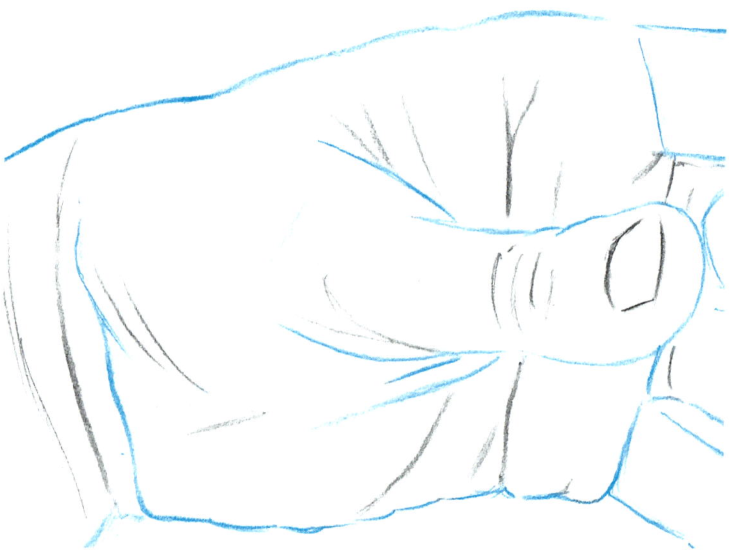

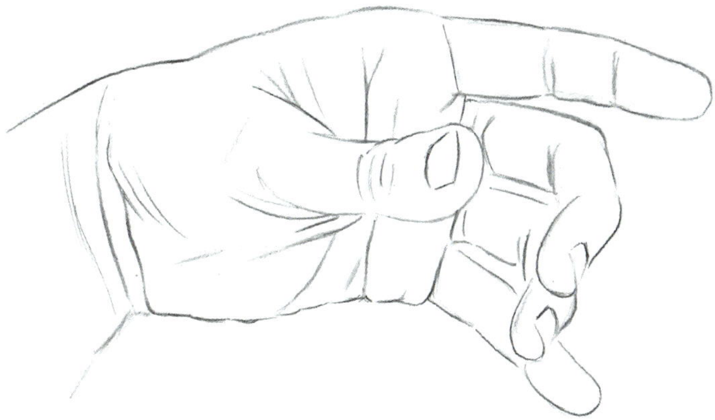

9 Alle Hilfslinien ausradieren, dann die Umrisse der Zeichnung zunächst aufhellen und so nacharbeiten, dass sie einen Grauwert von 80 Prozent haben. Dabei den Druck variieren, denn unterschiedliche Strichstärken und kleine Unterbrechungen in den Linien lassen die Zeichnung lebendig wirken.

EXTRAAUFGABE

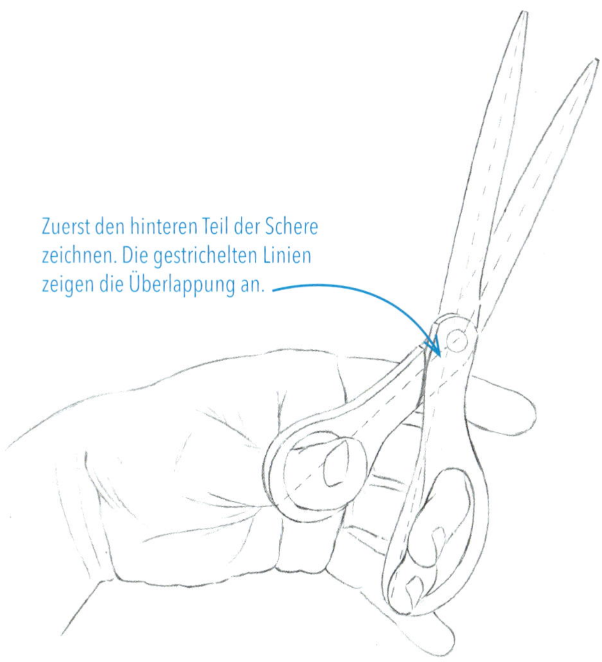

Die Schere hinzufügen. Mit einer Konstruktionslinie beginnen, die im Winkel von 65 Grad an der oberen Kontur des Daumennagels entlangläuft. Die innere Kontur des Lochs um den Daumen zeichnen und von dort nach außen arbeiten. Dieser Teil der Schere bewegt sich am Drehpunkt. Die obere Klinge und ihren Griff ebenso entwickeln. Zuletzt die überflüssigen Striche im Bereich der Überlappungen ausradieren.

SITZENDE FIGUR

LEVEL ●●●●● ANZAHL DER SCHRITTE: 9

Diese Frau im Halbprofil sitzt unterhalb der Augenhöhe des Betrachters. Das ist daran zu erkennen, dass viel vom Oberkopf zu sehen ist, inklusive Ansatz des Pferdeschwanzes. Entsprechend sind alle Gesichtselemente etwas tiefer, vor allem das Kinn ist verkürzt.

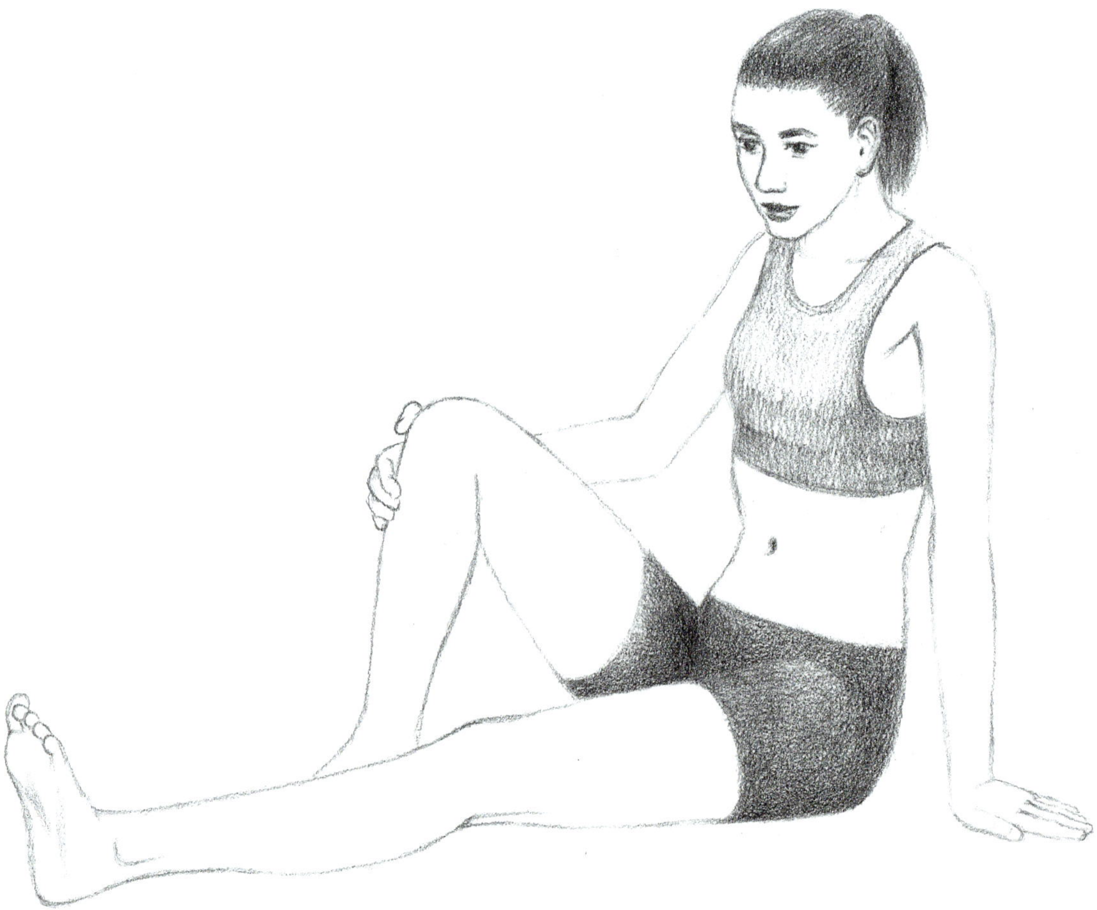

Auf Transparentpapier eine Formfigur zum Übertragen konstruieren.

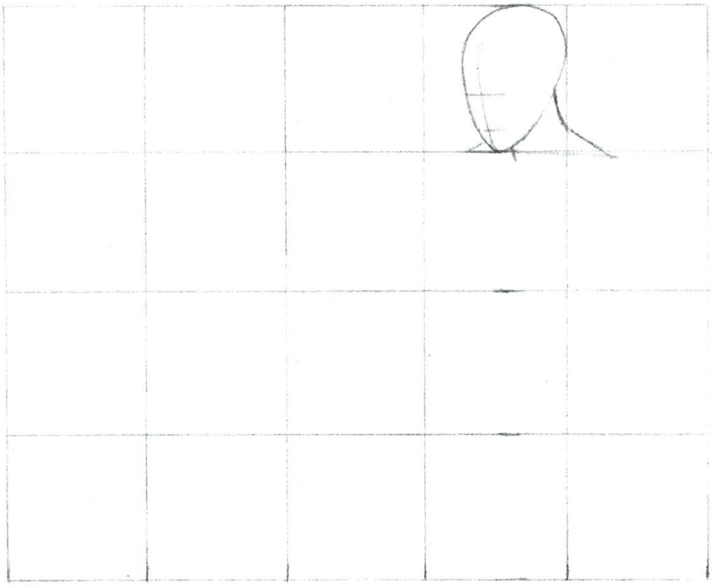

1 Auf transparentem Markerpapier ein Raster aus 4 × 5 = 20 quadratischen Feldern vorzeichnen. Jedes Feld hat eine Kantenlänge von 4 cm. Dies entspricht der Höhe des Kopfs, der als Maßeinheit für die anderen Körperteile verwendet wird. Zuerst den Kopf in das zweite Feld von rechts in der oberen Reihe zeichnen. Hals und Schultern mit einfachen Strichen anfügen.

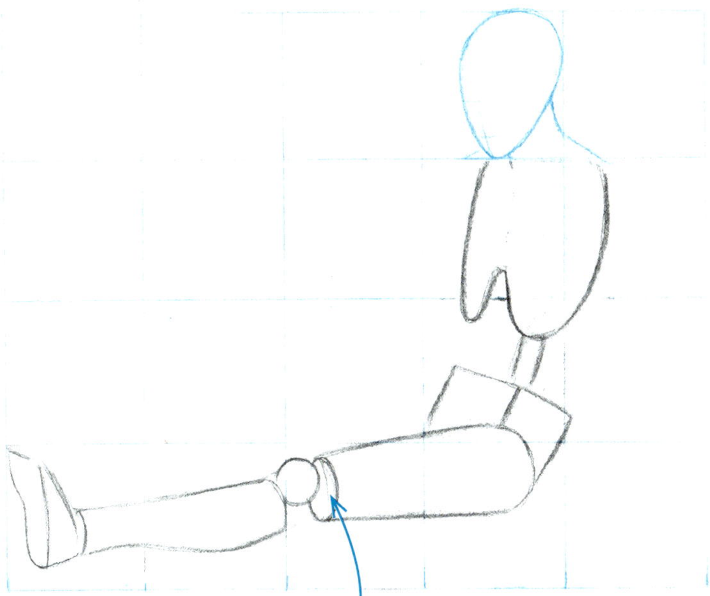

Ellipsen zeigen Teile an, die dem Betrachter schräg zugewandt sind.

2 Den Rumpf und das nähere Bein der Figur konstruieren. Dabei die Position der Körperteile im Raster beachten.

3 Beide Arme und das hintere Bein zeichnen. Die Hand an dem abgewinkelten Bein muss zuerst durchgängig gezeichnet werden, damit die Platzierung der Finger korrekt gelingt.

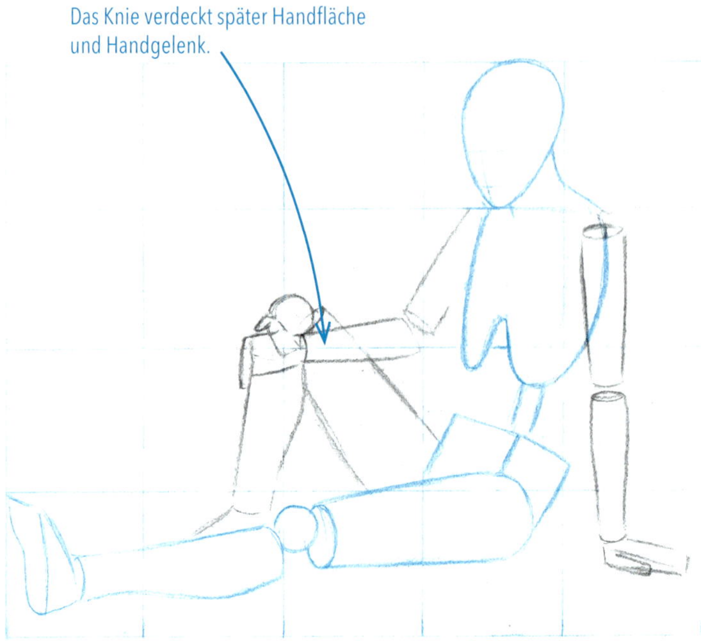

BEGRIFF

Fluchtlinien laufen in den Fluchtpunkten auf der Horizontlinie zusammen. Sie definiert die **Augenhöhe** des Betrachters. Verändert man die Horizontlinie, verändern sich auch die Fluchtlinien.

4 Das Transferpapier umdrehen und die Hauptlinien auf der Rückseite mit einem weichen Bleistift nachzeichnen.

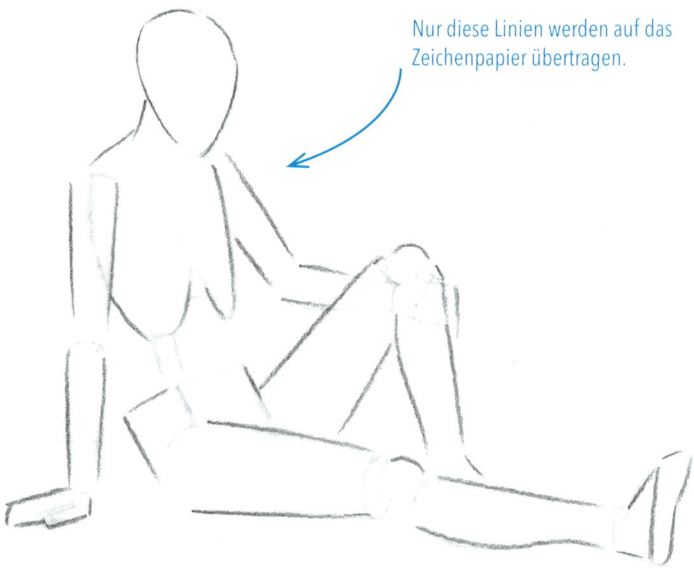

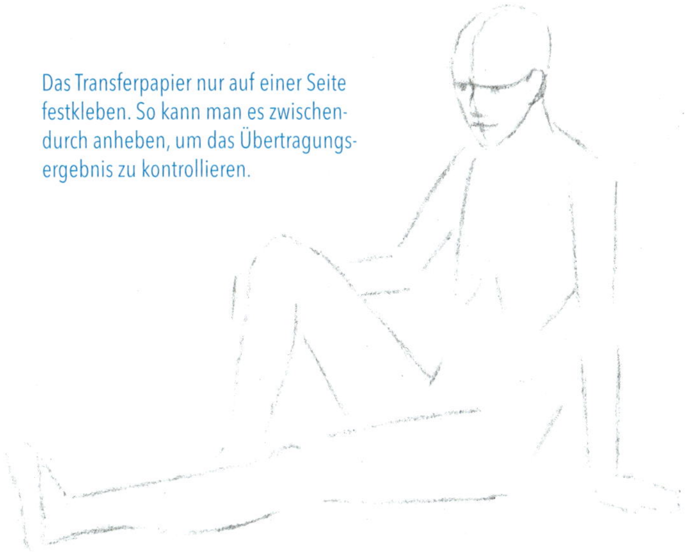

Das Transferpapier nur auf einer Seite festkleben. So kann man es zwischendurch anheben, um das Übertragungsergebnis zu kontrollieren.

5 Das Transferpapier so auf das Zeichenpapier legen, dass die Seite ohne Raster unten liegt, und es an einer Seite mit einem Stück Malerkrepp fixieren. Kräftig mit einem Papierwischer über die Umrisse streichen, um sie auf das Zeichenpapier zu übertragen.

Die Mittellinie des Gesichts einzeichnen, dann Augen, Nase, Mund und Ohr einfügen. Dadurch nimmt der Kopf allmählich eine natürlichere Form an.

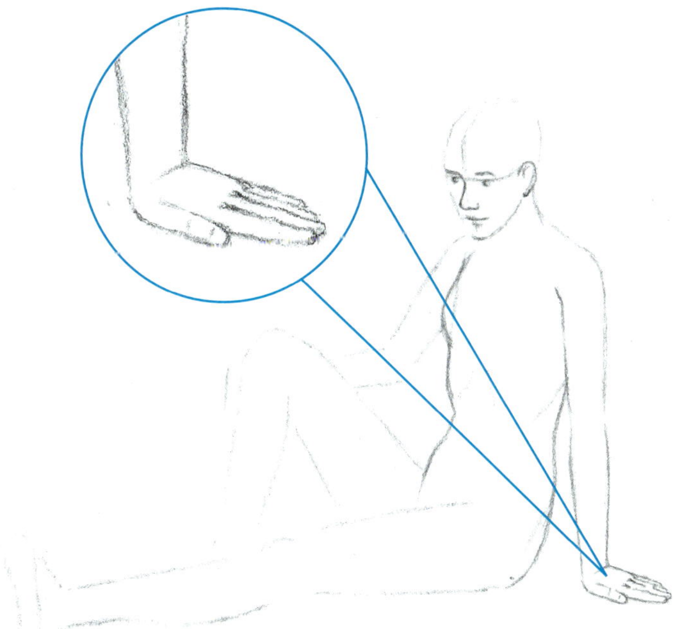

6 Jetzt die Umrisse des Rumpfs und des Stützarms mit der abgewinkelten Hand hinzufügen. Mund, Nase und Augenbrauen verfeinern.

7 Das gestreckte Bein zeichnen. Die Umrisse des hinteren Beins skizzieren, aber dort eine Lücke lassen, wo die Finger der rechten Hand zu sehen sind. Diese Finger nun hinzufügen.

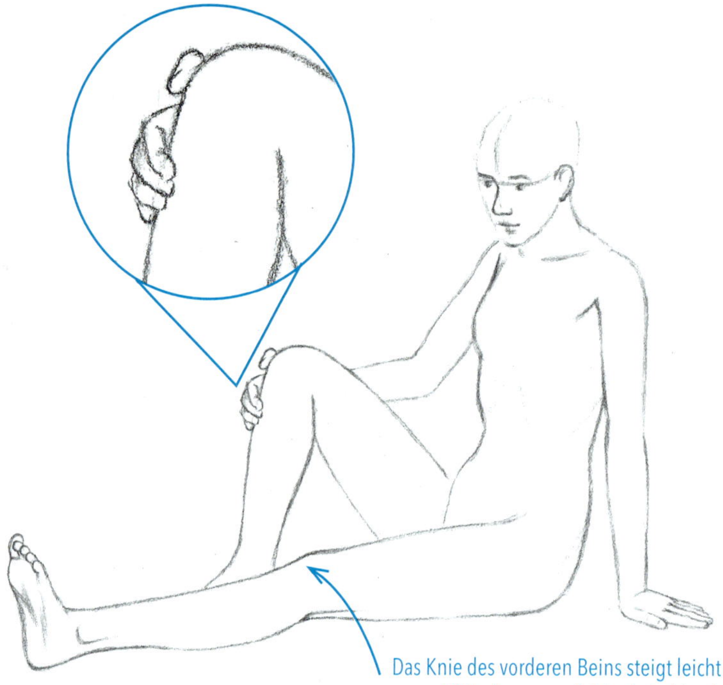

Das Knie des vorderen Beins steigt leicht an und fällt dann zum Schienbein hin ab.

8 Das Gesicht mit sehr geringem Druck mit einem Bleistift 4B ausarbeiten. Wenn alle Gesichtszüge richtig platziert sind, können sie etwas dunkler nachgezeichnet werden.

Beim Schraffieren der Haare die Richtung beachten: Am Kopf verlaufen sie nach hinten, im Pferdeschwanz abwärts. Auf dem Oberkopf ist ein hellerer Lichtreflex zu sehen.

Das Ende der rechten Augenbraue ist nicht mehr zu sehen, weil es sich auf der abgewandten Kopfseite befindet.

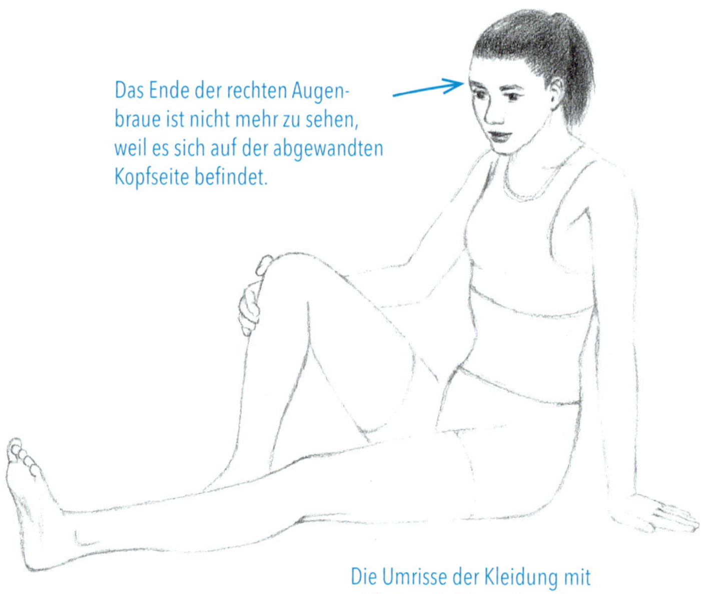

Die Umrisse der Kleidung mit einfachen Strichen einzeichnen.

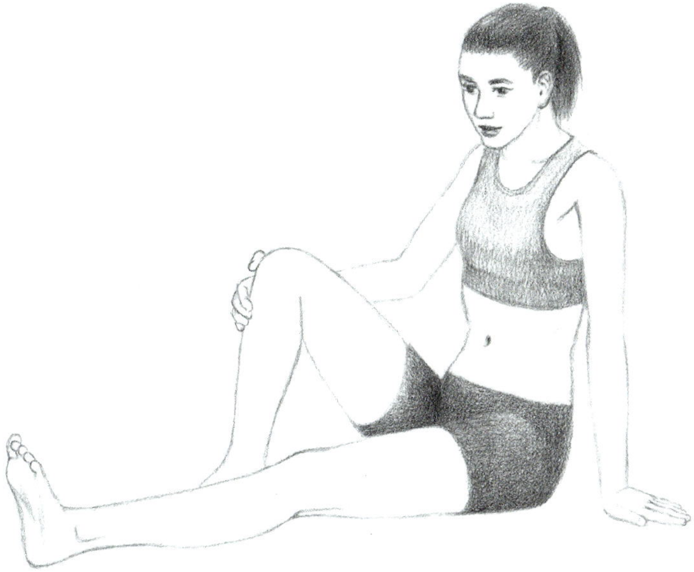

9 Den Bauchnabel leicht schattieren. Auf der rechten Seite ist er am dunkelsten, links und oben etwas heller. Die Kleidung mit dunkleren lokalen Tonwerten ausarbeiten.

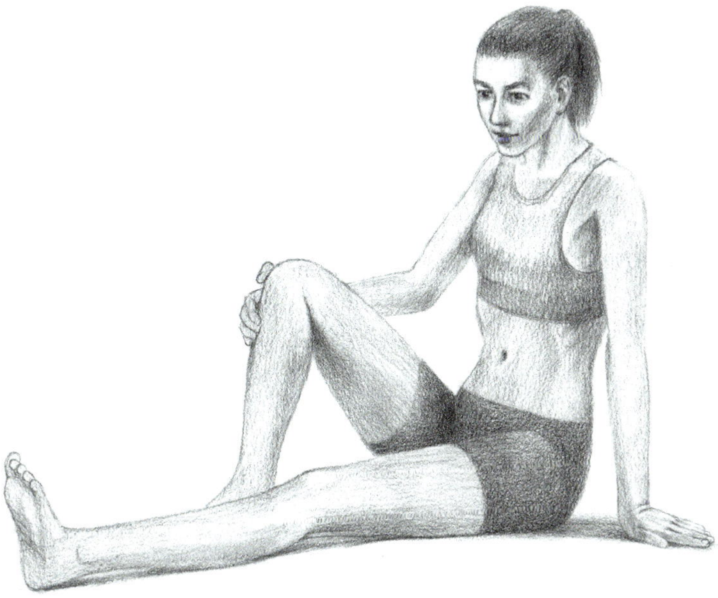

EXTRAAUFGABE

Die gesamte Haut mit einem Bleistift HB in einem hellen Grauton (20 Prozent) schattieren. Lichtreflexe auf der Stirn, dem Nasenrücken und dem Schlüsselbein zeigen an, dass sich die Lichtquelle oben links befindet. Zwischen Gesäß und aufgestützter Hand einen dunklen Schlagschatten einfügen.

Die Konturen von Schattenbereichen, Mund und Augen mit einem Knetradiergummi bereinigen.

LEUCHTTURM

LEVEL ●●●●● ANZAHL DER SCHRITTE: 9

Wenn ein Objekt dem Betrachter eine Ecke oder Kante zuwendet, sodass zwei seiner Seiten zu sehen sind, kommt die Zweipunkt-Perspektive zum Tragen. Je nach Blickwinkel kann dabei auch die Ober- oder Unterseite des Objekts sichtbar sein. Bei diesem Leuchtturm befindet sich die Augenhöhe oder Horizontlinie knapp unterhalb des natürlichen Horizonts.

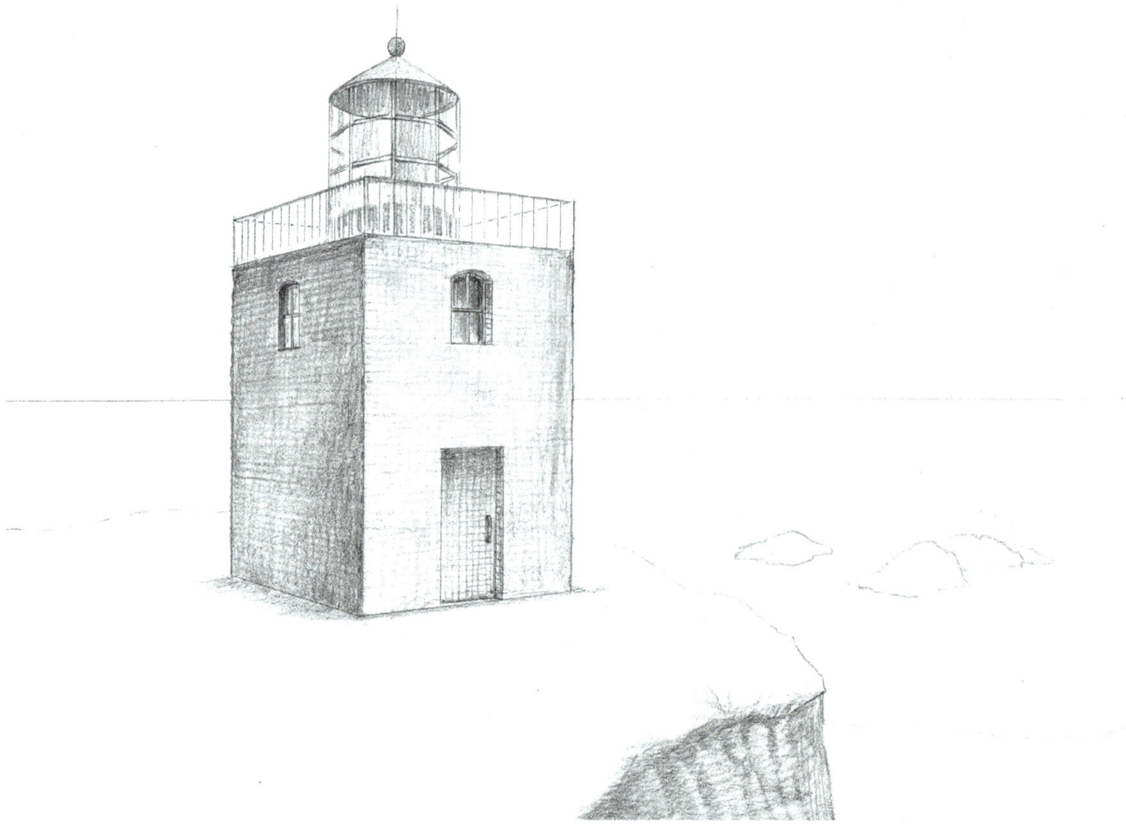

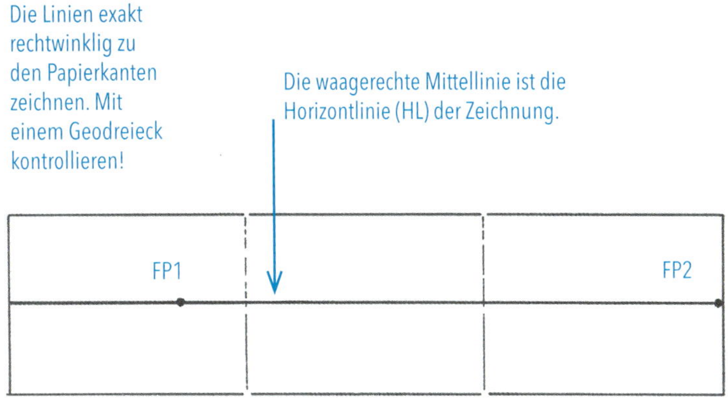

1 Drei Stück Papier von je 20 × 28 cm zuschneiden und so zusammenkleben, dass ein 84 cm langer Streifen entsteht. Das Papier parallel zur Kante des Zeichentischs oder der Zeichenplatte mit Malerkrepp fixieren. Über die gesamte Länge eine waagerechte Mittellinie ziehen. Einen Fluchtpunkt 20 cm von der linken Papierkante entfernt einzeichnen (**FP1**). Den zweiten Fluchtpunkt **FP2** an den äußersten rechten Rand zeichnen.

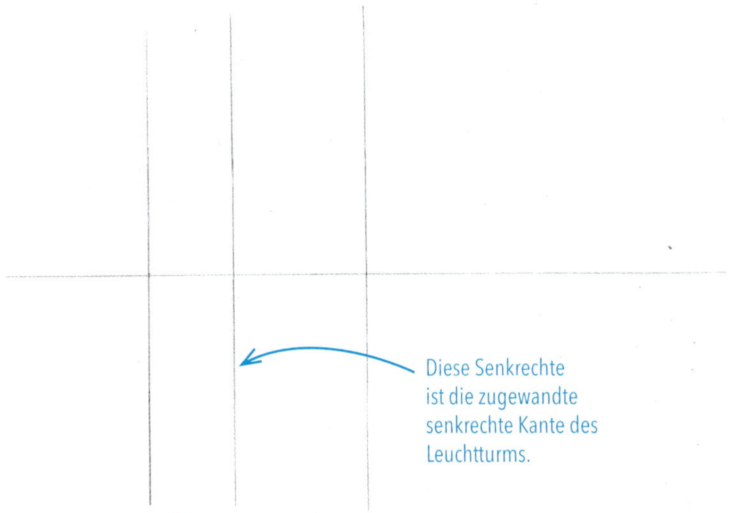

Hinweis: Für die eigentliche Zeichnung wird nur das mittlere Blatt Papier benötigt. Die beiden anderen dienen nur der perspektivischen Konstruktion.

2 Über die gesamte Höhe des mittleren Blatts Papier drei senkrechte Linien zeichnen. Eine liegt 9 cm vom linken Papierrand entfernt, die zweite liegt 3 cm links davon und die dritte liegt 5 cm rechts von der ersten Linie.

3 Auf der zugewandten Kante Markierungsstriche anbringen: 5 cm über der Horizontlinie (**HL**), 3,75 cm über der **HL** und 5 cm unter der **HL**. Von jeder dieser Markierungen aus schräge gestrichelte Linien zeichnen, die in **FP1** und **FP2** enden.

Die gestrichelten Linien, die außerhalb des Leuchtturms sind, gleich wieder ausradieren.

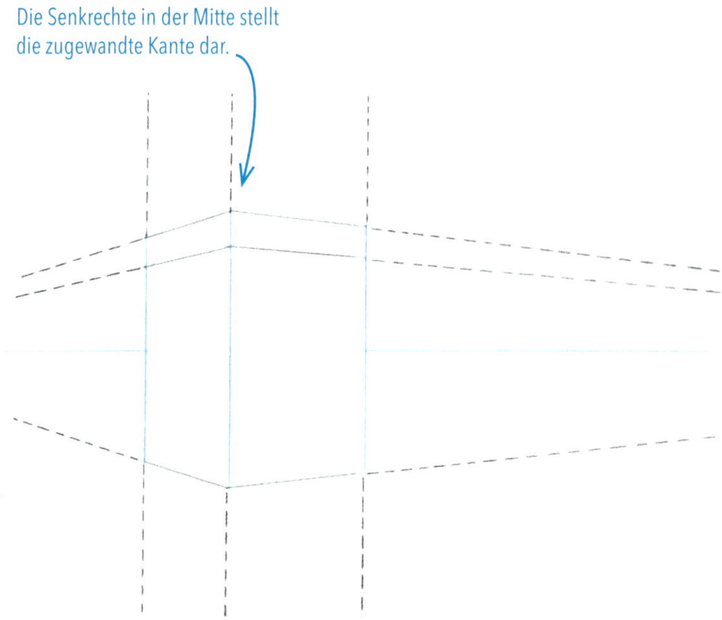

BEGRIFF

Für räumliche Tiefenwirkung sorgt auch die **atmosphärische Perspektive:** Objekte in der Nähe erscheinen dunkler und detailreicher, Objekte in der Ferne sehen blasser aus, haben verschwommenere Konturen und weniger Details.

4 Eine Konstruktionslinie zeichnen, die schräg abwärts von Punkt **A** zum **FP2** (rechts) führt. Eine weitere führt abwärts von Punkt **B** zu **FP1** (links). Die beiden Linien kreuzen sich in Punkt **C,** der verdeckt auf der Rückseite des Leuchtturms liegt. Er ist trotzdem wichtig, um die Mittelachsen des Linsenhauses zu konstruieren. Die gegenüberliegenden Ecken der Dachoberfläche mit Diagonalen verbinden. Von ihrem Schnittpunkt aus eine 6,5 cm lange Senkrechte nach oben zeichnen.

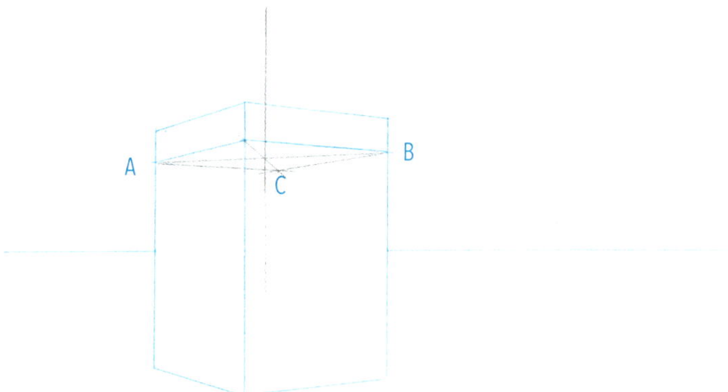

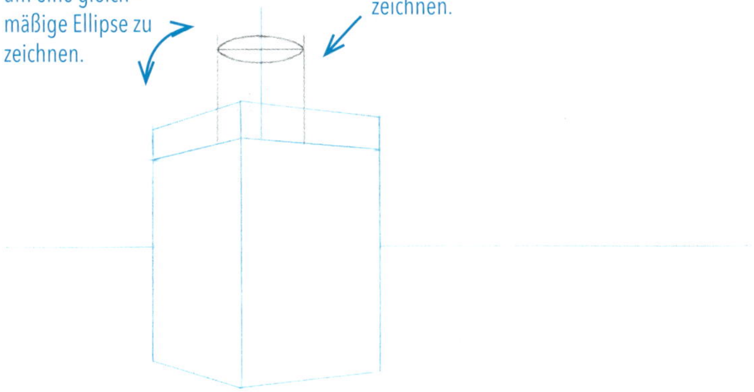

5 Die waagerechte Achse der Ellipse, die das Dach des Linsenhauses bildet, ist 3,25 cm lang und 4 cm vom unteren Ende der waagerechten Achse entfernt. Die Ellipse zeichnen. Sie hat eine Höhe von 1 cm. Senkrechte Striche, die von den äußeren Enden der Ellipse nach unten führen, bilden die Wände des Linsenhauses.

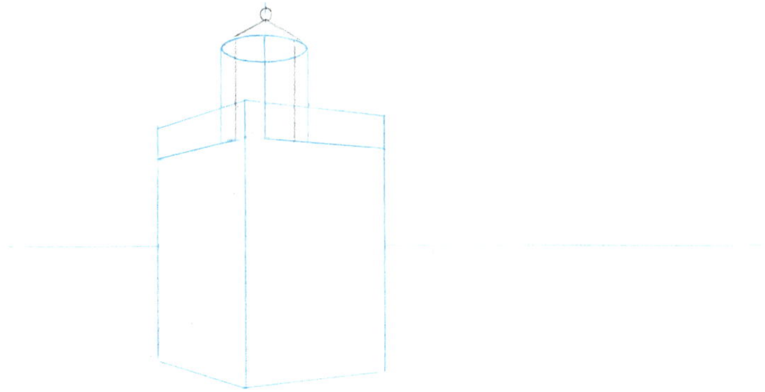

6 Die Konstruktionslinien der Ellipse ausradieren.

Die senkrechten Rahmen der Glasflächen einzeichnen. Die schräge Kontur des Dachs und die Kugel auf der Spitze hinzufügen.

7 Um die Mittelpunkte der beiden Seiten des Leuchtrums zu finden, die jeweils gegenüber liegenden Ecken mit Diagonalen verbinden (siehe Schritt 4). Sie werden in Schritt 8 benötigt, um Fenster und Tür zu platzieren.

Die Konturen der Steilküste, des Strands und der vorgelagerten Felsen skizzieren.

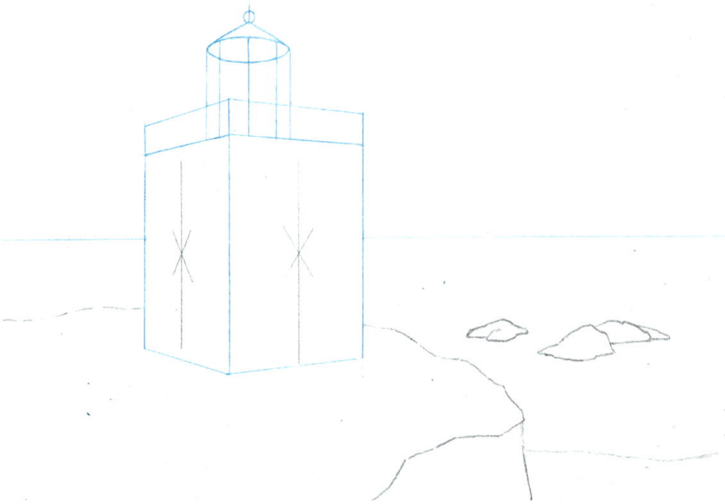

8 Fenster und Tür in der rechten Wand des Leuchtturms mittig auf der Mittelachse dieser Wand platzieren. Ihre Ober- und Unterkanten sind auf den **FP2** ausgerichtet.

Die Fluchtlinien des Fensters bis zur zugewandten Turmkante fortführen und von dort zum **FP1** verlängern, um die Höhe des Fensters in der linken Wand festzulegen. Wegen der perspektivischen Verkürzung muss der Abstand der Seiten dieses Fensters zur Mittelsenkrechten etwas geringer sein als beim anderen Fenster.

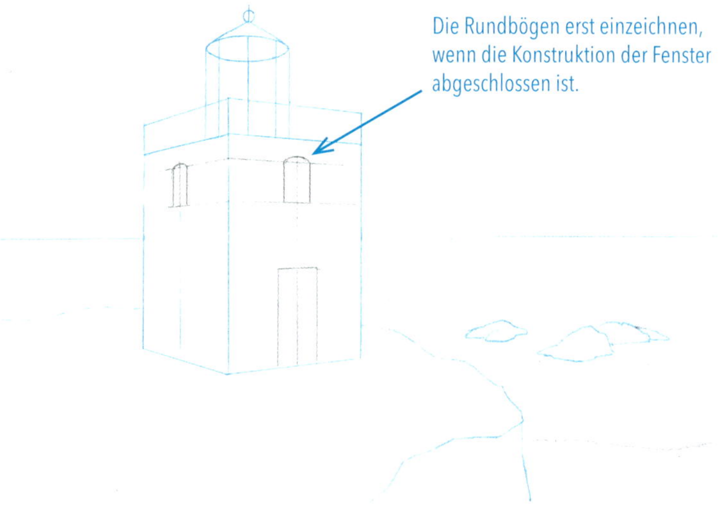

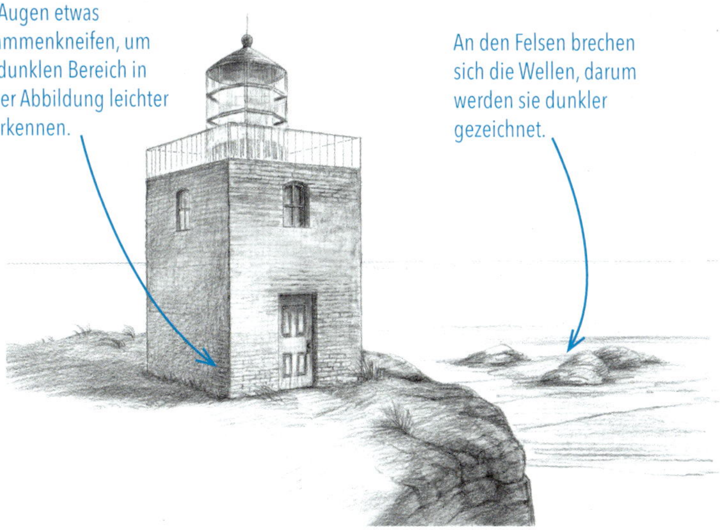

9 Die Konstruktionslinien der Fenster ausradieren. Die rechte Seite des Leuchtturms mit einem hellen Grau (30 Prozent) schattieren, die linke mit einem dunkleren (60 Prozent). Danach die Ziegelreihen andeuten, ausgerichtet an den jeweiligen Fluchtpunkten, und einzelne Ziegel deutlicher herausarbeiten. Die abfallende Felsseite dunkler schattieren als die Felsen im Wasser, um die Tiefenwirkung zu verstärken. Mit den ersten Schraffuren die Einkerbungen der Steilwand betonen, dann Spalten und Ritzen im Boden abdunkeln. Grasbüschel mit lockeren Gruppen von Strichen andeuten. Links vom Leuchtturm den Schlagschatten einfügen.

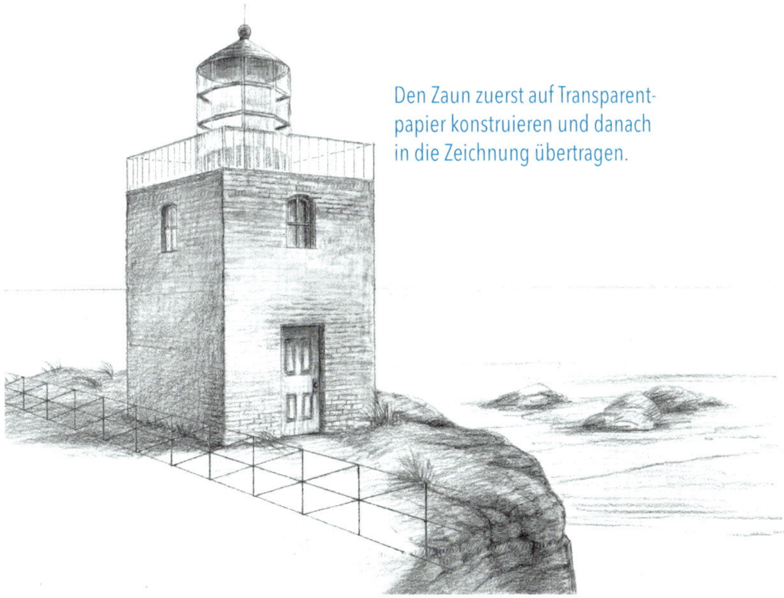

EXTRAAUFGABE

Auf Transparentpapier drei schräge Striche mit gleichen Abständen zeichnen, die auf den **FP1** ausgerichtet sind (Querstangen). An der Steilwand mit einem senkrechten Strich verbinden. Dies ist der erste Pfosten. Einen zweiten Pfosten in einem Abstand eigener Wahl weiter links platzieren. Dann eine Diagonale vom oberen Ende des ersten Pfostens durch den Punkt zeichnen, an dem der zweite Pfosten die mittlere Linie kreuzt. Die Diagonale bis zur unteren Linie fortführen. Dort befindet sich der dritte Pfosten. Auf diese Weise alle weiteren Pfosten konstruieren. Anschließend den Zaun in die Zeichnung übertragen.

VANITAS-STILLLEBEN

LEVEL ●●●●● ANZAHL DER SCHRITTE: 9

Vanitas-Stillleben gehen auf die Zeit des Barocks zurück. Weinglas, Buch und Schädel sind typische Elemente solcher Motive, die an die Vergänglichkeit des Lebens erinnern sollen. Zeichnerisch interessant sind die Anatomie des menschlichen Schädels und das transparente Glas, kombiniert mit der Zweipunkt-Perspektive des Buchs.

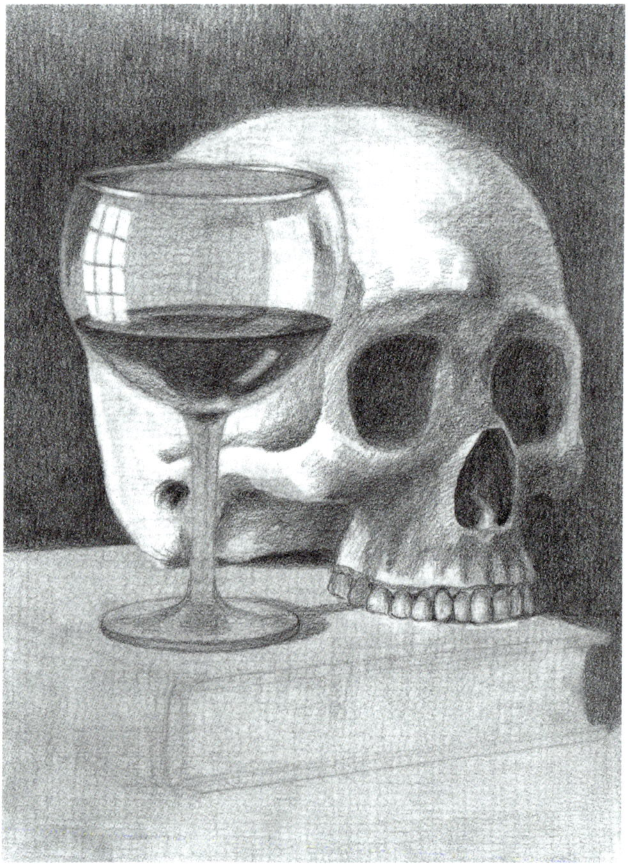

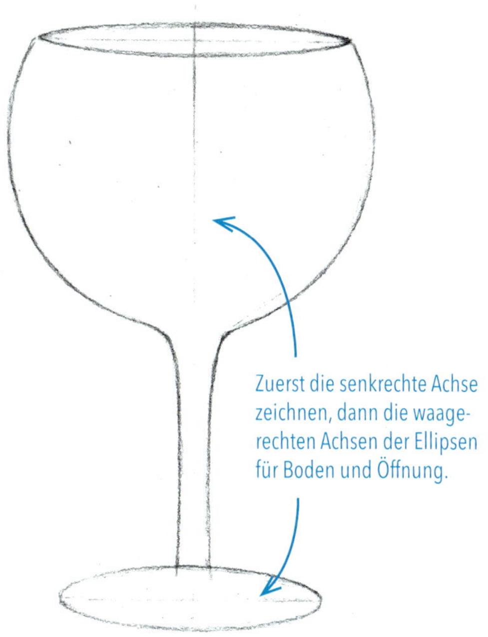

1 Auf einem A4-Blatt Zeichenpapier einen rechteckigen Rahmen von 26 cm Höhe und 20 cm Breite vorzeichnen. Das Weinglas konstruieren. Es ist 7 cm vom unteren Rahmen und 2 cm vom linken Rahmen entfernt. Seine Höhe beträgt 14 cm, seine Breite 9 cm.

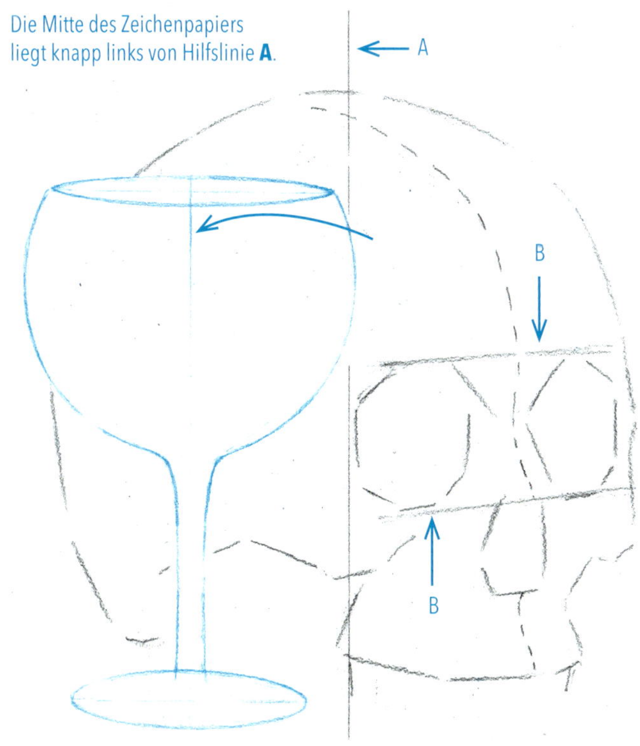

2 Die Umrisse des Schädels mit durchbrochenen Strichen skizzieren. Die senkrechte Mittelachse des Papiers (**A**) berührt die rechte Seite des Weinglases, und der Schädel ist doppelt so breit wie das Weinglas im unteren Drittel. Die beiden Hilfslinien für die Augenhöhlen (**B**) einzeichnen. Sie steigen nach rechts minimal an. Die gestrichelte Mittellinie des Schädels beschreibt die Gesichtskontur und wird zur Platzierung der Gesichtselemente benötigt.

3 Die äußeren Konturen des Buchs anhand der Abbildung zeichnen. Aufgrund der perspektivischen Verkürzung machen die Seiten fast die Hälfte der Gesamthöhe des Buchs aus. Alle Konturen mit einem Grauwert von etwa 70 Prozent nachzeichnen.

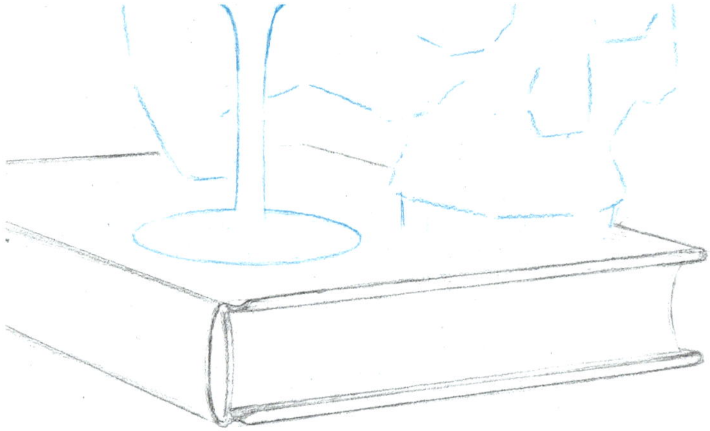

BEGRIFF

Eine **Tonwertzeichnung** beginnt man mit den Mitteltönen, die eine Verbindung zwischen Lichtern und dunklen Schatten schaffen. Rundungen werden durch Tonwerte erkennbar, nicht durch Linien.

4 Das gesamte Bild mit einem Bleistift 4B zuerst senkrecht, dann in einem zweiten Arbeitsgang waagerecht schraffieren. Dabei soll ein Grauton von etwa 50 Prozent entstehen.

Die Striche längs und quer mit gefaltetem Küchenpapier weich und gleichmäßig verwischen.

Die im Licht liegende Seite des Schädels mit einem Knetradiergummi aufhellen.

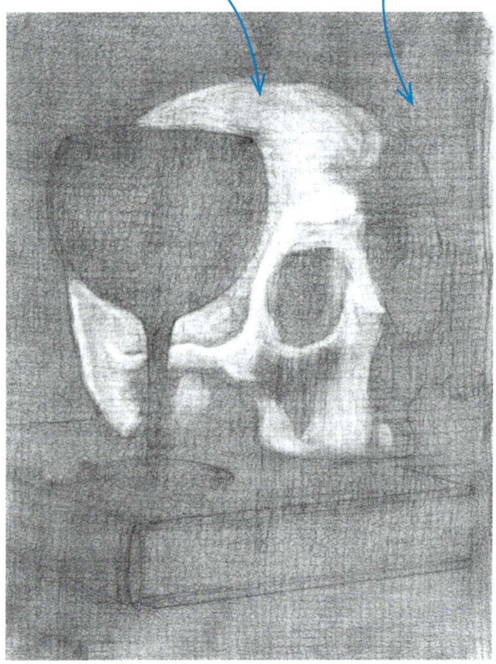

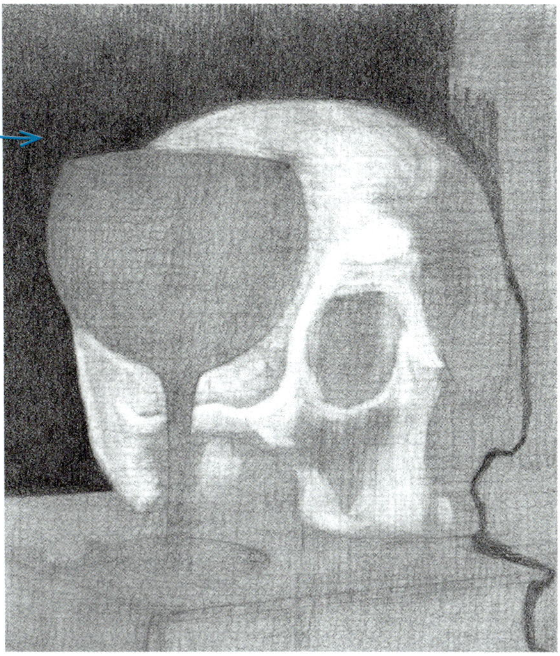

5 Den Hintergrund direkt um den Schädel herum mit einem Bleistift 6B abdunkeln.

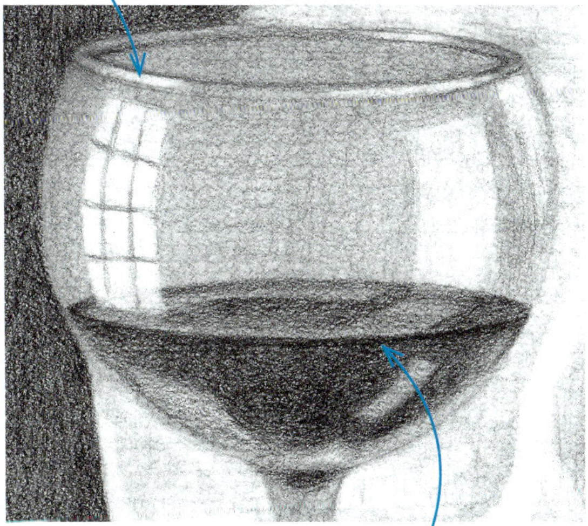

6 Die dunklen Linien des Glasrands einzeichnen, dann die Lichtreflexe mit dem Knetradiergummi aufhellen. Auch die gekrümmten rechteckigen Lichtreflexe auf dem Glas mit dem Radiergummi gestalten. In das linke Licht die Spiegelung von Fenstersprossen einzeichnen.

Die Ellipse für den Wein zeichnen, dann den unteren Bereich des Weinglases dunkel schraffieren.

7 Die Nasen- und Augenhöhlen dunkel schattieren. Dabei genau darauf achten, wo die Konturen hart oder weich aussehen. Falls nötig, die Ränder mit einem Knetradiergummi bereinigen.

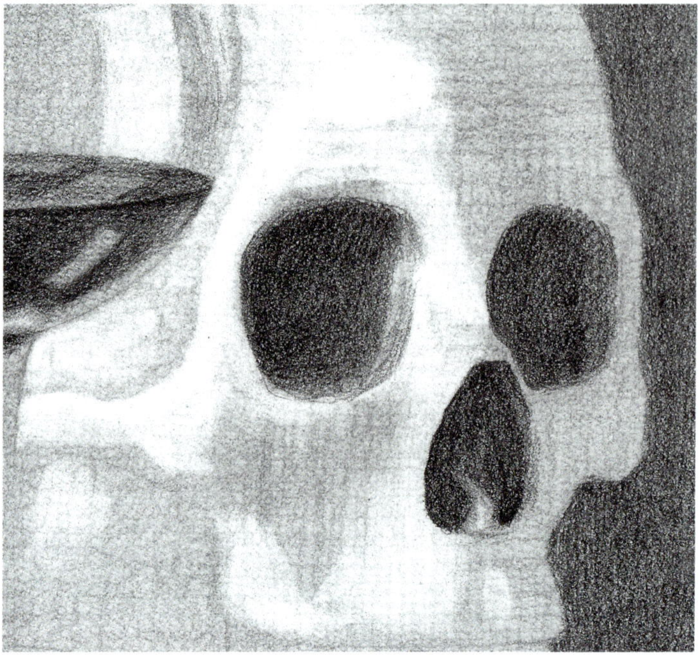

8 Den Oberkiefer über den Zähnen so schattieren, dass durch das Hell-Dunkel-Muster die gewellte Oberfläche deutlich wird. Die Zähne einzeln zeichnen, dabei die typischen Formen der Schneidezähne, Eck- und Backenzähne beachten. Die Schatten über und unter dem Jochbein und den Gehörgang (links vom Stiel des Weinglases) einzeichnen.

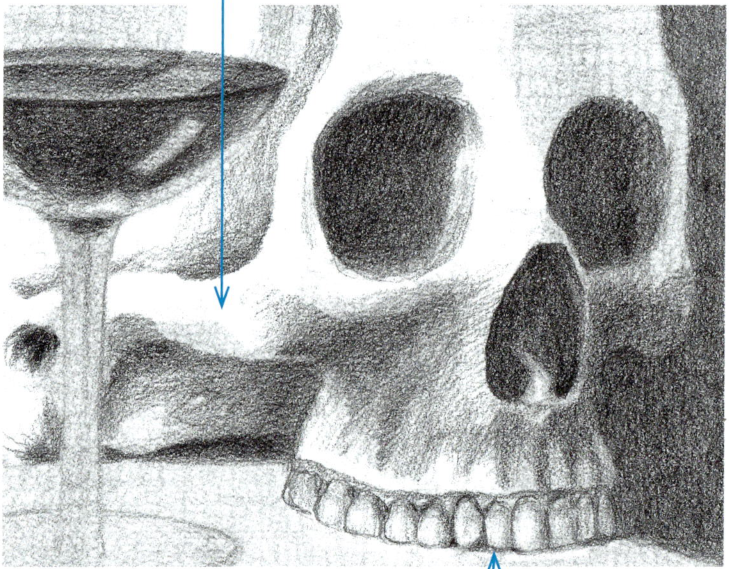

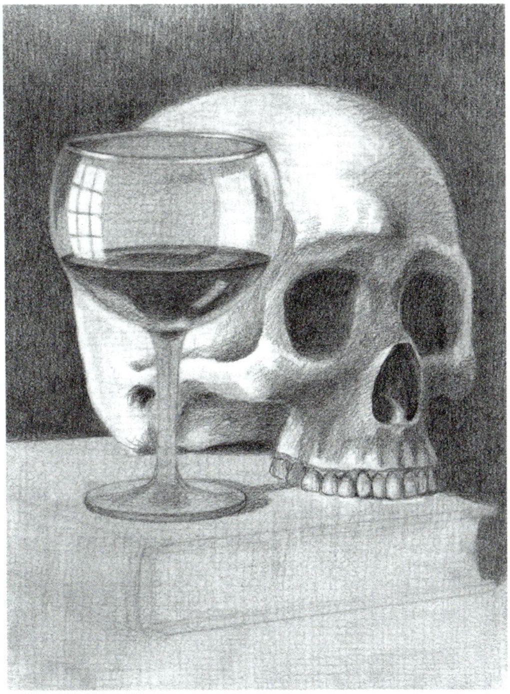

9 Den Schlagschatten des Weinglases einfügen. Er beginnt am Fuß und setzt sich dann über einen Backenzahn, den Oberkiefer und die Nasenhöhle bis zur Stirn fort.

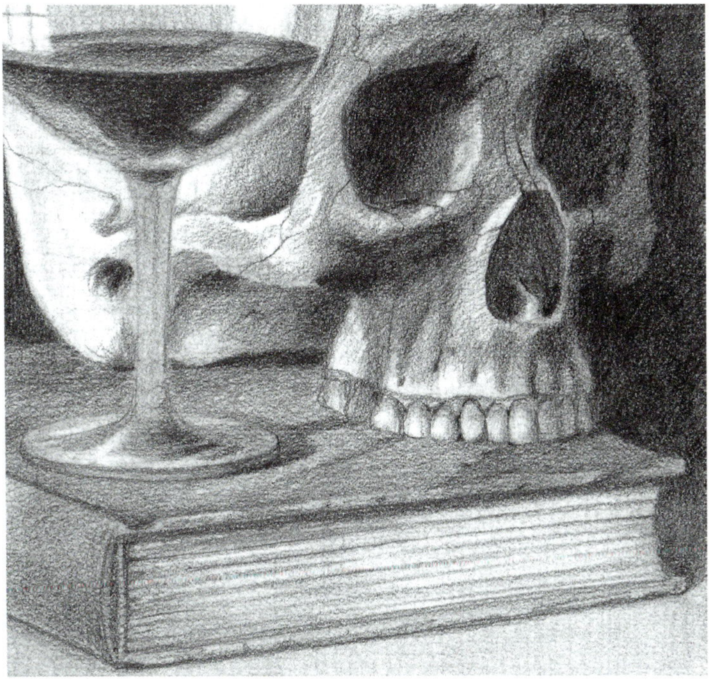

EXTRAAUFGABE

Den Hintergrund noch weiter abdunkeln (90 Prozent), unter der vorderen Augenhöhle sogar schwärzen (100 Prozent). Den Wein und die Tonwertübergänge des Schädels abdunkeln. Risse in den Schädelknochen einzeichnen, die sich an der Oberflächenkontur orientieren. Das Buch mittelgrau schraffieren, die Ecke unter den Zähnen stärker abdunkeln, damit sie wie abgegriffen aussieht. Die Buchseiten abdunkeln, dann feine Lichter und Schatten einfügen, um den unregelmäßigen Schnitt darzustellen. Schatten unter dem Buchdeckel andeuten.

HABICHTSFEDER

LEVEL ●●●●● ANZAHL DER SCHRITTE: 9

Die Feder besticht durch ihre attraktive Form, die faszinierende Textur, das unregelmäßige Muster und die feinen Details. Sie hat einen verzweigten Aufbau. Die Federäste entspringen dem Schaft. Sie verzweigen sich in Nebenäste, und diese wiederum verzweigen sich in Haken- und Bogenstrahlen. Eine gute Gelegenheit, die Natur eingehend zu studieren.

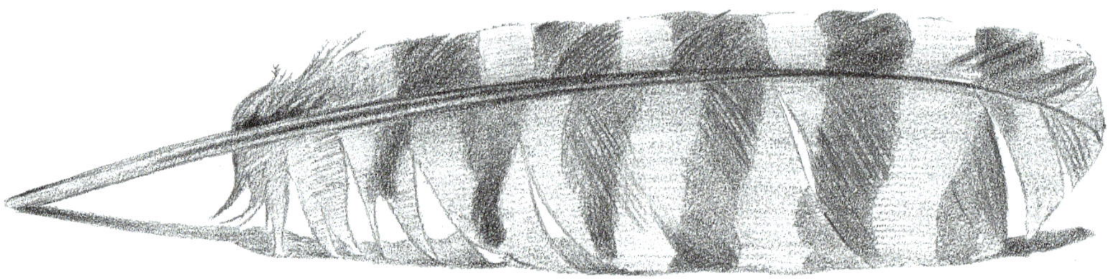

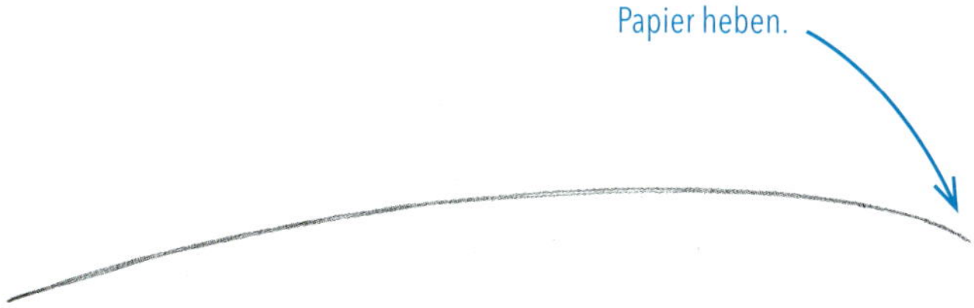

1 Zuerst mit überlappenden Strichen den Federschaft zeichnen. Er beginnt links und steigt in einem sehr flachen Bogen an. Sein rechtes Ende liegt etwas höher als das linke.

2 Die obere Kontur mit einer durchbrochenen Linie zeichnen, die bereits Lücken zwischen den Federästen lässt. Dann die untere Kontur zeichnen. Sie beinhaltet bereits den Schatten, den die Spule wirft.

3 Die Lücken zwischen den Federästen zeichnen. Die Breiten dieser Zwischenräume und ihre verschiedenen Formen sind aus der Abbildung zu entnehmen.

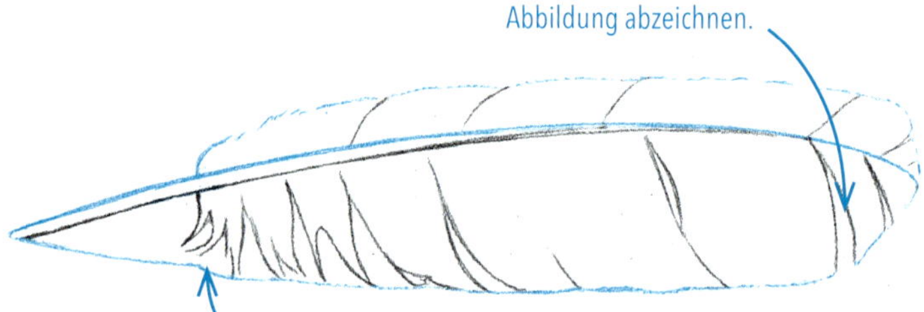

TECHNIK

Um eine weiche Textur darzustellen, die Fläche ganz leicht mit einem Bleistift H oder HB schraffieren. Beim Verwischen gehen Details zu leicht verloren.

4 Spule und Schaft schattieren – an den Rändern dunkler, in der Mitte etwas heller. Den Schatten unter und zwischen den Federästen ausarbeiten.

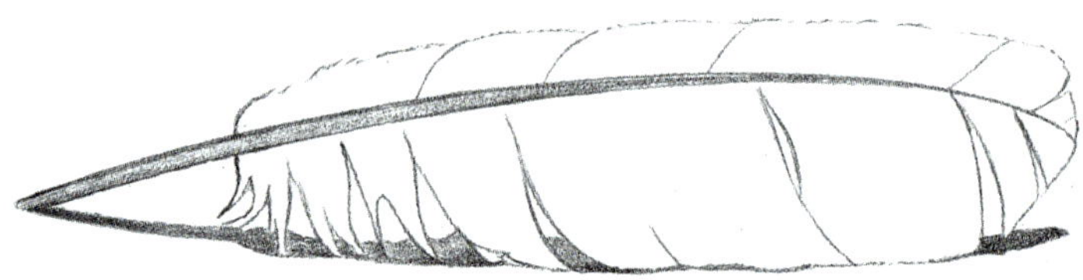

5 Unter dem Schaft einen schmalen Schatten andeuten, seine Mitte und seine Ränder nochmals abdunkeln. Den Schlagschatten direkt an der Spitze der Spule abdunkeln, ebenso dort, wo die Federäste den Untergrund berühren.

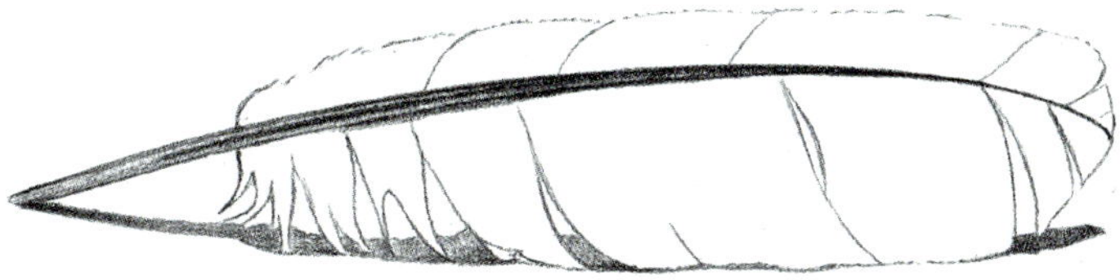

6 Die Form der ersten beiden Streifen zart vorzeichnen und mit feinen Strichen schraffieren.

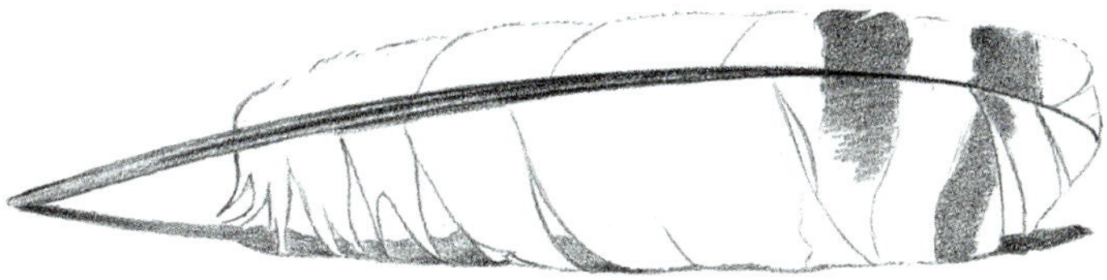

7 Die Umrisse der restlichen Streifen vorzeichnen und ebenfalls schraffieren.

Einige Streifen sind am Schaft versetzt.

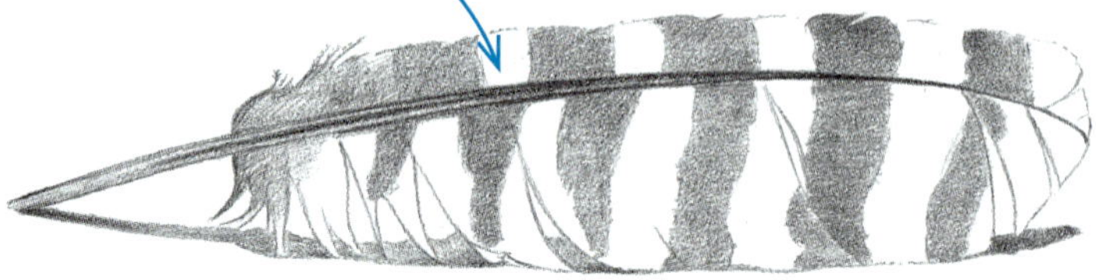

8 Jetzt die gesamte Fahne in einem helleren Grau als dem der Streifen schattieren. Der obere Randbereich der Feder bleibt etwas heller.

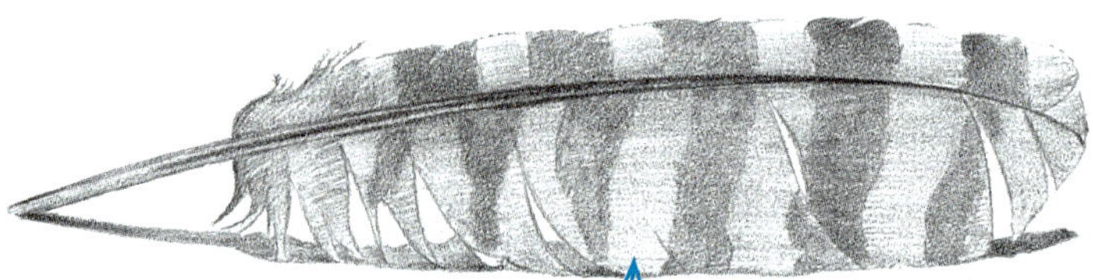

Kurze Striche mit geringem Druck ausführen.

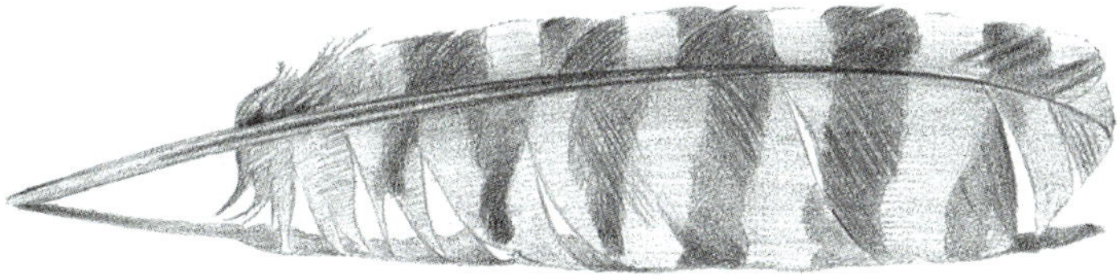

9 Die Streifen nochmals abdunkeln und einzelne Federäste durch gezielte Striche hervorheben. Einen Teil der Fahne in der Richtung schraffieren, in der die Federäste liegen, um die leicht wellige Form der Feder anzudeuten.

EXTRAAUFGABE

Mit einem meißelförmig geformten Knetradiergummi die schmalen Lichter auf Spule, Schaft und Fahne gestalten.

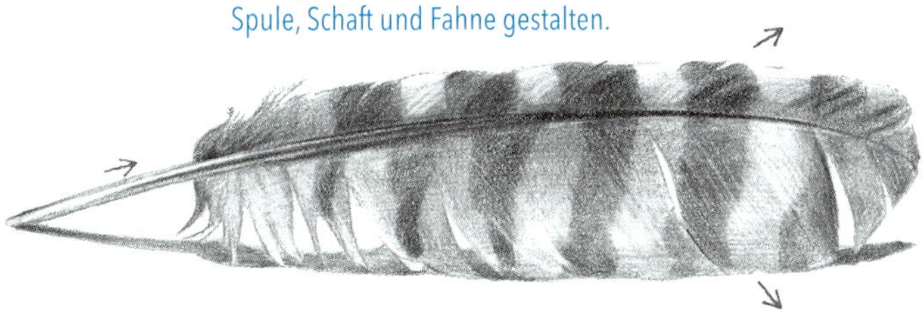

Die Feder zart mit einem Bleistift 2B schattieren und die Striche nahe am Schaft in Wuchsrichtung leicht verwischen, um die Wölbung der Feder erkennbar zu machen. Die flache, schmale Kante eines Knetradiergummis in Wuchsrichtung der Federäste zwischen den Schatten aus Schritt 9 entlangführen, sodass die wellige Oberfläche noch besser zum Ausdruck kommt. Schmale Lichter auf Spule und Schaft setzen.

GESICHT VON UNTEN

LEVEL ●●●●● ANZAHL DER SCHRITTE: 9

Wer ein Gesicht aus diesem ungewöhnlichen Winkel zeichnen will, muss seinen Augen vertrauen. In der Frontalansicht kann unser Gehirn Gesichter am besten erkennen. Bei diesem Blickwinkel jedoch sind Mittellinie und Höhenlinien wichtig, um die Positionen der Gesichtszüge festzulegen und die leichte Drehung des Kopfs zeichnerisch umzusetzen.

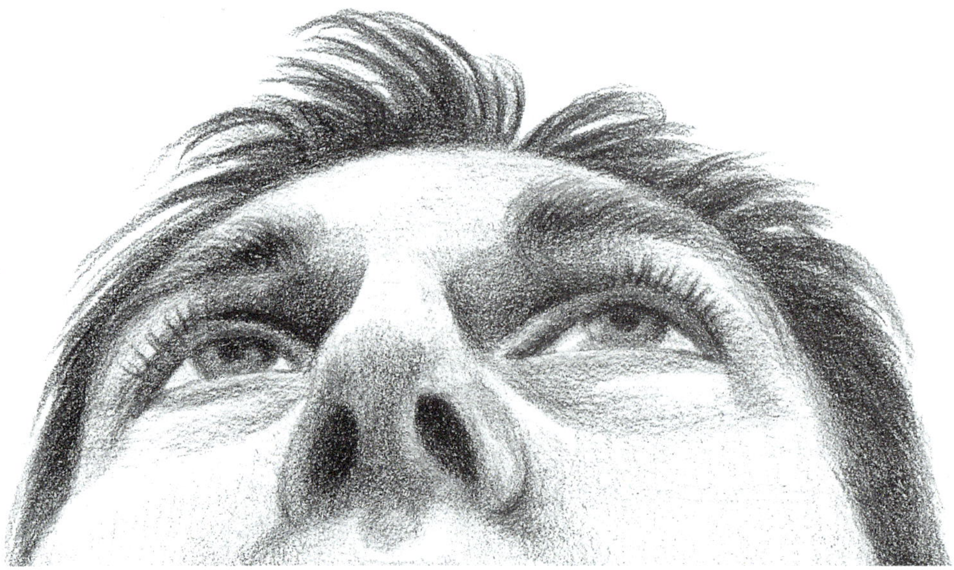

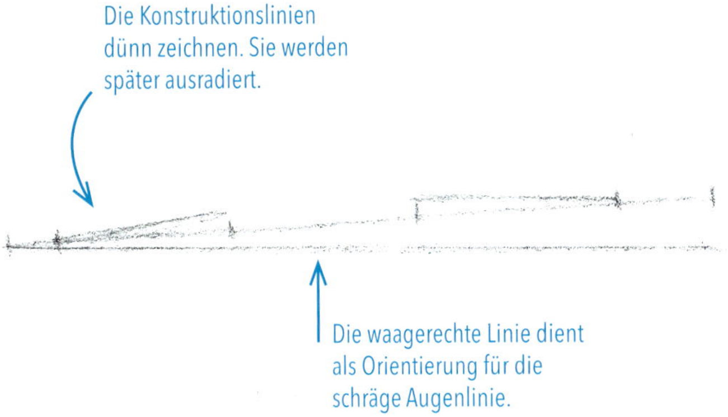

1 Eine 10 cm lange Konstruktionslinie zeichnen, die nach rechts um etwa 4 Grad ansteigt. Die Hilfslinien für die Augen einfügen. Die rechte Linie ist 3 cm lang, die linke nur 2,5 cm, weil der Kopf leicht gedreht ist.

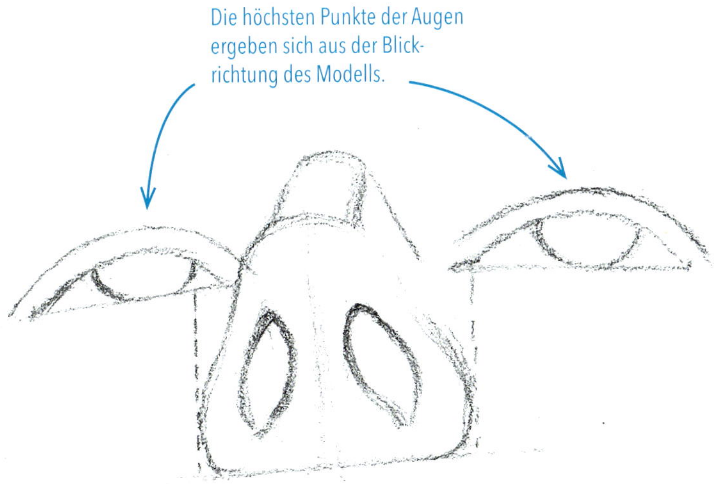

2 Die Hauptkonturen von Oberlidern und Iris zeichnen. Gestrichelte senkrechte Hilfslinien hinzufügen, dann anhand dieser Hilfslinien die Konturen der Nase einfügen. Den Nasenrücken dünn vorzeichnen. Seine Umrisse werden später in die Schraffuren integriert.

3 Nun die flachen Bögen der Unterlider und die Höhenlinien beiderseits der Nase einzeichnen.

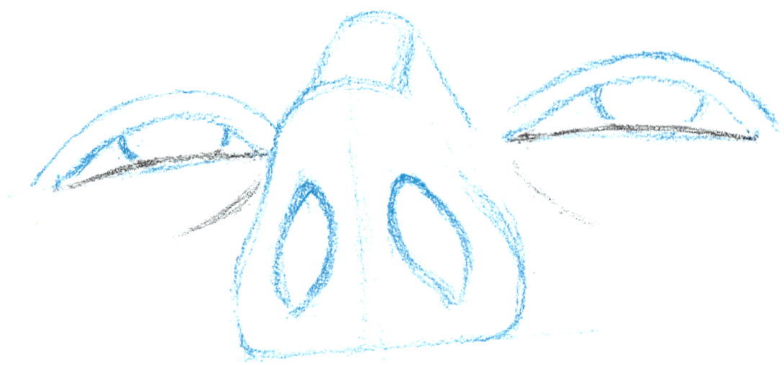

BEGRIFF

Räumliche **Tiefenwirkung** entsteht durch verschiedene Mitteltöne, fließende Übergänge, helle Lichter und dunkle Schatten. Die dunkelsten Tonwerte eines Bildes werden normalerweise zuletzt eingefügt.

4 Die Konstruktionslinien der Augen ausradieren. Die bogenförmigen Konturen der Schläfen einzeichnen, dann die Augenbrauen locker schraffieren. Der höchste Punkt der Stirn liegt über dem (in der Zeichnung) rechten Nasenloch.

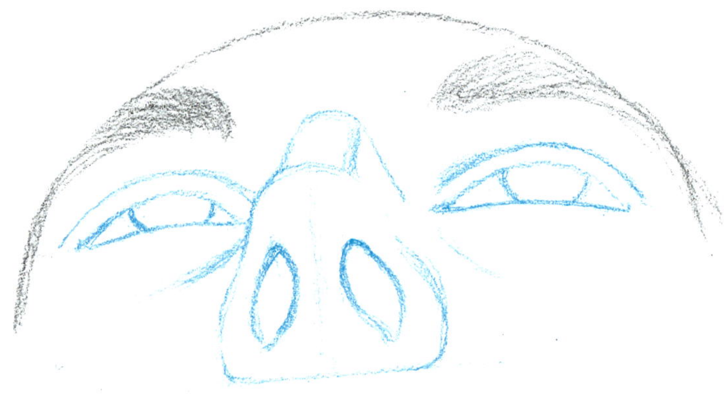

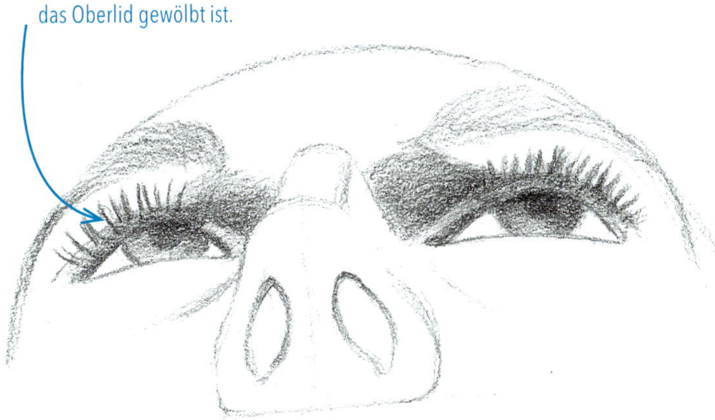

5 Die Schatten um die Augen einfügen, dann die Iris ausarbeiten und die Wimpern durch kleine Bögen darstellen. An jedem Auge einen schmalen Schatten zwischen Oberlid und Augapfel hinzufügen.

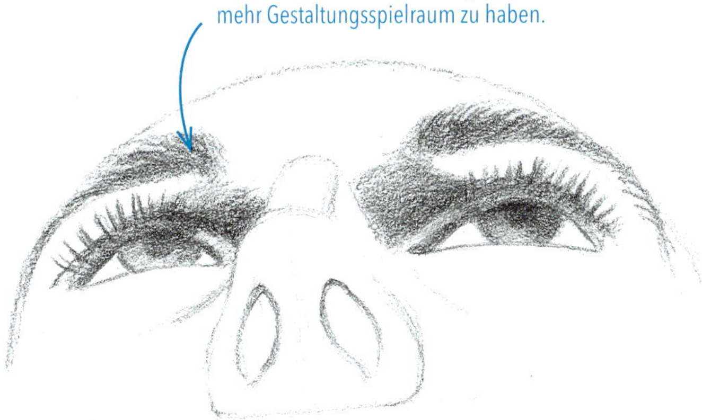

6 Die Augenbrauen ausarbeiten, dabei die Striche in Wuchsrichtung der Haare führen (von der Gesichtsmitte nach außen). Die Schatten der Oberlider und Wimpern verstärken.

7 Die Nasenlöcher mit sehr kurzen Strichen schraffieren, dann die Unterseite der Nase schattieren. Dabei auf die fließenden Tonwertübergänge achten.

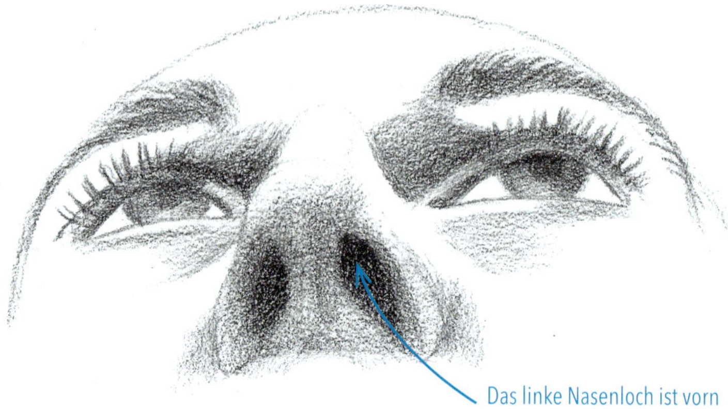

Das linke Nasenloch ist vorn runder als das linke.

8 Das gesamte Gesicht von der oberen Stirn bis zur Unterseite der Nase mit einem Bleistift HB zart schraffieren.

Die gesamte Fläche hell schattieren, um die Tonwerte zu vereinheitlichen.

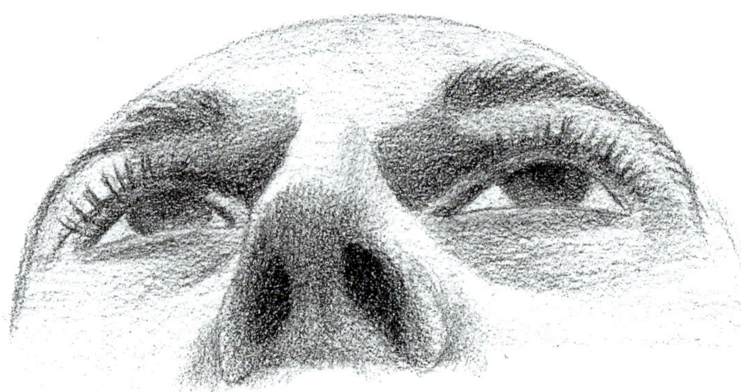

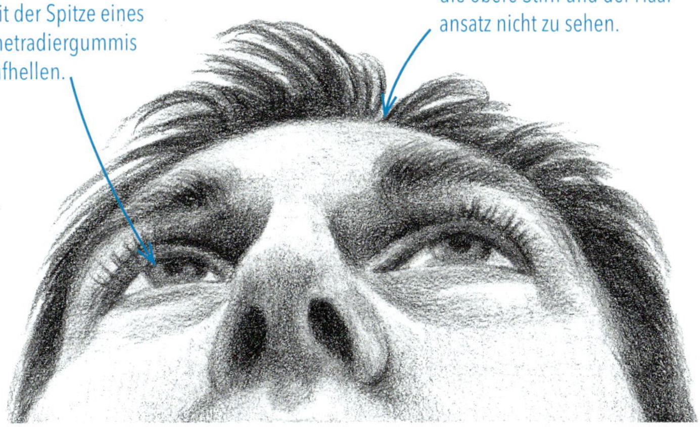

9 Die dunklen Töne der Nasenlöcher und Augen mit einem Bleistift 8B nochmals verstärken (90 Prozent). Die Haare mit weichen Strichen schraffieren, dann einzelne Haare und Strähnen hervorheben. Zuletzt einige Haare abdunkeln und die Haare direkt am Kopf etwas dunkler schattieren.

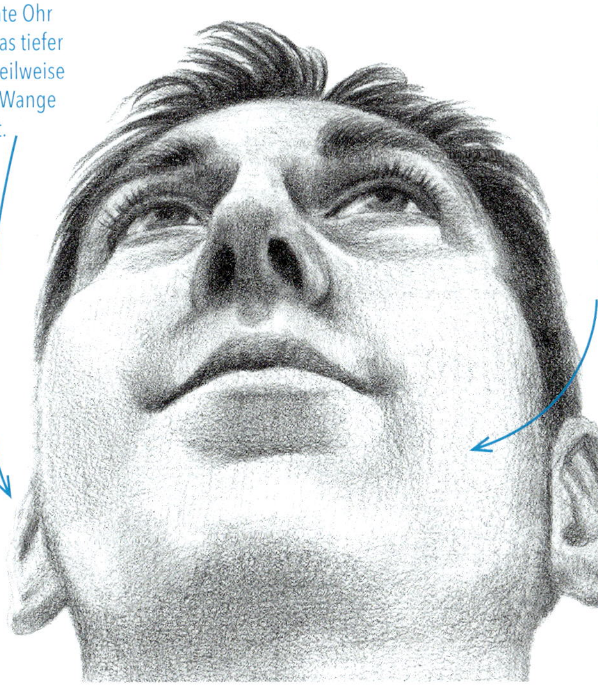

EXTRAAUFGABE

Beim Zeichnen des unteren Gesichts ist einiges zu beachten:

Der Abstand zwischen den äußeren Augenwinkeln ist so groß wie der Abstand von der oberen Stirn bis zur Vertiefung unter dem Mund.

Der Abstand von der Stirn bis zum Schatten des Kinns ist so groß wie der Abstand zwischen den Schläfen auf Augenhöhe.

Die Oberkante des linken Ohrs sitzt etwas unterhalb der Höhe des linken Mundwinkels.

MAUER MIT FENSTER

LEVEL ●●●●● ANZAHL DER SCHRITTE: 9

Die sorgfältige Anordnung von Details lenkt den Blick durch diese Zeichnung. Der Betrachter erfasst zuerst die Backsteine links im Bild. Der Blick wandert dann weiter zur unteren linken Ecke des Fensters, verweilt bei den Schatten auf den Scheiben und wird dann zu den Backsteinen rechts geführt. Ein kleiner Riss lenkt ihn wieder an den Anfang zurück.

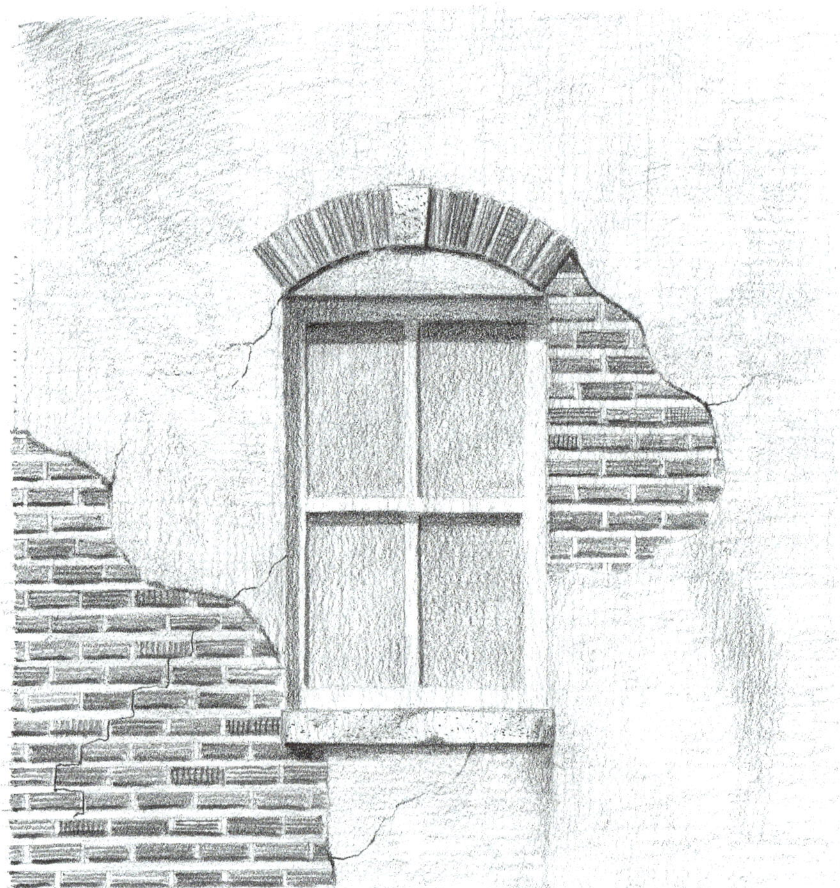

1 Zuerst ein Rechteck von 7,5 cm Höhe und 5 cm Breite zeichnen. Daraus das Fenster mit vier Scheiben, Sims und einem Rundbogen entwickeln.

2 Über dem Rundbogen zuerst den größeren Schlussstein in der Mitte zeichnen. Danach die übrigen Ziegel hinzufügen. Jeder ist etwa 1 cm lang.

3 Für den abgeplatzten Putz rechts vom Fenster einen wolkigen Bogen zeichnen, links vom Fenster eine schräge Wellenlinie, die unter dem Sims weiterläuft. Dadurch entstehen ein größerer und ein kleinerer Bereich, in dem die Ziegelsteine (später) zu sehen sind.

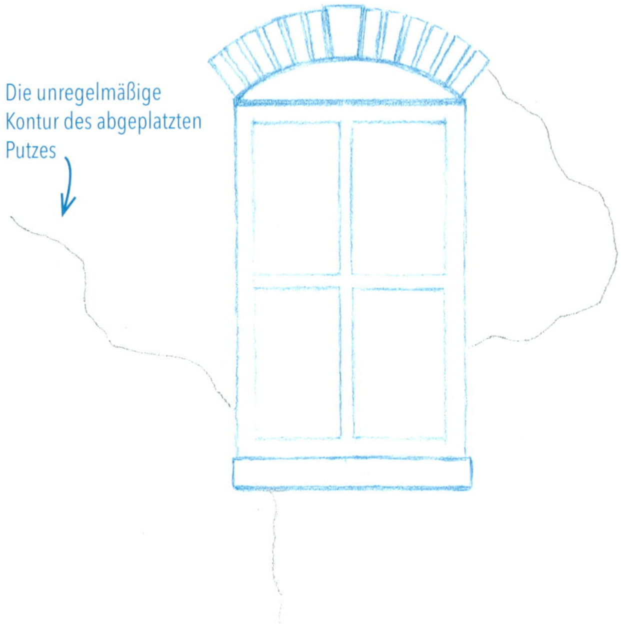

BEGRIFF

Ein **visueller Weg** entsteht durch gezielt platzierte Details, die den Blick des Betrachters durch die Bildfläche führen und zum **Blickfang** lenken.

4 Am linken Bildrand mit einem Lineal abwechselnd Abstände von 1,5 mm und 3 mm anzeichnen.

Von diesen Markierungen aus mit einem Geodreieck oder einer Reißschiene parallele Striche bis zur Wellenlinie zeichnen. Ebenso den Ziegelbereich rechts vom Fenster mit Strichen überziehen.

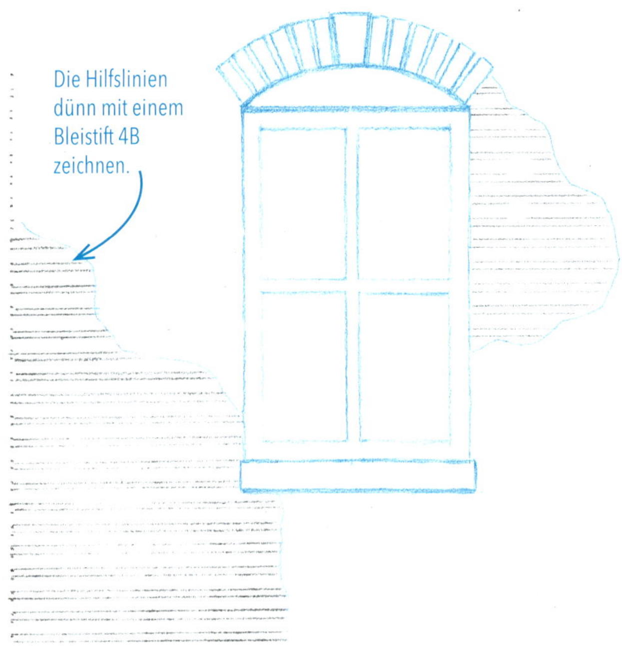

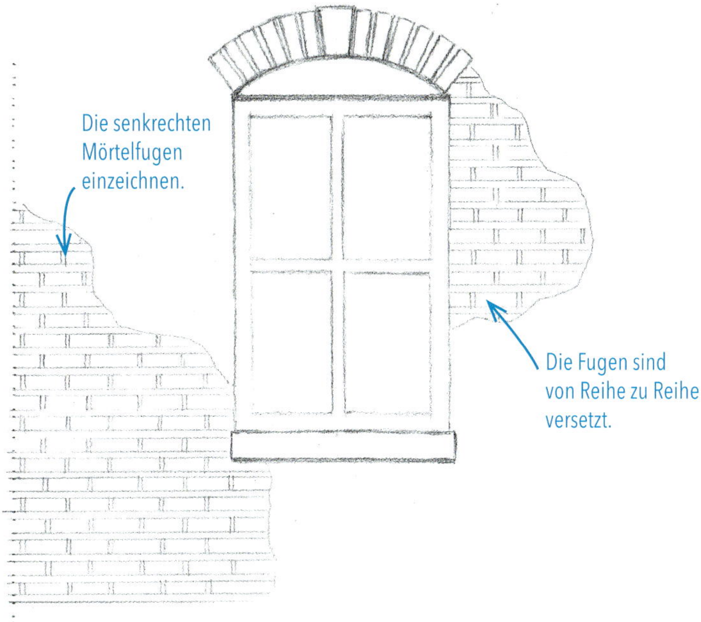

5 In beiden Ziegelfeldern die senkrechten Fugen einzeichnen. Die Mauersteine sind 1 cm lang, und die senkrechten Fugen sind von Reihe zu Reihe versetzt. Die Ausrichtung der Fugen bei Bedarf mit einem Lineal kontrollieren. Es kann auch hilfreich sein, zuerst nur die Fugen in jeder zweiten Reihe einzuzeichnen und danach die versetzten Fugen in den dazwischenliegenden Reihen hinzuzufügen.

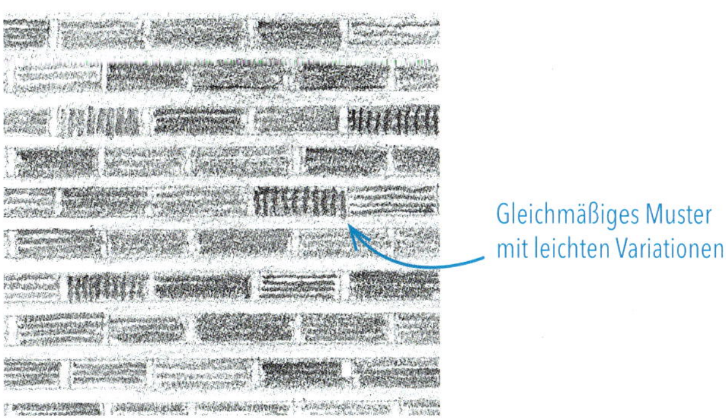

Das Backsteinmuster zwischendurch aus größerem Abstand begutachten

6 Jeden Mauerstein mit drei oder vier waagerechten Strichen schraffieren, dann einige Steine zusätzlich mit senkrechten Schraffuren abdunkeln.

7 Den Putz mit einem Bleistift HB hell schattieren, dabei zuerst mit kurzen waagerechten Strichen arbeiten, danach mit senkrechten Strichen, sodass eine gleichmäßige Textur mit leichten Tonwertvariationen entsteht. Auch über die Ziegelbereiche leicht schraffieren.

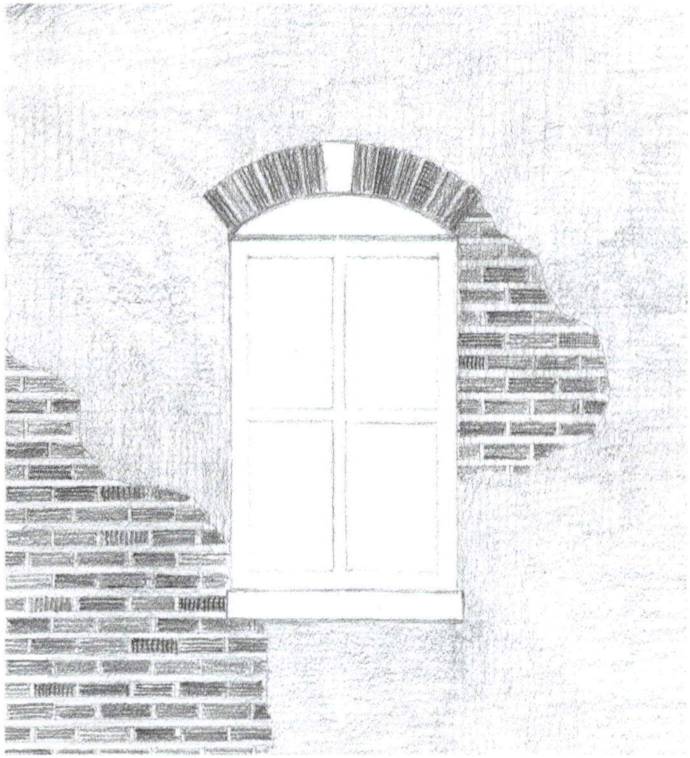

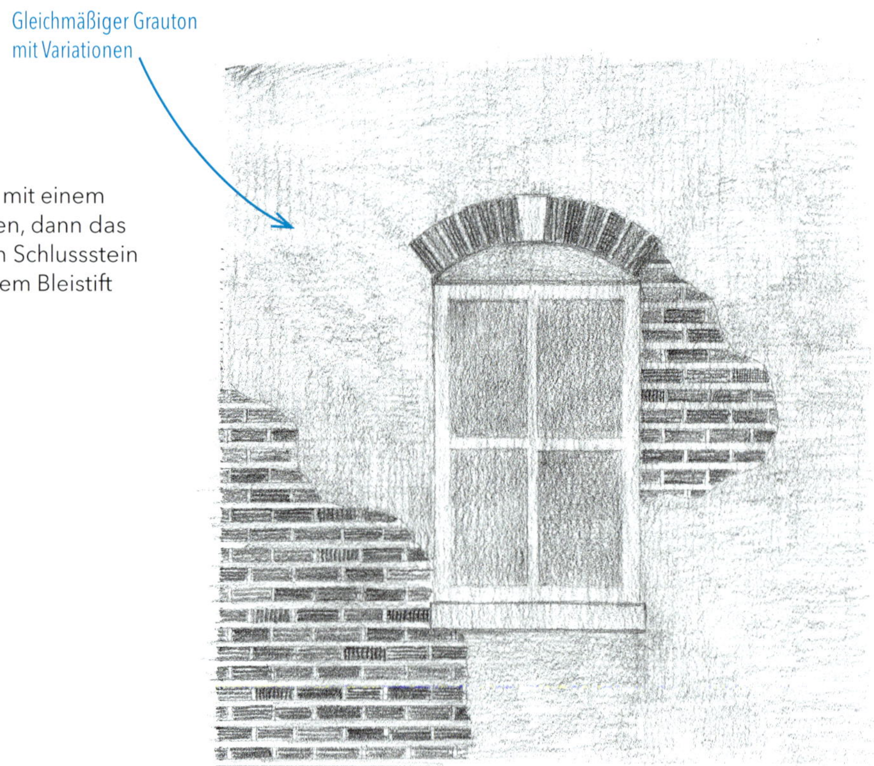

8 Die Fensterscheiben mit einem Bleistift 2B schraffieren, dann das gesamte Fenster, den Schlussstein und das Sims mit einem Bleistift HB hell schattieren.

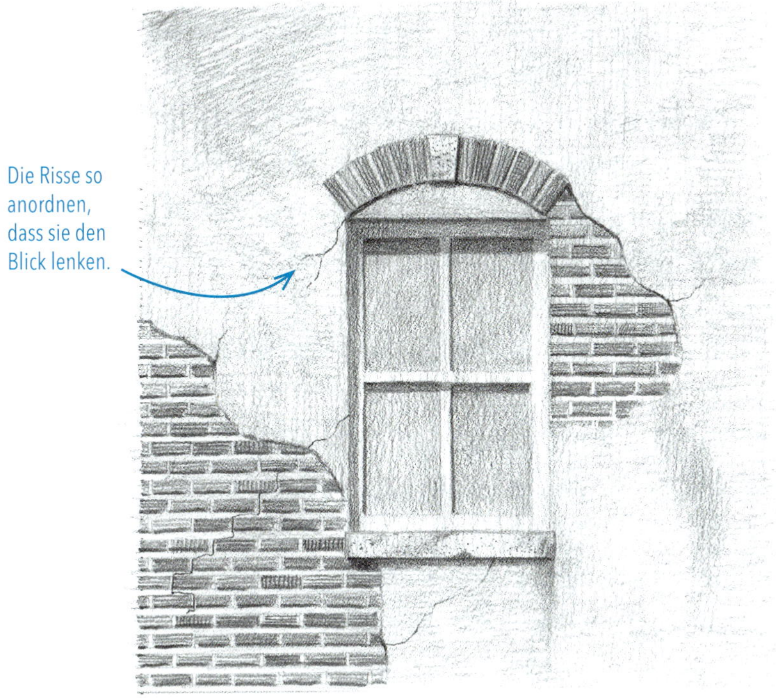

9 Mit einem Bleistift 6B unter jedem Ziegelstein einen Schatten andeuten. Die Schatten unter dem Rundbogen und dem Fenstersims abdunkeln. Die Schatten unter dem oberen Fensterrahmen und den Sprossen haben die Form eines umgekehrten L, wobei die waagerechten Schenkel breiter sind.

Feine Schatten entlang der Putzbruchkanten hinzufügen. Auf Schlussstein und Sims mit einer Bleistiftspitze kleine Punkte und unregelmäßige Schatten einfügen, um die poröse Steinstruktur anzudeuten.

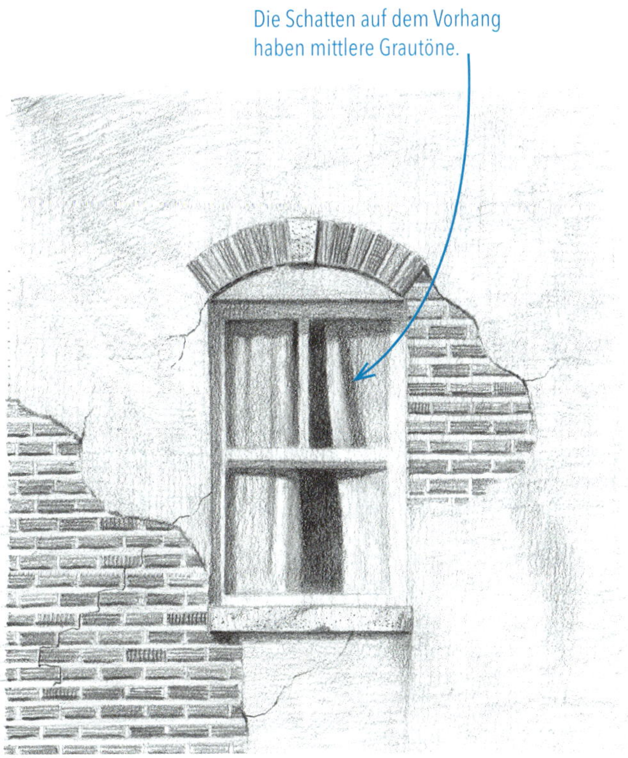

EXTRAAUFGABE

Vorhänge ins Fenster zeichnen und die Lücke zwischen den Schals sehr dunkel schattieren. Hier ist das Fenster so modifiziert, dass es aussieht, als sei der untere Teil hochgeschoben. Die Quersprosse ist breiter und hat einen deutlicheren Schatten. Den Schlagschatten des Fensters auf dem Vorhang einfügen. Er verläuft schräg oder in einem Bogen, je weiter der Vorhang vom Fenster entfernt ist.